Monique Nagel-Angermann
Die Geschichte des Alten China

Monique Nagel-Angermann

Die Geschichte des Alten China

marixverlag

Inhalt

Vorwort 9

Kapitel I 11
  Was ist China? 11
  China vor der Schrift 16
  Exkurs: Mythologie 20

Kapitel II 25
  Geschichte und Denken 25
  Die Anfänge chinesischer Geschichte 30
    Die legendäre Xia-Dynastie 30
    Die Shang-Dynastie 31
  Exkurs: Schrift 36
  Das klassische Zeitalter 38
    Der Mandatswechsel 40
    Die Ursprünge der Zhou 41
  Die Zhou-Herrschaft 41
    Bronzen und Bronzeinschriften 42
    Das Ende der West-Zhou 43
    Die Zhou im Osten und die Zeit der Frühlings- und
    Herbstannalen 44
    Die Zeit der Streitenden Reiche 47
  Exkurs: Der philosophische Daoismus 49
  Das erste Kaiserreich der Qin 53
    Der Aufstieg der Qin 57
    Die Einheit 58
    Das Ende 61
    Das Urteil der Geschichte 62
  Exkurs: Die Legalisten 63
  Das Han-Reich 66
    Die Frühen Han oder auch die Westlichen Han 67
    Die Herrschaft des Han Wudi 68
    Sima Qian und die »Aufzeichnungen des Historiografen« . . 69
    Der Konfuzianismus der Han 70

Exkurs: Die Fünf kanonischen Schriften des Konfuzianismus	71
Der Staat und die Wirtschaft	78
Die Xin-Dynastie oder das Interregnum des Wang Mang (9–23)	79
Die Späten Han oder auch die Östlichen Han	84
Zwischen Han und Tang	88
Die Drei Reiche	89
Getrennte Wege: der Süden	91
Die Nördlichen Wei und ihre Nachfolger	93
Exkurs: Der Buddhismus	97
Die Sui ebnen den Weg zum neuen Einheitsreich	109
Das Tang-Reich	115
Der Aufstieg der Tang	116
Der Rechtskodex der Tang	117
Eine Frau auf dem Drachenthron	119
Die Blütezeit der Tang	121
Die schöne Konkubine und der General An Lushan	123
Nach dem Aufstand des An Lushan	125
Exkurs: Religiöser Daoismus	127
Fünf Reiche	131
Die neue Gesellschaft unter den Song	132
Die Nördlichen Song	132
Reformen	134
Der Verlust des Nordens und die Flucht nach Süden	136
Nachbarn und Kontrahenten: Khitan, Tanguten und Dschurdschen	136
Die Liao-Dynastie der Khitan	136
Die Xixia-Dynastie der Tanguten	139
Die Jin-Dynastie der Dschurdschen	143
Die Südlichen Song	144
Urbanität	148
Mächtige Minister	149
Exkurs: Der Neokonfuzianismus und die Vier Schriften	150
Die Mongolenherrschaft	155
Die Yuan-Dynastie	157
Das Ende der mongolischen Herrschaft, aber nicht das Ende der Mongolen	160
Exkurs: Islam in China	161

Die Ming 164
   Zhu Yuanzhang – ein Mann aus dem Volke wird Kaiser ... 165
   Der Kaiser der Yongle-Ära und die Verlagerung nach Beijing 167
   Die Große Mauer 169
   Höhepunkt und Ende 170
Exkurs: Christliche Missionare in China 173
Das letzte Kaiserreich unter den Qing 176
   Der Aufstieg der Mandschu 177
   Bemühen um Konsolidierung 181
   Einbindung der Gelehrten 182
   Reformen unter dem Kaiser der Ära Yongzheng 184
   Die Ära Qianlong 185
   Die Ära Jiaqing 186
   Die Macartney-Mission 188
   Die Opiumkriege 190
   Die Ungleichen Verträge 193
Exkurs: Taiping Tianguo 194
   Kein Ende der Aufstände 197
   Selbststärkung 198
   Der Chinesisch-Japanische Krieg 199
   Die Hundert-Tage-Reform 200
   Der Boxeraufstand 201
Exkurs: Chinesische Kampfkunst 204
   Das Ende des Kaiserreichs in China 204
   Ausblick 206

Kapitel III 207
Land der Mitte 207
Das Tributsystem 209
   Heiratspolitik 211
   Der Austausch von Geiseln 215
Exkurs: Die Seidenstraße 217
China und das Meer 220
   Zheng He 223
   Macau 224
   Hongkong 225
   Piraten 226
   Konflikte 227

Neue Grenzen 228
   Expansion nach Westen 228
   Die neuen Grenzgebiete..................... 228
   Tibet 230
   Der Südwesten 232
   Taiwan 233
   Die Nachbarn Russland und Japan 235
   Russland 235
   Japan 237

KAPITEL IV 241
Soziale Ordnung innerhalb des Staates 241
   Gelehrtenbeamte – Bauern – Handwerker – Kaufleute 241
   Gelehrtenbeamte 242
   Bauern................................ 242
   Handwerker 243
   Kaufleute 245
   Soldaten............................... 246
   Die Familie 246
   Abseits der Familie 248

ANHANG 251
Literaturhinweise 251
   Allgemeine Literaturhinweise 251
   Literaturhinweise zu den einzelnen Kapiteln 252
Dynastieübersicht mit Periodisierungsansätzen 255

Vorwort

Der vorliegende Band trägt den Titel »Die Geschichte des Alten China«. Gleichwohl wirft der Titel einige Fragen auf. Daher beginnt das Buch mit der Frage: »Was ist China?« Der Begriff »Altes China« beschreibt im Folgenden die gesamte Zeitspanne bis zum Ende des chinesischen Kaiserreichs 1911, wohl eingedenk der Einwände, dass schon viel früher in China Entwicklungen stattfanden, die es rechtfertigen würden, von Neuzeit oder Moderne zu sprechen, während umgekehrt auch nach dem Ende des Kaiserreichs noch viele Bereiche einem alten, traditionellen China verhaftet blieben. Zudem wird es nie nur die eine Geschichte geben, sondern verschiedene, aus unterschiedlichen Perspektiven erzählte Geschichten sind zu verbinden und immer wieder durch neue Forschungen zu erweitern und infrage zu stellen.

Der folgende Überblick versucht daher im ersten Teil einige allgemeine Grundlagen über China zu vermitteln, bevor der zweite Teil angereichert mit Exkursen zur Geistesgeschichte und zur Religion durch die Ereignisgeschichte führt. Der dritte Teil fokussiert sich auf die Selbstwahrnehmung Chinas und das Verhältnis Chinas zu seinen Nachbarn, während im vierten Teil Aspekte der sozialen Ordnung skizziert werden.

Auch wenn heute die chinesischen »Kurzzeichen« den Standard in der Volksrepublik China darstellen, sind für den vorliegenden Band die traditionellen, nicht vereinfachten und bis in die 50er-Jahre allgemein verwendeten »Langzeichen« vorgezogen worden, da sie der ursprünglichen Form in den historischen Texten entsprechen. Die Umschrift entspricht bis auf wenige Ausnahmen dem offiziellen chinesischen *Hanyu pinyin*-System. Sofern nicht anders vermerkt, stammen Übersetzungen von der Autorin.

Mein besonderer Dank gilt meiner Familie für ihre Geduld und Unterstützung.

Kapitel I

Was ist China?

In erster Linie verwenden wir heute den Begriff China, um die Volksrepublik China zu bezeichnen. Gebiete, denen historisch und politisch eine besondere Bedeutung zukommt, werden manchmal explizit namentlich genannt, wie z. B. Taiwan. Umfassender ist die Verwendung der Begriffe »Chinese« oder »Chinesin« wie auch »chinesisch«, womit manchmal zudem im Sinne eines »Greater China« Auslandschinesen in aller Welt und kulturell in der chinesischen Tradition stehende Ausdrucksformen und Praktiken gemeint sind. Wenn wir uns der Geschichte zuwenden, gilt es zu fragen: Wo und wann darf man beginnen, von China zu sprechen? Die kontinuierliche Verwendung des Begriffes China darf nicht darüber hinwegtäuschen, dass wir zu unterschiedlichen Zeiten manchmal mehrere Reiche in dem Gebiet, das wir heute als China vor Augen haben, vorfinden. Das Ideal eines Einheitsstaates ist seit dem ersten Kaiserreich der Qin-Dynastie im Jahre 221 v. Chr. in China zwar stets präsent, jedoch nicht immer eine politische Realität gewesen. Ein Blick auf die Karten dieser Region zu den verschiedenen Zeiten verdeutlicht sehr anschaulich, wie dynamisch sich Reiche in China ausdehnten, neben anderen politischen Einheiten bestanden oder auch wieder untergingen. Während wir um 5000 v. Chr. einzelne Regionalkulturen verstreut in dem Territorium der heutigen Volksrepublik China lokalisieren können, übertraf das letzte Kaiserreich Chinas in seiner Ausdehnung sogar die heutige Volksrepublik China. Nicht nur eine lange, sondern auch eine sehr komplexe Geschichte ist mit dem Begriff China verbunden. Die Geschichte des alten China in einem Band zu umreißen, muss daher als eine Annäherung betrachtet werden. Man möge sich kurz vorstellen, Europa in dieser

Form beschreiben zu wollen! Nichtsdestotrotz macht es Sinn, den Versuch zu unternehmen, sich Chinas Geschichte in einer Überblicksform zu nähern, denn Chinesen selbst sehen sich in einer Kontinuität mit ihrer Geschichte, verbunden über ihre Kultur und insbesondere über ihre Schrift und deren Zeugnisse, die sie mehr als 5 000 Jahre zurückblicken lässt.

Bezeichnungen für China im Westen

Die älteste Bezeichnung für China leitet sich von dem Kulturgut ab, für das China weit vor den ersten direkten Kontakten in der griechisch-römischen Welt bekannt wurde: die Seide. Der griechische Begriff *seres* (Σῆρες), »Land der Seide«, rührt vom chinesischen Wort für »Seide« (*si*, 絲) her. Diese gelangte schon früh über Zwischenhändler in die antike Welt. Römische Schriftsteller wie Plinius und Ptolemäus schrieben von Serica, das sich später im Latein zu Sina wandelte, der Begriff, von dem sich bis heute die Bezeichnung der Sinologie, d. h. der Chinawissenschaften, ableitet.

Kitai oder Cathay, diesen Namen verwendete Marco Polo (ca. 1254–1324) in seinem Reisebericht *Il Milione*, mit dem er aus eigener Anschauung oder auf der Grundlage von Berichten anderer reisender Kaufleute das China zu Beginn der Herrschaft des Mongolenherrschers Kubilai Khan beschrieb. Die Bezeichnung bezieht sich auf den Norden Chinas, in dem die Khane der Khitan (Qidan, 契丹), die Vorgänger der Mongolen, zeitgleich mit den Song-Kaisern im Süden (1127–1279) herrschten. Von der Bezeichnung Kitai leitet sich heute noch die Bezeichnung Chinas in vielen Sprachen Osteuropas ab.

Bis heute wird diskutiert, wo der Ursprung des Wortes China liegt. Schon im 17. Jh. vermutete der italienische Jesuitenmissionar Martino Martini (1614–1661), dass die Bezeichnung China vom Namen des ersten chinesischen Kaiserreichs Qin, 秦 (221–207 v. Chr.), herrühre. Interessanterweise nannten die Chinesen das Römische Reich ihrerseits »Großes Qin« (Daqin, 大秦), schien es doch die andere große Zivilisation der damaligen Welt weit im Westen zu sein.

China als Naturraum

Der Naturraum der heutigen Volksrepublik China zeichnet sich durch große Kontraste aus. Hohe Gebirge prägen den Westen, während eine große Ebene zwischen den beiden großen Flüssen, dem sogenannten »Gelben Fluss« (Huanghe, 黃河) und dem »Langen Fluss« (Chang Jiang, 長江), das nördliche China vom Süden trennt. Für den Südwesten Chinas hat der »Perlfluss« (Zhujiang, 珠江) mit seinem Delta in der Metropolregion »Kanton« (Guangzhou, 廣州) eine wichtige Bedeutung. Im Nordwesten bilden die »Himmlischen Berge« (Tianshan, 天山) eine Barriere zum Tarimbecken mit der Taklamakan-Wüste, während sich im Westen das Pamir-Gebirge erhebt und der Süden vom Karakorum- und Kunlun-Gebirge begrenzt wird, welche schon zum Qinghai-Tibet-Plateau gehören. 16 % des Gebiets der Volksrepublik China liegen über 5 000 Meter und nur 32 % unter 1 000 Meter. Extrem trockenen Regionen stehen Gebiete mit viel Niederschlag gegenüber.

Ebenso dominiert ein extremes Gefälle der Temperaturen, wodurch die landwirtschaftlich nutzbaren Flächen sehr begrenzt sind. Dies war in der Vergangenheit auch schon so. Allerdings herrschten in der frühen Geschichte Chinas bis zur Mitte des 3. Jh.s n. Chr. recht günstige Bedingungen in der nordchinesischen Ebene und in den westlichen Lössgebieten, während sich dann nach und nach als Folge eines allgemeinen Temperaturrückgangs und einer damit verbundenen größeren Trockenheit eine Bevölkerungsverlagerung in das subtropische Zentralchina um den Chang Jiang vollzog. Eine Sonderrolle nahm in diesem Zusammenhang schon im

Altertum das fruchtbare und gut geschützte Sichuan-Becken ein.

Das tropische China mit den Provinzen Yunnan, Guangxi, Guangdong und der Insel Hainan mit seinen nur teilweise zugänglichen Bergregionen und dort ansässigen Minderheiten war in sehr unterschiedlichem Maße in das chinesische Reich integriert und galt unter anderem aufgrund der dort weitverbreiteten Malaria lange auch als gefährliches Exilgebiet. Die sich durch ausgeprägtes Kontinentalklima mit sehr kalten trockenen Wintern und heißen feuchten Sommern auszeichnende Mandschurei wurde erst unter der Mandschu-Herrschaft des letzten Kaiserreichs (1644–1911) zu einem dauerhaften Teil des chinesischen Kaiserreichs. Allgemein zeigten sich die Steppengebiete im Norden und Westen Chinas schon früh als Grenzgebiete, in denen es im Verlauf der Geschichte immer wieder zu Konflikten zwischen Ackerbauern und Reiternomaden aus Zentralasien kam.

Klimaschwankungen und Umweltveränderungen durch den Menschen

Der historischen Klimaforschung ist es zu verdanken, dass der enge Zusammenhang zwischen klimatischen Veränderungen und historischen Entwicklungen immer besser nachvollzogen werden kann. Extremer Temperaturabfall oder -anstieg und insbesondere Trockenheit zeigten sich oft als negative Faktoren, da sie die Menschen zumeist zwangen, ihre angestammten Jagdgebiete oder Ackerflächen zu verlassen oder sich durch andere Techniken auf die veränderten natürlichen Rahmenbedingungen einzustellen.

Dies trifft auch auf China zu, wo man für das dritte Jahrtausend v. Chr. von einem kontinuierlichen Temperaturrückgang und einer damit verbundenen Trockenheit ausgeht. Dies mag womöglich das Verschwinden einiger frühzeitlicher

Regionalkulturen erklären. Ebenso können verschiedene Wellen in das Kerngebiet Chinas eindringender Reiternomaden mit Blick auf einen klimatischen Wandel in ihren vormaligen Weidegebieten besser nachvollzogen werden.

Blütephasen der chinesischen Geschichte scheinen von günstigen, das heißt etwas wärmeren und feuchteren Klimabedingungen, profitiert zu haben. So veranschaulicht unter anderem die Nennung von Orangenbäumen in zeitgenössischen Quellen im Norden China das wärmere Klima zur Zeit der Han-Dynastie (206 v. Chr. – 220 n. Chr.), während die nachfolgende Kältephase nach dem Niedergang der Han als Katalysator der Migration vom Norden in den Süden Chinas beurteilt werden kann. Die Blütezeit der Tang-Herrschaft (618–907) scheint wiederum von einem wärmeren und damit feuchteren Klima begünstigt gewesen zu sein. Der »Mongolensturm« im 13. Jh. könnte gemäß neueren Forschungen ebenfalls durch eine Phase der Stärke infolge eines eher feuchten, warmen Klimas begünstigt worden sein, während eine Kälteperiode zu Beginn des 14. Jh. das mongolische Reich in China schwächte. Schließlich zeigten sich in China um 1650 Auswirkungen der sogenannten Kleinen Eiszeit, deren große Bedeutung auch für die europäische Geschichte immer deutlicher wird.

Neben den natürlichen Klimaveränderungen traten in der chinesischen Geschichte zudem von Menschen geschaffene Veränderungen im Naturraum hinzu, die teilweise gravierende Folgen für die Flora sowie Fauna und damit in der Folge auch für die Versorgung der Menschen mit Nahrungsmitteln hatten. Hierbei sind vor allem Brandrodung, exzessive Bejagung, Abholzung sowie das Eingreifen des Menschen in den Wasserhaushalt zu nennen.

China vor der Schrift

Bis zum Auftreten der ersten schriftlichen Überlieferungen spricht man von der Vor- oder auch Frühgeschichte. Für China fällt diese bedeutende Entwicklung ins zweite Jahrtausend v. Chr.

Gezielte Analysen der DNA moderner Menschen haben mittlerweile ein neues Licht auf die Entwicklung und Verbreitung des Homo sapiens und sein Verhältnis zum Homo erectus und zum europäischen Neandertaler geworfen. Während der »Peking Mensch«, gefunden in Zhoukoudian (周口店) in der Nähe von Peking (modern Beijing, 北京) – daher sein Name – über einen längeren Zeitraum als *Sinanthropus pekinensis*, d. h. als eigenständiges Bindeglied zwischen den Primaten und den anatomisch modernen Asiaten, diskutiert wurde, erhärten neuere Forschungen die These, dass alle modernen Menschen von einer kleinen Population aus dem südlichen Afrika abstammen, wenngleich in jüngster Zeit neue Funde in Südosteuropa auch diese These hinterfragen.

Die Klimaforschung legt nahe, dass es zu Beginn der Sesshaftigkeit in den Flusstälern und Ebenen Nordchinas wärmer und feuchter als heute war. Dort, wo heute recht trockene Lössgebiete mit Buschvegetation zu finden sind, gab es in dieser Phase der chinesischen Geschichte dichte Wälder, Marsch- und Seenlandschaften mit einer reichen Flora und Fauna, zu der auch Tapire, Elefanten oder Krokodile gehörten, die heute nur noch im Süden Chinas anzutreffen sind. Für alle Menschen war die Kultivierung von Getreide die Basis, die überhaupt den Wechsel von einer nomadischen auf der Jagd beruhenden hin zu einer halb- oder ganz sesshaften Lebensweise ermöglichte. In der Frühzeit Chinas spielte die Hirse und recht früh zudem der Reis eine wichtige Rolle. So konnten Archäologen in Fundstätten der »Cishan-Kultur« (*Cishan wenhua*, 磁山文化) oder »Peiligang-Kultur« (*Peiligang wenhua*, 裴李崗文化) – Kulturen im Norden Chinas – für eine Zeit von 10 000 v. Chr. kultivierte Hirse nachweisen. Archäologische Untersuchungen rücken zudem auch die Kultivierung von Reis im Süden Chinas immer näher an diese Zeit heran.

Stein- und Knochenbearbeitung zur Herstellung von Werkzeugen sowie die Entwicklung von Töpferwaren kennzeichnen diese oft grob als Neolithikum bezeichnete Phase. Besonderheiten in der Werkzeugherstellung, der Töpferware, aber ebenso in der Anlage von Gräbern und Siedlungen lassen die Archäologen verschiedene »Kulturen« unterscheiden. Zwischen 8500 und 2500 v. Chr. gab es eine Vielzahl von regionalen Kulturen, die sehr weit über das heutige Gebiet der Volksrepublik China verteilt waren.

Die erste dieser Regionalkulturen wurde in den 1920er-Jahren durch den schwedischen Geologen J. G. Andersson entdeckt und nach einem Fundort als »Yangshao-Kultur« (*Yangshao wenhua*, 仰韶文化) bezeichnet. Da sich Funde der für diese Kultur typischen orange-rot-braun bemalten Keramik von Gansu im Westen Chinas bis zum Mittellauf des Gelben Flusses nachweisen ließen und dort in historischer Zeit wichtige Zentren der chinesischen Hochkultur lagen, dominierte eine Zeit lang die These, die Wiege der chinesischen Kultur läge am Gelben Fluss. So schienen sich Parallelitäten zu den Flusskulturen Ägyptens am Nil sowie der vorderasiatischen Reiche am Euphrat und Tigris zu zeigen. Allerdings belegten in der Folge weitere Fundkomplexe in ganz anderen Regionen Chinas, dass verschiedene regionale Kulturen ihren Beitrag zur Entwicklung der Zivilisation in China geleistet haben.

In der Inneren Mongolei, die damals wesentlich bewaldeter war, sowie in der im Nordosten Chinas gelegenen Mandschurei folgten nacheinander mehrere neolithische Kulturen. Beginnend mit der »Xinlongwa-Kultur« (*Xinlongwa wenhua*, 興隆洼文化) in der Inneren Mongolei, in der bereits Hirse kultiviert wurde, und der »Xinle-Kultur« (*Xinle wenhua*, 新樂文化) in der Mandschurei, die u. a. den Nachweis der

Kapitel I

Schweinehaltung erbrachte, folgte schließlich die sich durch feine Jadearbeiten und ausdrucksstarke Drachenmotive auszeichnende »Hongshan-Kultur« (*Hongshan wenhua,* 紅山文化). Diese lieferte auch Hinweise auf eine Tempelanlage, die einem Opfer- und Gräberbereich angeschlossen war. Frauentorsi aus Ton und Jade, kleine Jadefigurinen sowie eine dort gefundene anthropomorphe Maske lassen die Menschen dieser Kultur direkt vor unsere Augen treten.

Archäologische Zeugnisse mit einem Zentrum in Shandong verweisen auf die neolithische »Dawenkou-Kultur« (*Dawenkou wenhua,* 大汶口文化), deren Träger ebenfalls eine ausgeprägte Grabkultur pflegten. So waren die Gräber in zwei Ebenen angelegt und mit Beigaben ausgestattet, was auf die Vorstellung eines Lebens nach dem Tode hindeuten mag.

Am Mittellauf des Chang Jiang belegen Funde der Daxi-Kultur (*Daxi wenhua,* 大溪文化) den frühen Anbau von Reis sowie die Domestizierung von Schweinen, Hunden, Schafen und Hühnern. Die Dörfer waren teilweise umwallt und die Bewohner betrieben eine umfangreiche Vorratswirtschaft. Große auf den Boden gelegte Bilder eines Drachen und Tigers, die aus Muscheln verfertigt wurden, bezeugen die reiche Geisteswelt dieser Menschen.

Im Mündungsgebiet des Chang Jiang in Jiangsu und südlich in Zhejiang befanden sich die ebenfalls Reis anbauenden Kulturen von Hemudu (河姆渡) und Majiabang (馬家浜). Dort wurden auch Wasserpflanzen wie z. B. Lotus und Wasserkastanien genutzt. Pfahlbauten stellten eine weitere Anpassung an das Leben im Uferbereich von Flüssen und Seen dar.

An der Südküste des chinesischen Festlandes und auf der Insel Taiwan wurden Spuren der »Dapenkeng-Kultur« (*Dapenkeng wenhua,* 大坌坑文化) ausgemacht. Der Name leitet sich von einem Fundort auf Taiwan ab. Die archäologische Erforschung der genannten Region lässt zurzeit allerdings noch viele Fragen offen. Als gesichert gilt jedoch, dass die Träger dieser Kultur vom Ackerbau, von der Jagd und vom

Fischfang lebten. Sie wussten zudem eine Vielzahl von Wildpflanzen zu nutzen. Ihre Keramik ist häufig mit Seilmustern und Muschelabdrücken verziert. Ungewiss ist nach wie vor, welcher Ethnie die Menschen der Dapenkeng-Kultur angehörten. Da auf Taiwan vor den festlandschinesischen Siedlern offenbar bereits sogenannte austronesische Gruppen beheimatet waren, die einer anderen Sprachfamilie zugeordnet werden, gehörten die Träger der südlichen Kulturen vielleicht auch zu diesen.

Dünnwandige und bei extrem hohen Temperaturen gebrannte schwarze Keramiken der »Longshan-Kultur« (*Longshan wenhua*, 龍山文化) überlagern solche der Yangshao-Kultur und führen uns in Zentralchina auf die nächste Entwicklungsstufe, die unter anderem durch den Einsatz der Töpferscheibe gekennzeichnet ist. Die Träger dieser Kultur, die zuerst als Nachfolger der Dawenkou-Kultur im Osten Chinas auftraten, umgaben ihre Siedlungen mit Stampflehmwällen. Vieles deutet darauf hin, in ihnen die Vorgänger der ersten in den Geschichtswerken verzeichneten Dynastien zu sehen.

Im Gegensatz dazu gibt das plötzliche Ende der um die Region Hangzhou in Zhejiang nachgewiesenen »Liangzhu-Kultur« (*Liangzhu wenhua*, 良渚文化) Rätsel auf. Die Bewohner der Siedlungen waren in der Lage, künstliche Bewässerungsgräben anzulegen, und konnten bereits Seide herstellen. Aus der mittleren Liangzhu-Periode (ca. 2800–2400 v. Chr.) sind überdies Lackfunde bekannt. Besondere Meister waren sie auch in der Bearbeitung von Jade. Die Motive, darunter insbesondere auf Tiergestalten reitende Wesen, bieten uns bis heute faszinierende Einblicke in die Vorstellungswelt dieser Menschen. Viele ihrer Siedlungen lagen an Flussufern, wo sie teils in Grubenhäusern, teils in Pfahlbauten lebten. Ihre Gesellschaft scheint sehr differenziert gewesen zu sein und einige ihrer Gräber waren reich ausgestattet. Darüber hinaus übte jene Kultur Einfluss auf zum Teil weit entfernte Regionen aus. Es ist bis heute nicht abschließend geklärt, weshalb es um 2000 v. Chr. zum endgültigen Niedergang der Liangzhu-Kultur kam. Als wahrscheinliche Ursache werden vor allem gravierende Umweltveränderungen diskutiert, die sich durch mehrfache Überschwemmungen im archäologischen Fundkontext zeigen.

Exkurs: Mythologie

Eine Mythologie – die gibt es doch in China gar nicht! Dies war eine Zeit lang das herrschende Urteil im Westen und auch in China selbst. Kannte man doch aus China keinen Homer und keine Edda. Noch heute verklärt der Begriff »Geistergeschichten« (*shenhua*, 神話), den man im modernen China für Mythologie verwendet, das Verständnis der Texte, die den Korpus der chinesischen Mythologie bilden. Es handelt sich nämlich nur in wenigen Fällen um regelrechte Geschichten über »Geister« bzw. »Götter« (*shen,* 神). Hingegen finden sich oft nur verstreute Hinweise oder kleine Versatzstücke über mythologische Themen und Protagonisten dieser frühen, historisch nicht fassbaren Epoche. Darüber hinaus sind es ganz unterschiedliche Textsorten, die das Reservoir für eine Rekonstruktion chinesischer Mythologie bilden, angefangen von historischen Texten über philosophische und literarische Werke bis hin zu Werken mit enzyklopädischem Charakter.

Der systematischen Aufarbeitung solcher Quellen ist es jedoch zu verdanken, dass wir inzwischen Passagen aus unterschiedlichen Zeiten und Werken zu einer ganzen Reihe von mythologischen Themen haben, mit denen sich die Menschen Antworten auf Fragen gaben, die sonst für sie nicht erklärbar waren. So können wir heute verschiedene Vorstellungen des alten China zur Kosmogonie, also zur Entstehung der Welt, miteinander vergleichen. Während in anderen Kulturen das Feuer oder das Wasser am Anfang einer Weltentstehung oder Schöpfung stand, führen viele chinesische Texte den Beginn auf eine Art ursprüngliche »Kraft« (*qi,* 氣), ein »Odem« oder »Fluidum«, zurück, welches durch verschiedene Wandlungsphasen dann auch zu den polaren Kräften *yin* (陰) und *yang* (陽) führt, durch die man die Welt strukturiert sah. Im Zentrum anderer Mythen steht der Riese Pangu (盤古), der je nach Überlieferung mal aus einem Ei, mal aus der Trennung von Himmel und Erde entstand und aus dem sich im Verlauf weiterer Metamorphosen das ganze Universum ausformte. Wenig schmeichelhaft ist dabei die Überlieferung, dass die Menschen aus dem Gewürm auf seinem Körper entstanden sein sollen.

Andere Mythenfragmente berichten über Retter der Menschheit oder über Zerstörer, die es zu bekämpfen galt. Besonders aufschlussreich ist eine ganze Reihe von Kulturheroen, anhand derer die Hervorbringung elementarer Techniken und kultureller Institutionen erklärt werden: etwa der Ackerbau, die Schrift, die Ehe oder ganz profane Dinge wie das Worfelsieb. Einige dieser Kulturheroen wurden später zu Handwerkspatronen.

Mythen über Wundergeburten bilden einen anderen interessanten Bereich. Sie verleihen insbesondere Herrschern eine Aura des Göttlichen und bekräftigen ihr Herrschercharisma. Von einigen mythischen sowie historisch fassbaren Herrschern wird beispielsweise berichtet, dass deren Mütter vor ihrer Geburt in Drachenspuren traten, von einem Regenbogen berührt wurden, ein wundersames Ei verschluckten oder in einem wundersamen Teich badeten und dann nach einer oft überlangen Schwangerschaft diese besonders ausgezeichneten Gründungsherrscher zur Welt brachten. Für den antiken chinesischen Leser war es dabei anscheinend kein Widerspruch, dass die Texte zugleich die Namen der leiblichen Väter nannten. Ebenfalls in den Komplex der Wundergeburten gehören Erzählungen, die von der Geburt eines Sohnes aus dem in Stein verwandelten Körper seiner Mutter berichten oder angeben, dass ein Sohn aus einem hohlen Maulbeerbaum, in den sich seine tote Mutter verwandelt hatte, freigegeben wurde.

Weitaus seltener kommt einem Vater eine wundersame Rolle zu, aber immerhin soll der legendäre Herrscher der Frühzeit Yu (禹) aus dem toten Körper seines Vaters entstanden sein. Besonders dieser Bereich der Mythologie hat das Interesse der vergleichenden Mythenforschung geweckt, finden sich doch in vielen Kulturen solche Erzählungen über den übernatürlichen und nicht allein auf eine väterliche Linie zurückzuführenden Ursprung späterer Helden und Herrscher. Hinweise über Töchter, die mittels einer solchen Wundergeburt in die Welt traten, sucht man im alten chinesischen Schrifttum hingegen vergebens. Ob es solche Mythen nie gab oder ob sie von fast durchweg männlichen Autoren in einer sehr patriarchalen Gesellschaft lediglich nicht tradiert wurden, lässt sich heute nicht mehr feststellen.

Die chinesische Mythologie kennt jedoch durchaus bedeutende Frauen. Am bekanntesten ist sicher Nü Gua (女媧), die man als Retterin der Welt, als Schöpferin der Menschen – welche sie aus Ton erschuf –, aber auch als Schwester des Fuxi (伏羲) kennt, mit dem sie laut einer Überlieferung die ersten Menschen gezeugt haben soll. Gleichfalls soll auf dieses Paar die Institution der Ehe zurückgehen.

Im alten China gab es auch mythische Liebespaare, denen allerdings nicht immer das Liebesglück hold war. So sollen sich einst ein armer Hirtenjunge und eine Himmelsfee verliebt haben. Sie stieg auf die Erde herab und lebte als Weberin fortan an seiner Seite. Als der Himmelskaiser dies erfuhr, wurde er zornig und ließ sie in den Himmel zurückholen. Der Hirtenjunge folgte ihr auf einem himmlischen Rind, doch die Himmelskaiserin trennte sie, indem sie mit einer Haarnadel einen Fluss am Himmel entstehen ließ. Fortan wurde es den Liebenden nur einmal im Jahr gestattet, einander zu sehen. Diese Überlieferung wird mit den Sternbildern Altair und Wega in Verbindung gebracht, die durch die Milchstraße getrennt sind. Noch heute gilt basierend auf dieser Erzählung in China der siebte Tag des siebten Monats des chinesischen Mondkalenders als der Tag der Liebenden.

Neben der Liebe war wie in anderen Kulturen die Unsterblichkeit ein Stoff für Mythen und Legenden. Statt eines Mannes im Mond findet sich nach chinesischer Überlieferung dort eine Frau, nämlich Chang E (嫦娥), die das Elixier der Unsterblichkeit trank und auf den Mond floh. Nach einer Version dieser Erzählung geschah dies durch Absicht, einer anderen Version zufolge aus Versehen. An der Seite dieser Mondgöttin stellt man sich den Mondhasen vor, der in einem Mörser das Kraut der Unsterblichkeit stampft.

Anders als in dieser Erzählung beinhaltet der Mythos von dem großen Flutenbändiger und legendären Herrscher der Frühzeit Yu womöglich einen historischen Kern. Nach diesem vermochte es der Vater jenes Herrschers nicht, durch Dämme und Blockaden einer verheerenden Überflutung beizukommen. Hingegen soll es dem Großen Yu gelungen sein, durch Kanäle die Überflutung zu stoppen, das Land einzuteilen und damit die Grundlage für die neun Provinzen des Reiches zu schaffen. Möglicherweise spiegelt sich in dieser Überlieferung zugleich auch ein Konflikt zwischen späteren Beratern bei Hof wider, bei dem die einen auf Dämme, die anderen auf Kanäle zur Wasserregulation setzten. Gleichzeitig läutet der Yu als der Begründer der Xia-Dynastie die traditionelle Abfolge chinesischer Kaiserhäuser ein.

Kapitel II

Geschichte und Denken

Die chinesische Geschichte unterscheidet sich von den »Geschichten« anderer Kulturen dadurch, dass sie wie kaum eine andere Kultur auf der Welt eine Kontinuität von den Anfängen erster archäologischer Zeugnisse bis in die Gegenwart für sich beansprucht, obwohl sie von vielerlei Entwicklungen und Phasen der Zersplitterung durchzogen ist. So fielen durch die Schwankungen in der Ausdehnung des Territoriums Gebiete, die zu manchen Zeiten Teil einer chinesischen Dynastie waren, unter die Souveränität anderer Staaten oder gerieten schlicht aus dem Fokus der Betrachtung. Daneben ist es aber auch der Reichtum an Schriftquellen, insbesondere einer ausgefeilten und schon früh institutionalisierten eigenen chinesischen Geschichtsschreibung, die sich ihrerseits zumeist am Raster aufeinanderfolgender Dynastien orientierte, durch die sich die Geschichte Chinas von der anderer Kulturen wie etwa der Indiens abhebt.

Groß war die Wertschätzung, die der Geschichte und der ihr zugeschriebenen Funktion als Spiegel für den Herrscher bzw. als Vorbild oder Warnung für die Menschen der jeweiligen Zeit entgegengebracht wurde. Die meist männlichen Historiografen – auch wenn beispielsweise in der Gestalt von Ban Zhao, 班昭 (45–116 n. Chr.), bereits früh eine Historiografin namentlich bekannt ist – nahmen dabei oft die Rolle des Richters ein, indem sie eine Auswahl trafen, was sie für überlieferungswürdig hielten und was nicht. Ein Bemühen um Objektivität und Wertungsfreiheit, wie es im Rahmen der modernen Geschichtswissenschaft gefordert wird, war demnach nicht gegeben. In dieser Hinsicht unterscheidet sich übrigens die frühe chinesische Geschichtsschreibung nicht von der anderer Kulturkreise.

Kapitel II

Auch wenn die chinesischen Historiografen nur vereinzelt offen mit einer frei formulierten, abschließenden Beurteilung einer Person oder Herrschaft auftraten, formten sie in der Regel durch eine bewusste Kompilation von Material ein Bild. Dieses Bild war durch das gezielte Arrangement von Informationen, Schriftstücken und Querverweisen auf andere Ereignisse allerdings nicht ohne Wertung. Eine Entschlüsselung dieser Wertung war und ist allerdings dem Leser selbst überlassen. Bis heute bietet daher die chinesische Geschichtsschreibung ein reiches Forschungsfeld und alte Interpretationen müssen stets im Zusammenhang mit anderen Texten und insbesondere archäologischem Material immer wieder neu überprüft werden.

Für eine an Dynastien ausgerichtete Geschichtsschreibung war das zyklische Denken von großer Wichtigkeit. Die Vorstellung von Dynastiezyklen basiert auf einem korrelativen Denken, das Mikrokosmos und Makrokosmos als Einheit betrachtet und maßgeblich bereits unter dem hanzeitlichen Gelehrten Dong Zhongshu, 董仲舒 (179–104 v. Chr.), formuliert wurde. Begründet wurde die Legitimation einer Dynastie mit dem Hinweis darauf, der Herrscher besitze das »Mandat des Himmels« (*tianming,* 天命) sowie »Herrschercharisma« (*de,* 德). Diesem Modell entsprechend folgte dem Aufstieg und der Blüte einer Dynastie zwangsläufig ihr Niedergang, wenn sie ihre Kraft verbraucht hatte, und ebenso die Rechtfertigung der nächsten Dynastie, das Mandat zu übernehmen. Dies brachte für die Geschichtsschreibung die Gefahr einer etwas stereotypen und bisweilen nachträglich rechtfertigenden Darstellung einer Dynastie mit sich. Diese verrät jedoch häufig sehr viel über die Zeit und das Denken der Geschichtsschreiber selbst, was wiederum der modernen Geschichtswissenschaft wichtige Hinweise und Anhaltspunkte liefert.

Zudem vermittelt die traditionelle Geschichtsbetrachtung Chinas anhand von Dynastien zwar eine dem Anschein nach klare Struktur und hat als Orientierungsrahmen in China bis

Geschichte und Denken

zur Gegenwart nicht ausgedient, ist aber durch das Nebeneinander verschiedener Herrscherhäuser zur gleichen Zeit nicht widerspruchsfrei und errichtet zudem künstliche Grenzen bei der Erfassung von allgemeinen gesellschaftlichen, wirtschaftlichen oder auch ideengeschichtlichen Tendenzen. Dementsprechend gibt es in jüngster Zeit vermehrt Versuche, sich der chinesischen Geschichte oder ihrer Teilaspekte mittels Ansätzen der Globalgeschichte zu nähern, d. h., Eurasien oder zumindest Ostasien als zu betrachtenden Raum zu wählen.

Während der Abfolge der Dynastien und dem damit verbundenen Gedanken einer »rechtmäßigen Abfolge« (*zhengtong*, 正統) des »Mandats des Himmels« in China selbst große Aufmerksamkeit zuteilwurde, bediente sich die westliche Geschichtsschreibung gegenüber China häufig gröberer Blöcke, wie z. B. der Einteilung in ein Altertum und eine Moderne. In westlichen oder japanischen Werken fand aber auch eine der Geschichte Europas angelehnte Periodisierung in Antike, Mittelalter und Neuzeit Anwendung. Betrachtet man die diesen Einteilungen folgenden Werke, so wird deutlich, dass es höchst unterschiedliche Begründungen dafür gibt, welche Zeitabschnitte einer Epoche zugeordnet werden. Dabei spielt die eigene Geschichtsauffassung die entscheidende Rolle. So argumentieren einige Werke eher auf der Grundlage soziologischer Kriterien und erheben den Wandel innerhalb der chinesischen Geschichte zum Kriterium, während andere Werke zum Teil in Kombination solcher Faktoren die Geschichte Chinas aus der Perspektive der westlichen, das heißt in erster Linie der europäischen und nordamerikanischen Geschichte, betrachten.

Besonders umstritten ist hierbei die Han-Dynastie (206 v. Chr. – 220 n. Chr.). So gilt den einen die Zeit vor der Han-Zeit als frühe Phase bzw. noch als Altertum. Andere hingegen sehen innerhalb oder auch mit dem Ende der Han-Zeit einen gesellschaftlichen Umbruch zu einer neuen Phase, die als Mittelalter bezeichnet wird. Als Argumente können hierfür unter anderem der Niedergang des Zentralstaats, die große Bedeutung der Religion – insbesondere des Buddhismus – und das Entstehen einer neuen Adelsgesellschaft genannt werden. Differenzen herrschen ebenfalls bei der Festlegung des Endes dieser Phase, die teils mit der Mitte, teils mit dem Ende der Tang-Herrschaft (618–907) oder der anschließenden Phase der »Fünf Dynastien« (Wudai, 五代) skizziert wird.

Noch umstrittener ist jedoch der Übergang zur Neuzeit und zur Moderne, wobei auch der Übergang von Neuzeit zu Moderne verschieden angesetzt wird. Zudem werden die Begriffe Neuzeit und Moderne bisweilen als austauschbar betrachtet. Westliche, japanische und chinesische Darstellungen klaffen oft weit auseinander. So beginnt für manche die Neuzeit mit der Song-Gesellschaft, für andere hingegen erst sehr viel später mit dem 18. Jh. und damit unter der Herrschaft des letzten Kaiserreichs, der Qing. Wieder andere sehen im Vordringen des Westens in China in der Folge der Opiumkriege zur Mitte des 19. Jh.s eine Epochengrenze. Noch später erfolgt eine Zäsur hingegen aus der Sicht derer, die erst im Zusammenbruch des letzten Kaiserreichs den Wandel zur Moderne sehen. Vielfach unterliegen der Diskussion über den Beginn der Moderne im Sinne eines Wandels zur industriellen Produktion unterschiedliche Einschätzungen über den wirtschaftlichen Entwicklungsstand Chinas im Vergleich zu Europa, weshalb dieser Ansatz als eurozentrisch zu beurteilen ist. Eine Sonderrolle nimmt der marxistisch inspirierte Periodisierungsansatz der chinesischen Geschichte ein, bei dem die Übergänge von einer klassenlosen Urgesellschaft über eine Sklavenhaltergesellschaft und dann eine Feudalgesellschaft zum Kapitalismus führen, der vom Sozialismus überwunden werden muss und idealerweise im Kommunismus endet.

Ebenfalls grundsätzlich ist die Kritik des Postkolonialismus, der sich Mitte des 20. Jh.s in der Auseinandersetzung mit dem Kolonialismus und Imperialismus entwickelte. Dabei geht es nicht nur um die Dekonstruktion eines von

Machthierarchien geprägten Orientalismus, der sich in westlichen Betrachtungsweisen Chinas zeigt, sondern auch um einen Perspektivwechsel, der gleichfalls die Rolle Chinas als Macht mit imperialen Ansprüchen, z. B. während der Qing-Herrschaft, hinterfragen lässt.

Trotz aller geforderten kritischen Selbstreflexion und notwendigen Perspektivwechseln setzen alle Herangehensweisen, selbst ein globalgeschichtlicher Ansatz, in der Praxis einen Bezugspunkt voraus, sodass in dem vorliegenden Überblick auf der einen Seite die chinesischen Dynastien und auf der anderen Seite die den meisten Lesern am ehesten vertrauten Bezüge zur europäischen Geschichte zu finden sein werden. Der Begriff »Altes China« beschränkt sich in diesem Band nicht auf das antike China. Er wird vielmehr in diesem Band in sehr allgemeiner Weise mit dem Begriff eines »neuen China« kontrastiert und mit dem vor- und kaiserzeitlichen China gleichgesetzt.

Gleichwohl soll damit nicht in Abrede gestellt werden, dass zu viel früheren Zeiten in China gesellschaftliche und wirtschaftlich-technologische Entwicklungen vollzogen wurden, die im Vergleich zu Europa oder anderen Teilen der Welt durchaus als »neuzeitlich« und »modern« bezeichnet werden können. Auch bedient sich der folgende Überblick trotz aller Einschränkungen dem groben Raster der Dynastien, ohne diese jedoch in jedem Fall als Wendepunkte der Geschichte begreifen zu wollen. Exkurse zu Kernthemen des Denkens und des Glaubens vermitteln für die jeweilige Dynastie übergreifend Hintergründe.

DIE ANFÄNGE CHINESISCHER GESCHICHTE

Die legendäre Xia-Dynastie

Mit der Dynastie der Xia (夏) beginnt die traditionelle chinesische Geschichtsschreibung. In den »Aufzeichnungen des Historiografen« (*Shiji*, 史記) von Sima Qian, 司馬遷 (ca. 145 – ca. 86 v. Chr.), eröffnet sie den Teil, der den Dynastien gewidmet ist. Ihr Gründer, der legendäre Herrscher Yu (禹), dem vor allem die Bändigung der Fluten zugeschrieben wird, wird in den Texten häufig im Zusammenhang mit zwei ihm vorangegangenen legendären Herrschern Yao (堯) und Shun (舜) genannt, deren Abfolge vom Prinzip bestimmt war, dass der Tüchtigste die Herrschaft übernehmen sollte. Yu hingegen folgte sein Sohn nach, wodurch eine dynastische Abfolge von 17 Herrschern der Xia begonnen haben soll. Zeitlich wird die Xia-Herrschaft damit in einen Bereich zwischen dem 21. und 16. Jh. v. Chr. eingeordnet.

Aufgrund der großen Fülle von Angaben in den chinesischen Geschichtswerken ist es nicht verwunderlich, wenngleich methodisch nicht immer unproblematisch, archäologische Befunde stets mit der Geschichtsüberlieferung zusammenzubringen. Erst 2016 postulierte ein Team von Archäologen unter Berufung auf einen Erdrutsch, der sich um 1920 v. Chr. zugetragen hat und dem im oberen Bereich des Gelben Flusses eine massive Überflutung folgte, die Historizität der Angaben zur Großen Flut und der Xia. Grundsätzlich steht allerdings trotz intensiver Forschung und des Xia-Shang-Zhou-Chronologie-Projektes, welches 1996 in der Volksrepublik China begonnen wurde, ein klarer, d. h. auf schriftlichen Belegen beruhender Beweis, für die historische Existenz der Xia samt ihren Herrschern weiterhin aus.

So ist bislang nicht zu klären, ob die sogenannte Erlitou-Kultur (*Erlitou wenhua,* 二里頭文化) östlich von Luoyang (洛陽) in der chinesischen Provinz Henan tatsächlich mit den

Xia gleichgesetzt werden darf. Hier wurde unter anderem eine rechteckige Stampflehmterrasse von einer ungefähren Seitenlänge von 100 Metern nachgewiesen, die den Pfostenverfärbungen gemäß ein Gebäude von ca. 30 mal 11 Metern trug. Das zudem von einer Mauer umgebene gesamte Areal hätte mehreren Tausend Menschen bei einer Zeremonie Platz geboten. In Gräbern fanden sich hochwertige Bronzewaffen, aus Bronze gegossene Speise- und Trinkgefäße, feine Tonwaren und sogar Lackreste. Diese Funde, die als Zeugnisse einer Hochkultur gelten dürfen, werden in die Zeit zwischen ca. 1900 bis 1350 v. Chr. datiert, was gut zu den Angaben bei Sima Qian passen würde. Allerdings sollte man sich selbst dann davor hüten, die Abfolge Xia – Shang – Zhou so zu interpretieren, dass diese Regime in direkter Folge allein in China geherrscht hätten. Es ist stattdessen davon auszugehen, dass neben diesen als zentral empfundenen Machtzentren, auf die sich die Geschichtserzählung stützt, zeitgleich andere regionale Kulturen bestanden, deren Andenken nicht in gleicher Weise tradiert wurde.

Die Shang-Dynastie

Während die Historizität der Xia-Dynastie immer noch Gegenstand von Kontroversen ist, konnte sich die Shang-Dynastie (商) von dem Vorwurf befreien, eine historische Fiktion zu sein, der zu Beginn des 20. Jh.s durch eine Gruppe um den Gelehrten Gu Jiegang, 顧頡剛 (1893–1980), erhoben wurde. Diese Gelehrtenbewegung hatte basierend auf der aus dem Westen stammenden textkritischen Methode die Aussagen zu den frühen Dynastien in den damals geradezu geheiligten traditionellen Werken grundsätzlich in Zweifel gezogen.

Ihre Rehabilitierung hat die Shang-Dynastie den sogenannten Drachenknochen zu verdanken. Hierbei handelt es sich um Teile von Rinderknochen oder Schildkrötenpanzern, die von der traditionellen chinesischen Medizin zu Arzneien zerrieben wurden. Auf ihnen entdeckte man Schriftzeichen, die sich als frühe – durchaus lesbare Form – der chinesischen Schrift herausstellten. Darunter fanden sich viele der Namen, die Sima Qian in seinen »Aufzeichnungen des Historiografen« für die Herrscher der Shang überlieferte. Die Rinderknochen und Schildkrötenpanzer hatten als Orakelknochen ursprünglich eine Funktion im Kult der Shang. So wurden auf ihnen Fragen an die Ahnen und teilweise auch Antworten notiert, die im Rahmen des Orakels gewonnen wurden. Dazu hielt man erhitzte Metallstäbe an die Knochen, sodass sich Sprünge bildeten, die man dann deutete. Später gelangten viele Orakelknochen in Gruben, wo sie die Jahrtausende bis zu ihrer Wiederentdeckung überdauerten.

Sima Qian zufolge residierten die Shang nacheinander in fünf Hauptstädten. Das Herrschaftsgebiet der Shang ist nicht klar zu umgrenzen, aber ihr Einflusszentrum scheint im Bereich der heutigen Provinzen Shaanxi, Henan, Hebei, Anhui und Shandong gelegen zu haben. 1952 wurde in Zhengzhou (鄭州) in der Provinz Henan eine Shang-Stätte entdeckt, die von einigen Forschern als die frühere Shang-Hauptstadt Ao (隞) und damit als dem 16. bis 14. Jh. v. Chr. zugehörig betrachtet wird. Hier wurde unter anderem eine ursprünglich sieben Kilometer lange Stadtmauer aus Stampflehm nachgewiesen, die an der Basis eine Breite von über 22 Metern maß. In der Nähe der Stadt fanden sich zudem Hinterlassenschaften von Bronzewerkstätten, wo vermutlich Handwerker arbeiteten und lebten. Die Shang-Handwerker unterstanden dem Adel und beherrschten nicht nur meisterhaft den Bronzeguss, sondern stellten neben allerlei Alltagsgegenständen hochwertige Seidentextilien und Jadeobjekte her.

Die Funde von Anyang

Aufsehenerregend und für die frühe Generation chinesischer Archäologen prägend waren die Funde von Anyang (安陽) in Henan, die Einblick in die spätere Phase der Shang geben. Als Fundort der Orakelknochen war Anyang zwar bereits seit 1899 bekannt. Aber es dauerte noch weitere dreißig Jahre, bis zwischen 1928 und 1937 während der äußerst unruhigen Jahre der chinesischen Republik unter der Leitung des in Harvard ausgebildeten Anthropologen Li Ji, 李濟 (1896–1979), Ausgrabungen stattfanden, die mit dem Ausbruch der japanischen Aggression in China ein vorläufiges Ende finden mussten.

Die Funde in Anyang können mit der aus den Texten bekannten Hauptstadt Yin (殷) in Verbindung gebracht werden. Aus den Hinterlassenschaften von Anyang gelang es, ein komplexes Bild der Shang-Gesellschaft und ihrer Kultur zu zeichnen. Neben Hinweisen auf einfache Grubenhäuser wurden auch eine Vielzahl von Stampflehmfundamenten für größere Gebäude sowie ein System von Entwässerungsgräben gefunden. Besonders augenfällig waren große schachtartige Königsgräber. Rampen, teilweise über 30 Meter lang, führten mehr als zehn Meter in die Tiefe zu einer aus Holz gefertigten Grabkammer, in der der Leichnam bestattet worden war. Grabgeleit in Form von dort ebenfalls bestatteten Menschen sowie Mitbestattung von Pferden, Hunden und anderen Tieren waren üblich. Darüber hinaus waren den Toten ursprünglich viele kostbare Güter aus Bronze, Gefäße sowie Waffen und auch Jade beigegeben worden.

Eine Sensation war 1976 die Entdeckung eines nicht beraubten Grabes, in dem, wie sich anhand von Inschriften auf Bronzegefäßen feststellen ließ, Fu Hao (婦好), eine Gemahlin des Shang-Königs Wu Ding (武丁) aus der jüngeren Phase der Shang, bestattet lag. Zudem wurde sie von mehreren Menschen in den Tod begleitet. Unter den Beigaben waren um die 7 000 Kaurimuscheln, die damals als Zahlungsmittel verwendet wurden, über 400 Bronzen und mehr als 500 Jadeobjekte. Den Hinweisen auf Orakelknochen und den Funden zufolge war Fu Hao eine mächtige Königin, die persönlich in Kriegszüge involviert war, eigenes Land verwaltete und ebenso in der Durchführung von Ritualen aktiv war.

Die Gesellschaft der Shang

Die Gesellschaft der Shang war ausgesprochen hierarchisch geprägt und der Kontrast zwischen den Königen und den einfachen Menschen sehr groß. Kriegsgefangene hatten dabei den niedrigsten Status. Sie wurden in großer Zahl bei Begräbnissen getötet, aber auch bei anderen kultischen Ereignissen geopfert. Die Herrscher fungierten als Heerführer, hatten aber zudem eine wichtige Funktion bei den Divinationen, d. h. bei den diversen Methoden der Weissagung im Orakelwesen, die sich an verschiedene Naturgottheiten und vor allem an die vergöttlichten Ahnen richteten. Dabei wurden sie von Priestern und Schreibern unterstützt. Anfragen an die Ahnen konnten sich auf die Ernte, auf militärische Vorhaben oder aber, wie im Falle von Fu Hao überliefert, auch auf die Schwangerschaft der Königin beziehen. Die Thronfolgeregelung der Shang war recht komplex, sodass nicht immer der älteste Sohn des Herrschers folgte, sondern verschiedene Linien des Königshauses Berücksichtigung fanden. Zum Ritual der Shang sind jedoch noch viele Fragen offen. Die Shang waren bei der Sicherung ihres Gebietes auf Verwandte und Verbündete angewiesen. Denn selbst wenn sie große Heere von mehreren Tausend Mann mobilisieren konnten, reichte der von ihnen effektiv kontrollierte Bereich nicht allzu weit über ihr Kerngebiet hinaus.

Die Funde von Sanxingdui

Das Bild, welches die traditionelle Geschichtsschreibung mit der Abfolge Xia – Shang – Zhou und dem Fokus auf die chinesische Zentralebene vermittelt, ist nach gegenwärtigem Kenntnisstand zu eindimensional, wie die Funde von Sanxingdui (三星堆) aus der südwestlichen Provinz Sichuan verdeutlichen. 1986 wurden dort Zeugnisse einer Hochkultur geborgen, die gegen Ende der Shang-Zeit vom 13. Jh. bis ins 10. Jh. v. Chr. bestand. Strategisch geschützt gelegen und mit guten Rahmenbedingungen für die Landwirtschaft versehen, hatte sich hier eine Kultur entwickelt, die den Shang durchaus ebenbürtig war. Einst lag dort eine ca. 2,6 km² große, von Erdwällen geschützte Stadt. Auch hier fanden sich Gebäudefundamente sowie spezielle Areale für Handwerker und Gräberfelder. Besondere Aufmerksamkeit erregten zwei Opfergruben, die neben einer großen Zahl von Elefantenstoßzähnen, Gegenständen aus Stein, Jade und Münzen ebenso hochwertige Bronzearbeiten enthielten. Diese Bronzen zeigten mythische Bäume mit Vögeln und Masken mit menschlichen Gesichtszügen, die durch extrem hervorstehende Augen beeindrucken.

Eine regelrechte Sensation war der Fund einer überlebensgroßen Bronzestatue, die samt Sockel 2,26 Meter misst und ca. 180 Kilogramm wiegt. Sie zeigt einen Mann in einem reich verzierten dreiteiligen Gewand, der in den Händen etwas zu tragen scheint. Seine Kopfbedeckung könnte auf seinen hohen Rang hinweisen. Es ist jedoch unklar, ob es sich bei ihm um eine Gottheit, einen Würdenträger oder einen Priester handelt. Möglicherweise sind die Funde von Sanxingdui als Überreste eines kultischen Zentrums des in den tradierten Quellen peripher erwähnten Reiches Shu (蜀) zu interpretieren.

Exkurs: Schrift

Der chinesischen Schrift kommt eine herausragende Bedeutung zu. Obgleich auch sie leichten Wandlungen unterworfen war, bildet sie doch das Band, welches die chinesische Zivilisation seit den ersten schriftlichen Quellen bis zur Gegenwart durchzieht. Auch heute wird auf die Frage, was für China charakteristisch sei, ein Großteil der Befragten inner- und außerhalb Chinas die chinesische Schrift nennen.

Was aber sind die Besonderheiten der chinesischen Schrift, die sie von anderen Schriftsystemen unterscheidet? Die chinesische Schrift ist keine Silbenschrift. Wie die Hieroglyphen in Ägypten und erste Sumerogramme im Vorderen Orient leiten sich viele Frühformen chinesischer Zeichen von Piktogrammen ab. Aber bereits bei den frühesten Schriftzeugnissen der chinesischen Zivilisation auf Orakelknochen aus Rinderknochen oder Schildkrötenpanzern aus der späten Shang-Zeit (ca. 1200 v. Chr.) handelt es sich nicht um eine reine Bilderschrift, sondern um ein komplexes System zur Bildung unterschiedlicher Zeichen. In der chinesischen Schrift zeigen sich früh neben Bildzeichen auch Symbolschreibungen, bei denen in beiden Fällen das Zeichen keine Information zur Lautgestalt des mit ihm geschriebenen Begriffes liefert. Anders ist dies bei Sinneszusammensetzungen, bei denen zwei Bildzeichen einen neuen Begriff bilden, wie z. B. das Schriftzeichen für »Mund« 口 in der Kombination mit dem Schriftzeichen für »Vogel« 鳥 den Begriff »rufen« 鳴 schreibt. Dabei muss das Verständnis in diesem Fall per Konvention festgelegt werden, da dieses Zeichen ebenso als »Schnabel« interpretiert werden könnte.

Bei vielen Zeichen gibt ein sogenanntes Phonetikum Hinweise auf die Aussprache des Wortes, welches mit diesem Zeichen geschrieben wird. Als etymologische Schreibung bezeichnet man ein einmal zur Schreibung eines bestimmten Wortes erfundenes Zeichen, welches dann zur Schreibung eines anderen Wortes dient, mit welchem das ursprüngliche Zeichen als etymologisch verwandt angesehen wurde. So kann das Zeichen 行, welches für »Straße« erfunden wurde, zudem den Begriff »Handlungsweise« schreiben und wird dann anders ausgesprochen. Dagegen liegt eine »phonetische Schreibung« oder »Lehnschreibung«

Die Anfänge chinesischer Geschichte

vor, wenn ein Wort mit einem Zeichen geschrieben wird, welches für ein gleich- oder ähnlich lautendes Wort erfunden wurde.

Im Gegensatz zu einer Silbenschrift, bei der die Schreibung immer wieder an die sich im Verlauf der Zeit weiterentwickelnde Aussprache anpassen muss, war es mit der chinesischen Schrift möglich, über die Zeiten und über dialektale Grenzen hinweg Wörter und Begriffe zu schreiben, die der Sprecher in seiner jeweiligen Sprachform artikulieren konnte. Um sich wirklich verständlich zu machen, ist es daher in China bis heute oftmals hilfreich, zu einem Stift oder der Tastatur zu greifen, um einen Begriff zu schreiben.

Allerdings entwickelte sich im Verlauf der Geschichte die sogenannte »Schriftsprache«, welche die Beamtenanwärter zur Vorbereitung auf die staatlichen Examina anhand des Studiums der klassischen Texte erlernten, immer weiter von der tatsächlich gesprochenen Umgangssprache weg. So konnten die im chinesischen Kaiserreich tätigen Beamten zwar miteinander schriftlich kommunizieren, sprachen aber unter Umständen eine andere Umgangssprache und benötigten Übersetzer für den Austausch mit der lokalen Bevölkerung. Gleichzeitig wurde aber mittels der Schrift im gesamten Reich ein durchgängiger Kommunikationsstandard gepflegt.

Erst zu Beginn des 20. Jh.s, nach dem Ende des Kaiserreichs, formte sich eine Bewegung unter der jungen Republik Chinas, welche die historisch geformte Schriftsprache zugunsten der modernen Umgangssprache in der Literatur und im offiziellen Schriftverkehr ablösen wollte. Initiativen, die chinesischen Schriftzeichen zugunsten einer Silbenschrift abzuschaffen, konnten sich nicht durchsetzen. Selbst die heute zumeist verwendete Transkription *Hanyu pinyin* (漢語拼音) des Chinesischen hat die Schriftzeichen nicht verdrängt, was sich allein schon dadurch erklärt, dass das Chinesische über eine Vielzahl ganz gleichlautender oder zum Teil nur über die Tonhöhe oder Tonkontur differenzierte Silben verfügt und ein Schriftzeichen eben mehr Information als ein Silbenzeichen vermittelt.

Die chinesische Schrift gilt zudem als Kunstform und die Kalligrafie genießt bis in die Gegenwart ein hohes Prestige. Glaubt man doch in der Form, in der jemand schreibt, etwas von seinem Charakter und seinen Emotionen wahrnehmen zu können. Traditionell wird auch heute noch mit dem Pinsel auf Papier geschrieben. Früheste bekannte Schriftträger waren hingegen die bereits erwähnten Rinderknochen und Schildkrötenpanzer, in die Zeichen geritzt wurden. In der Folge finden sich Inschriften, die in Bronzegefäßen sowie anderen Gerätschaften, beispielsweise Glocken oder Spiegel, mitgegossen oder in diese eingraviert wurden. Allgemeine Schriftträger des antiken China waren Holz- und Bambusstreifen, auf die mit Tusche und Pinsel geschrieben wurde. Eines der kostbarsten Schreibmaterialien war hingegen die Seide, wohingegen Stein als sehr dauerhafte Schreibgrundlage diente. Mit der Erfindung des Papiers zur Han-Zeit kam ein sehr leichtes und zunehmend günstiger zu produzierendes Schreibmaterial hinzu, das vor allem nach dem ebenfalls in China während der Tang-Zeit erfundenen Druckverfahren die Verbreitung und Verfügbarkeit von Texten im Verlauf der Song-Dynastie noch einmal extrem steigerte.

Das klassische Zeitalter

Die Zhou-Dynastie bildet die längste dynastische Periode in der chinesischen Geschichte und wird auch als das klassische Zeitalter Chinas bezeichnet. Sie wurde zum klassischen Zeitalter aufgrund der Hundert Schulen, zu denen die Konfuzianer, Daoisten, Legalisten, aber ebenso Chinesische Sophisten, Mohisten und viele mehr zählen. Grundlegende Werke der späteren Literatur fußen auf Texten dieser Zeit. Ebenso beruht das Curriculum der späteren Beamtenprüfung zu großen Teilen darauf. So bildet bis heute das »klassische« oder »antike« Chinesisch die Basis unzähliger Redewendungen und die Ausgangsbasis für die schriftsprachliche Gelehrtensprache, derer sich die Elite bis zum Ende der chinesischen Kaiserzeit zu bedienen wusste.

Wollte man einen Gegenstand zum Symbol dieser Zeit wählen, so wäre es wohl ein Bronzedreifuß als Sinnbild der Ahnenverehrung, der kulturellen Identität und der legitimen

Herrschaft. Es ist kein Zufall, dass seit 1995 im Garten der Nationen vor dem UNO-Gebäude in New York als Geschenk der Volksrepublik China ein monumentaler Bronzedreifuß steht.

Die Herrschaft der Zhou, insbesondere der frühen Zhou, wurde später idealisiert und zum Inbegriff einer wohlgeordneten Gesellschaft. Immer wieder griffen Herrscher auf diese Zeit zurück, um ihre Herrschaft und Agenda zu legitimieren. Noch zu Beginn der letzten Dynastie benannte der abtrünnige General Wu Sanggui, 吳三桂 (1612–1678), sein Machtgebiet in Südchina nach den Zhou. Auch Wu Zetian, 武則天 (625–705), die einzige Frau der chinesischen Geschichte, die sich wirklich zur Kaiserin ausrufen ließ, berief sich auf die Zhou und nannte ihre, die Tang-Dynastie kurz unterbrechende Herrschaft Zhou (690–705 n. Chr.). Ganz ähnlich gestaltete sich die Situation fast 700 Jahre früher, als sich Wang Mang, 王莽 (45 v. Chr. – 23 n. Chr.), mit seiner »neuen« Xin-Dynastie (9–23 n. Chr.), die als Interregnum der Han in die Geschichte einging, an die Zhou anlehnte und deren vermeintliche Institutionen zum Vorbild nahm. Des Weiteren gab es im späteren Verlauf der chinesischen Geschichte die zwei kurzlebigen Dynastien der Nördlichen Zhou (557–581) und der Späten Zhou (950–960).

Texte wie die »Riten der Zhou« (*Zhouli*, 周禮), die wahrscheinlich jüngeren Datums sind, zeigen ein Idealbild der königlichen Verwaltung, aufgeteilt in Himmelsämter unter der Verantwortung des Kanzlers mit den Regierungsämtern allgemein, in Erdämter unter dem Arbeitsminister, in Frühlingsämter unter dem Ältesten des Ahnenkultes, in Sommerämter unter dem Militäraufseher und in Winterämter zusammen mit den Aufzeichnungen über das Handwerk. Auch das Idealbild der umwallten Königsstadt mit ihrem quadratischen Grundriss wird auf die Zhou-Zeit zurückprojiziert. Sie hat neun Tore und davon ausgehende, sich rechtwinklig kreuzende Straßen, die in Nordsüdrichtung und in Ostwestrichtung verlaufen. Es gibt einen Ahnentempel im

Osten und einen Erd-und-Hirse-Altar im Westen sowie eine Audienzhalle und einen Markt im Zentralbereich. Archäologische Belege für diese Idealkonzeption der Zhou gibt es freilich nicht.

Der Mandatswechsel

Mit der Schlacht von Muye (牧野) in der heutigen Provinz Henan begann die Herrschaft der Zhou-Dynastie. Über das genaue Datum des Machtwechsels wird weiterhin gestritten, wobei vieles für die Zeit um 1045 v. Chr. spricht. Damals bezwang der »Kriegerische König der Zhou«, wie sich der Titel Zhou Wuwang (周武王) übersetzen lässt, den angeblich degenerierten letzten Herrscher der Shang-Dynastie, der unter dem Schimpfnamen Zhou – »Schweifriemen« (紂) (nicht zu verwechseln mit dem Namen der Dynastie Zhou) – in die Geschichte einging. So zumindest überliefert es uns das *Shiji* und zeichnet damit den zweiten Zyklus einer Dynastie, die mit einem moralisch überragenden Dynastiegründer beginnt und mit einem völlig verwerflichen letzten Herrscher ihr Mandat verliert. Der letzte Herrscher der Xia-Dynastie, die den Shang voranging, wurde mit dem ebenfalls wenig schmeichelhaften Beinamen Jie – »Hühnerstange« (桀) – bedacht!

Das *Shiji* kommt belehrend mit dem erhobenen Zeigefinger daher, wenn wir dort lesen, dass der letzte Shang-Herrscher gegen Ende seiner Regierung taub für die Ratschläge seiner Berater war. Er ließ angeblich sogar seinem Onkel Bi Gan (比干), als dieser ihn ermahnte, das Herz herausreißen, um zu sehen, wie das Herz eines Weisen aussähe. Statt die Ermahnungen zu befolgen, soll er sich dem Alkohol hingegeben und völlig seiner schönen, aber grausamen Nebenfrau verfallen sein. Mit anderen Worten, sein Herrschercharisma war erloschen, das Mandat verloren und das Schicksal der Shang besiegelt.

Die Ursprünge der Zhou

Die Zhou waren ursprünglich Vasallen der Shang. Ihre Gründungslegende reicht bis zum »Fürsten Hirse« (Hou Ji, 后稷) zurück, der, ähnlich dem biblischen Moses, als Kind ausgesetzt wurde. Daher trug er auch den Namen »Ausgesetzter« (Qi, 棄). Sein besonderes Charisma wurde dadurch offenkundig, dass Tiere und Menschen ihn mehrfach retteten. Er soll zudem den Getreideanbau gefördert haben, wofür er später vergöttlicht wurde. Seine Nachfahren errichteten schließlich in Zhouyuan (周元), wörtlich »Ursprung der Zhou«, eine Stadt.

Schließlich reifte unter dem posthum als Zhou Wenwang (周文王) verehrten Vater des eigentlichen Dynastiegründers der Plan, die Shang abzulösen. Den Herrschaftswechsel konnte jedoch erst sein Sohn dank seines kriegerischen Geschicks umsetzen. Der letzte Herrscher der Shang soll in seinem Palast verbrannt sein. Angehörige des Shang-Hauses wurden jedoch mit einem Gebiet im neuen Zhou-Reich belehnt, damit sie dort die Ahnenopfer vollziehen konnten. Auch dies ist ein Muster, das sich bei vielen Dynastiewechseln findet und zeigt, wie sehr die Ahnen geschätzt und sicher auch gefürchtet wurden.

DIE ZHOU-HERRSCHAFT

Die Zhou-Herrschaft bildet keine gleichförmige Phase mit einem Zhou-König als dem militärischen, politischen und rituellen Führer an der Spitze. Vielmehr wird zwischen der West-Zhou-Zeit (ca. 1045–770 v. Chr.) und der Ost-Zhou-Zeit, die mit der Verlagerung der Hauptstadt aus dem Gebiet des heutigen Xi'an in der Provinz Shaanxi im Westen in das weiter östlich gelegene Luoyang in der Provinz Henan beginnt, unterschieden. Zudem teilt sich die letztere Phase der Zhou in die Zeit der »Frühlings- und Herbstannalen« – Chunqiu, 春秋 (722–481 v. Chr.), und in die Zeit der »Streitenden Reiche« – Zhanguo, 戰國 (453/403–221 v. Chr.), auf.

Bronzen und Bronzeinschriften

Neben dem tradierten Geschichtsbild geben uns Bronzeinschriften wertvolle Einblicke in die Geschehnisse und Vorstellungen der West-Zhou-Zeit. Die Bronzegefäße spielten eine zentrale Rolle im Ahnenkult, bei dem den Vorfahren im Ahnentempel Speisen und Trank dargeboten und wichtige Familienereignisse kundgetan wurden. Inschriften tragende Bronzegefäße, aber auch bronzene Musikinstrumente wie Glocken gelangten in größerer Zahl in Gräber oder überdauerten in Hortfunden.

Mit dem Ende des 10. Jh.s v. Chr. fand eine rituelle Revolution statt, in deren Folge die Anzahl der im Ahnenkult und beim Begräbnisritus verwendeten Bronzen in Relation zum Status gesetzt wurden. Insbesondere die neun bronzenen Reichsdreifüße galten als Ausweis der Herrschaftslegitimation. Einer Legende zufolge sollen sie bereits unter den Xia aus Tributgaben der neun Provinzen gefertigt worden sein und gingen dann über die Herrscher der Shang an die Könige der Zhou.

Berichte über Belehnungen auf Bronzen bestätigen und erweitern das Bild der Geschichtsschreibung, die eine Art Lehnsstruktur für die West-Zhou-Zeit beschreibt. Um das neu eroberte Gebiet verwalten zu können, wurden Familienmitglieder des Herrscherhauses und verdienstvolle Militärs mit Städten und deren Bewohnern belehnt. Die Lehnsfürsten hatten dem Zhou-König Tribut zu zollen, ihm militärisch beizustehen und zusammen mit den Dienstadeligen das Reich zu sichern. Regelmäßige Rituale verbunden mit Eiden und Bestätigungen von Mandaten sicherten diese Struktur. Im

Idealfall sollte das Thronfolgesystem sowohl im Königshaus der Zhou sowie in den untergeordneten Adelshäusern dem Prinzip der Primogenitur – dem Herrschaftsrecht des männlichen Erstgeborenen – folgen, während die Nebenlinien die Ränge des Dienstadels füllten. Da ein Großteil der unter dem König stehenden Adelshäuser mit dem König verwandt war, würde sich somit in der Theorie eine Struktur ergeben, die, über die gemeinsamen Ahnen verbunden, netzförmig entlang der patrilinearen Linien – Vererbung des Familiennamens vom Vater auf die Söhne – in einer klaren Hierarchie gegliedert wäre und somit jedem Mitglied seinen entsprechenden Rang zuweisen würde.

Tatsächlich wurde mit jeder Generation das familiäre Band zwischen dem Herrscherhaus der Zhou und den Lehnsfürsten jedoch lockerer und nicht alle waren so bedingungslos loyal, wie dies zu Beginn für den Herzog von Zhou (周公), den Bruder des Zhou Wuwang, als Regent für seinen noch unmündigen Neffen gegolten haben soll. Von ihm heißt es, er habe die Elite der besiegten Shang in das Reich integriert, das Zhou-Gebiet gesichert und vergrößert und sei dann zugunsten des volljährigen Thronerben zurückgetreten, was ihn zu einer idealen Symbolfigur des loyalen stellvertretenden Regenten machte.

Das Ende der West-Zhou

Im Verlauf der West-Zhou-Zeit verselbstständigten sich einige der Lehnsfürsten immer mehr. Bisher nicht erschlossene Gebiete wurden urbar gemacht oder kolonisiert und die Zahl der ehemaligen Stadtstaaten verringerte sich, indem größere Lehnsstaaten schwächere Staaten einnahmen. Während einige der Lehnsstaaten dadurch an Stärke gewannen, verringerte sich die Macht der Zhou-Könige. Gemäß dem *Shiji* war es die schöne, aber bösartige Baosi (褒姒), die die

Zhou schließlich in den Ruin führte. Sie kam als Konkubine in den Palast und bezirzte den König, woraufhin er seine rechtmäßige Hauptgemahlin degradierte und den Sohn der Konkubine zum Thronerben bestimmte. Das erboste den Vater der Hauptgemahlin derart, dass er zusammen mit den Quanrong-Nomaden (犬戎) einen Angriff startete. Der Zhou-König hatte zuvor mehrfach zum Spaß die Feuer der Wachtürme entzünden lassen, um die schwer zum Lachen zu bringende Baosi zu erfreuen. Das rächte sich nun, denn mehrfach belacht, reagierte nun niemand mehr, als der Ernstfall eintrat.

Die Zhou im Osten und die Zeit der Frühlings- und Herbstannalen

Mit der folgenden Verlagerung nach Osten und der Inthronisierung des ursprünglichen Thronfolgers als Zhou Pingwang (周平王) beginnt die Ost-Zhou-Zeit. Zumeist richtet sich der Blick jedoch auf die Zeit der Frühlings- und Herbstannalen (*Chunqiu*, 春秋), so benannt nach den die Jahre von 722–481 v. Chr. umfassenden Annalen des Konfuzius. Mit der erzwungenen Verlagerung nach Osten hatten die Zhou-Könige ihre Krondomäne und damit ihre Machtbasis im Westen verloren. Die eigentliche politische und militärische Macht ging fortan von den großen Lehnsstaaten aus. Dem Zhou-König blieb lediglich die Rolle des rituellen Oberhauptes, wodurch das einstige Zhou-Reich mehr und mehr zur reinen Fiktion wurde.

Dementsprechend zeichnet sich diese Phase durch eine rege zwischenstaatliche Diplomatie aus. Es wurden Heiratsallianzen geschlossen und Fürstensöhne als Geiseln zwischen den Fürstenhäusern ausgetauscht. Kam es dennoch zu Schlachten, so scheinen diese noch einer Art ritterlichem Kodex unterworfen gewesen zu sein. Diesem folgend verabredeten sich die Fürsten, ausgestattet mit dem

Streitwagen und einer begrenzten Anzahl von Kriegern, zum Kampf. Auch gab es bereits Friedenskonferenzen, bei denen die Regeln des Miteinanders ausgehandelt wurden. Jene auf diese Art erzielten Übereinkünfte betrafen die schon damals lebenswichtige Ressource Wasser – die Behinderung der Wasserzufuhr durch andere Staaten wurde vertraglich untersagt –, aber auch Getreide sollte nicht zum Schaden anderer aufgekauft werden. Zudem versicherte man zum Schutz der Stabilität der Staaten und der Verlässlichkeit der Heiratsallianzen, das Auswechseln des Thronfolgers und den Austausch der rechtmäßigen Gemahlin durch eine Konkubine zu unterlassen. Grundsätzlich sollten sich Frauen zukünftig nicht mehr in die Staatsgeschäfte einmischen, so forderte es zumindest der Herzog Huan von Qi (齊桓公) 657 v. Chr.

Anstelle des Zhou-Königs übernahmen mächtige Fürsten die Rolle des »Hegemonen« (*ba*, 霸). Der bereits erwähnte Herzog Huan von Qi (reg. 685–643 v. Chr.) war der erste der sogenannten »Fünf Hegemonen« und wurde wie der zweite Hegemon, Herzog Wen von Jin (晉文公) (reg. 636–628 v. Chr.), explizit vom Zhou-König mit dieser Aufgabe betraut. Ihnen strebten weitere, nicht immer unumstrittene Fürsten in dieser Funktion nach.

Die generelle Entwicklung der Verselbstständigung der Lehnsstaaten ließ sich jedoch nicht mehr aufhalten. Größere Staaten etablierten eigene quasifeudale Strukturen mit verdienten Militärs. Im Zuge der Lockerung der Adelsgesellschaft der Zhou wurde es auch für Staaten, die bisher abseits der Welt der Zhou-Staaten gestanden hatten, leichter, beispielsweise durch Heiraten, dort einen Platz zu erlangen. Reformen wie die im Staat Lu (魯) im Jahre 594 v. Chr., bei der eine allgemeine Steuer in Relation zum Ertrag gefordert und damit indirekt ein Statuswandel des Bauern weg von der engen Bindung an seinen Lehnsherrn hin zur Position als Untertan des Staates anerkannt wurde, zeigen bereits die allmähliche Auflösung der ursprünglichen Zhou-Ordnung.

Zudem emanzipierten sich die Staaten Zheng (鄭) und Jin (晉) auf dem Gebiet der Gesetzgebung und stellten diese der durch den Ritus garantierten Ordnung gegenüber. Zi Chan von Zheng (鄭子產) schuf 536 v. Chr. einen Gesetzeskodex und ließ ihn in Metall gießen. Im Jahr 513 v. Chr. folgte der Staat Jin nach, obwohl dies zuerst durchaus auf Widerstand eher konservativ denkender Staatsmänner stieß, die befürchteten, dass das gemeine Volk, wenn es denn die Gesetze kenne, dem Staat keinen Gehorsam mehr schulden und die Traditionen nicht mehr respektieren würde. Aber viele Adelige respektierten die Tradition schon länger selbst nicht mehr und setzten sich wiederholt über das rituell geforderte Rangsystem hinweg.

Detaillierte Einblicke in die Ereignisse der Zeit geben die »Überlieferungen des Herrn Zuo« (*Zuozhuan*, 左傳) und die »Staatsgespräche« (*Guoyu*, 國語). Dazu treten Originaldokumente, wie die zahlreichen Stein- beziehungsweise Jadeinschriften aus den Opfergruben von Houma (侯馬), in der heutigen Provinz Shanxi, die von Bündnisschwüren in einem innerstaatlichen Konflikt zweier Gruppierungen im Staate Jin berichten. Der Staat Jin zerfiel schließlich durch einen Bürgerkrieg 403 v. Chr. in die drei Teilstaaten Wei (魏), Zhao (趙) und Han (韓) und skizziert das Ende der Ordnungsprinzipien der Zeit der Frühlings- und Herbstannalen hin zu den Machtkämpfen während der Zeit der Streitenden Reiche.

Militärische Auseinandersetzungen beziehungsweise die geschickte Vermeidung solcher anhand von gut gewählten Strategien sind das Thema in »Der Kunst des Krieges« (*Sunzi bingfa*, 孫子兵法), als dessen Autor Sunzi (孫子) gilt, der gegen Ende der Zeit der Frühlings- und Herbstannalen lebte. Manuskriptfunde aus Gräbern unterstreichen die Bedeutung, die solchen Militärschriften im chinesischen Altertum zuteilwurde. Einen wahren Siegeszug traten diese

Werke allerdings erst in der Moderne an. Nicht zuletzt Mao Zedong (毛澤東) soll sich mit ihnen beschäftigt haben. Die über die Zeit zu 36 Strategemen kondensierte Form dieses Denkens bildet heute die Grundlage für Ratgeber in allen Lebenslagen vom Geschäftsalltag bis zum Liebesleben und wendet sich an Manager wie an Kindergartenkinder.

Die Zeit der Streitenden Reiche

Mit dem Jahr 453 v. Chr. beginnt der Zerfall des Staates Jin in die Staaten Wei, Zhao und Han, welche 403 v. Chr. vom Zhou-König anerkannt werden. Das Zhou-Königshaus selbst fand sein Ende allerdings erst ca. 150 Jahre später 256 v. Chr. mit der Niederlage gegen die Qin, die 221 v. Chr. ihre eigene Dynastie begründeten und damit an die Stelle der Zhou traten.

Von einer echten Herrschaft der Zhou konnte also schon im 5. Jh. v. Chr. kaum mehr die Rede sein. An die Stelle der während der Zeit der Frühlings- und Herbstannalen dominierenden Kraft eines Hegemonen traten, wie weiter oben geschildert, Allianzen und Auseinandersetzungen der noch verbliebenen Staaten. Die angespannte Lage zeigt sich deutlich darin, dass es zu dieser Zeit zu den ersten Mauerbauten zwischen den Staaten kam. Anders als spätere Mauerbauten unter den Qin und Han und dann unter den Ming dienten diese Mauern nicht nur dem Schutz vor Übergriffen aus der Steppe, sondern sie richteten sich auch gegen Nachbarstaaten innerhalb der damaligen chinesischen Staatenwelt der Streitenden Reiche.

Im Gegensatz zur vorangegangen Zeit standen sich nun jedoch vermehrt große Territorialstaaten gegenüber, in denen Berufspolitiker und Spezialisten den alten Adel aus der Staatsführung oder gar vom Thron verdrängten, wie etwa im Fall des Staates Qi (齊), wo die ehemalige

Ministerfamilie Tian (田) im Jahre 384 v. Chr. die Macht übernahm. Zeitgleich zogen Berater von Fürstenhof zu Fürstenhof und boten ihre Strategien zur Etablierung eines starken Staates feil.

Die Professionalisierung in der Staatsführung ging Hand in Hand mit Reformen, welche die alten feudalen Strukturen auflösten. Landreformen und zentrale Verwaltungskonzepte, mit denen eroberte Gebiete der direkten Kontrolle des Herrschers unterstellt wurden, weisen in dieser Hinsicht den Weg zu einem neuen zentralisierten Herrschaftskonzept, das auf den allein dem Herrscher unterstellten Amtsträgern beruht. Getrieben von dem Wunsch, mit einem starken Staat besser der Konkurrenz der Nachbarstaaten gewachsen zu sein, rückten auch wirtschaftliche Interessen immer mehr in den Vordergrund. Bewässerungsarbeiten, Metallgewinnung in Bergwerken, Intensivierung der Landwirtschaft und auch die Verwendung erster Eisengerätschaften bildeten die Basis für wirtschaftliche Erfolge. Eine weitere Folge war, dass die Geldwirtschaft zunahm und Münzen in Gestalt landwirtschaftlicher Geräte wie des Messers oder des Spatens neben die bisher gebräuchlichen Kaurischnecken und die Naturalwährung traten. Auf diese Art wurden Städte zu regen Handelszentren, in denen Handwerker und Kaufleute ihren Platz hatten.

Die Hauptlast des Staats trugen jedoch weiterhin die Bauern, die man neben der Feldarbeit und den Arbeitsdiensten nun verstärkt im Kriegseinsatz benötigte. Dies war nicht zuletzt dem Umstand geschuldet, dass brutale Massenschlachten nun endgültig den Ehrenkodex der Vergangenheit ablösten. Auch der Streitwagen hatte weitgehend ausgedient, nachdem der nördliche Staat Zhao (趙) dem Vorbild seiner steppennomadischen Nachbarn folgend eine Kavallerie einführte. Damit hatte Zhao eine Entwicklung angestoßen, der sich auch die anderen Staaten nicht entziehen konnten.

Die Zhou-Herrschaft

Fortan wurden Pferde zu einem Schlüsselelement schlagkräftiger Heere. Zudem löste die Armbrust den einfachen Bogen ab, was neben der großen Durchschlagskraft zu einer Erhöhung der Reichweite führte. Durch das Expansionsstreben einzelner Staaten und die gnadenlose Konkurrenz reduzierte sich die Zahl der Staaten immer weiter, sodass sich schließlich sieben Staaten in einer vertikalen (Nord-Süd) und einer horizontalen (Ost-West) Allianz gegenüberstanden. Am Ende hingegen besiegte der Staat Qin (秦) einen Staat nach dem anderen – 230 v. Chr. Sieg über Han (韓), 228 v. Chr. Sieg über Zhao (趙), 225 v. Chr. Sieg über Wei (魏), 223 v. Chr. Sieg über Chu (楚), 222 v. Chr. Sieg über Yan (燕), 221 v. Chr. Sieg über Qi (齊) – und schuf so die Grundlage für einen zentralisierten Einheitsstaat.

Exkurs: Der philosophische Daoismus

Die Bezeichnung Daoismus geht zurück auf das Schriftzeichen *dao* (道), welches das Wort »Weg« schreibt. In der Verwendung als der »richtige Weg« kommt es ebenso in anderen philosophischen und religiösen Richtungen vor. Das *dao* wird darüber hinaus als eine Art universelles, von Beginn an existentes Prinzip verstanden. Es spielt in der Kosmogonie eine elementare Rolle und war vorhanden, bevor die Welt aus dem »Chaos« (*hundun*, 渾沌) entstand, wodurch alles am *dao* teilhat. Ein von anderen Schulen auch verwendeter Schlüsselbegriff ist die »Tugendkraft«, »Wirkkraft« oder »Charisma« (*de*, 德).

Das *Daodejing*

Dies ist der Titel des *Daodejing* (道德經), welches mit »Klassiker des Weges und der Tugendkraft« übersetzt werden kann. Als Autor gilt traditionell der weise »Alte Meister« Laozi (老子) alias Li Er (李耳) oder Li Dan (老聃), der der Legende nach ein älterer Zeitgenosse des Konfuzius gewesen sein soll. Ferner heißt es, dass er nach dem Verfassen des *Daodejing* im Westen verschwand. Im Gegensatz dazu bezweifelt die heutige Forschung, dass es je einen historischen Laozi gab, vielmehr vermutet man, dass die Legenden dazu dienten, dem gegebenenfalls schon länger mündlich weitergetragenen Werk eine Historizität und damit zudem ein besonderes Prestige zu verleihen. Für die mündliche Tradierung eignete sich das Werk insbesondere durch seine Abfassung in Reimen, wobei ebenso andere antike chinesische Texte Reime enthielten, die in der heutigen Lesart der modernen Aussprache der Zeichen allerdings nicht mehr zu hören sind.

Der Text an sich ist kurz und umfasst nur um die 5 000 Zeichen. 81 kurze Kapitel verteilen sich auf einen Abschnitt über das *dao* und einen über das *de*. Eine feste Form dieses Textkanons scheint sich um das dritte vorchristliche Jahrhundert etabliert zu haben. Neben den tradierten Fassungen sind dank der Archäologie heute wieder ein Manuskript auf Bambusstreifen aus einem Grab der Zeit der Streitenden Reiche, Seidenmanuskripte aus einem Grab der Han-Zeit sowie weitere Funde vom 3. Jh. n. Chr. bis in die Tang-Zeit in den Höhlentempeln von Dunhuang bekannt. Auch im Westen übt dieser vage und sich daher vielen Interpretationen öffnende Text eine große Anziehung aus und liegt in einer geradezu unüberschaubaren Anzahl von Übersetzungen bzw. Interpretationen vor. Einige der bekanntesten Passagen lauten:

> »Wege, nach denen man sich richten kann, sind
> nicht der WEG« (Daodejing, 1)

> »Nicht zur Tür hinausgehen und die ganze Welt
> verstehen; nicht aus dem Fenster blicken und die
> Wege des Himmels verstehen« (Daodejing, 47)

> »Das Einzelne macht das Ganze; das Krumme
> macht das Rechte; der Hohlraum macht die
> Füllung; das Verbrauchte macht das Neue [...]«
> (Daodejing, 22)

Die Zhou-Herrschaft

An anderer Stelle wird eine Art antizivilisatorischer Idealzustand einer kleinen Gemeinschaft beschrieben, die in sich ruht. So heißt es:

> »[…] auch wenn es Boote und Wagen gibt, man besteige sie nicht; obwohl es Schilde und Waffen gibt, setze man sie nicht ein. Man lasse die Menschen wieder Knoten (statt der Schrift) knüpfen. Die Speise sei ihnen süß, die Kleidung schön, ihre Hütten friedlich und ihre Sitten fröhlich. Auch wenn die benachbarten Staaten in Sichtweite liegen und das Hühnergackern und Hundebellen gegenseitig hörbar, so verkehrt man bis zum Lebensende nicht miteinander.« (Daodejing, 80)

Das Zhuangzi-Konvolut

Das *Zhuangzi*-Konvolut (莊子) ist der zweite bedeutende Text des Daoismus. Er soll auf einen Mann namens Zhuang Zhou (莊周) aus dem 4. Jh. v. Chr. zurückzuführen sein. Der tradierte Text erscheint jedoch sehr heterogen, sodass es angebracht ist, von einem Konvolut zu sprechen, das den Namen des »Meisters Zhuang« trägt. Viele Passagen des Textes sind literarisch geschliffen und haben eine große philosophische Tiefe. In Form von Anekdoten, Parabeln und Traktaten wird äußerst scharfsinnig und gewitzt eine Vielzahl von Themen behandelt, darunter die Weltflucht, die Relativität von Leben und Tod, die Grenzen der Sprache sowie ihr Verhältnis zur Realität. Auch erscheinen im Text sogenannte Xian-Wesen, 仙, denen man nachsagte, dass sie die Unsterblichkeit oder zumindest eine enorme Langlebigkeit erlangt hätten. In vielen Anekdoten tritt Zhuangzi selber auf:

> »Einst träumte ich, Zhuang Zhou, dass ich ein Schmetterling sei, ein munterer Schmetterling, zufrieden und vergnügt. Ich wusste nichts von Zhou. Plötzlich erwachte ich und war wieder Zhou. Ich wusste nicht, ob es Zhou gewesen war, der

> *geträumt hatte, er sei ein Schmetterling, oder der*
> *Schmetterling, er sei Zhou. Aber zwischen Zhou*
> *und dem Schmetterling muss ein Unterschied sein.«*
> *(Zhuangzi, 2)*

Eine der irdischen Existenz und ihren Zwängen abgewandte Haltung drückt die Geschichte vom Totenschädel aus dem 18. Kapitel des *Zhuangzi*-Konvoluts aus. Darin heißt es, Zhuangzi habe eines Tages auf dem Weg einen Totenschädel gesehen. Er tippt ihn an und fragt ihn, wie er zu Tode gekommen sei, ob durch Unvernunft, aufgrund einer Bestrafung, aus Scham, aus Not oder wegen hohen Alters. Nachts legt er sich mit dem Kopf auf den Totenschädel, der ihm dann im Traum erscheint. Der Totenschädel weist Zhuangzi als Schwätzer zurecht. Das, wovon er geredet habe, seien Fesseln der Lebenden, die es im Tode nicht mehr gäbe. Ob er etwas vom Tode hören wolle, fragt er Zhuangzi, der dies bejaht. Im Tode, so der Totenschädel, gäbe es kein Oben und Unten von Herren und Dienern und auch keine Jahreszeiten. Selbst die Freude, als König nach Süden gewandt zu herrschen, käme dem nicht gleich. Zhuangzi aber will das nicht glauben und fragt daher, wie der Totenschädel sich entscheiden würde, wenn er den Todesgott dazu bringen könne, ihm wieder einen Körper, mit Knochen, Fleisch, Muskeln und Haut zu geben und ihm die Eltern, Frau und Kinder, Nachbarn und Bekannte zurückzubringen. Der Totenschädel aber – so überliefert es der Text – habe mit weiten Augenhöhlen und tief gerunzelter Stirn (!) entgegnet, warum er die Freude, nach Süden gewandt zu herrschen, für irdische Mühen wieder auf sich nehmen solle!

Auf den unabwendbaren und daher nicht längerfristig zu betrauernden Kreislauf zwischen Leben und Tod weist eine andere Geschichte aus dem gleichen Kapitel hin, die Zhuangzi nach dem Tod seiner Frau statt in tiefer Trauer in lässiger Haltung trommelnd schildert. Von Huizi (惠子), welcher ihm kondolieren will, darauf angesprochen, entgegnet Zhuangzi, er habe direkt nach dem Ableben seiner Frau durchaus großen Schmerz empfunden. Dann aber habe er über ihren Ursprung nachgedacht und erkannt, dass sie vor ihrer Geburt keine körperliche Form und auch keinen »Odem« (氣, *qi*) gehabt habe. Erst während des kosmischen Wandlungs- und Entstehungsprozesses sei der Odem entstanden, der sich in die körperliche Form wandelte, die geboren wurde. Der Tod sei eine weitere Wandlung und all dies gleiche dem Kreislauf der Jahreszeiten. Jetzt, wo sie in der großen Kammer ruhe, wie solle er sie mit Seufzen und Klagen beweinen. Das hieße für ihn, er habe das Schicksal nicht verstanden, und daher habe er damit aufgehört.

Insbesondere das Zhuangzi-Konvolut hatte großen Einfluss auf die mit der Han-Zeit verstärkt zu beobachtende Eremitenkultur, bei der sich angesichts der herrschenden, als unmoralisch empfundenen Umstände Männer und vereinzelt ebenso Frauen in die Berge zurückzogen, um dort den Idealen eines reinen, dem Dao verpflichteten Lebens zu folgen.

Das Daodejing und das Zhuangzi-Konvolut erfuhren zudem im 3. und 4. Jh. n. Chr. im Rahmen der philosophischen Schule der »Lehre des Dunklen« (Xuanxue, 玄學) erneut intensive Beachtung, als deren Vertreter, darunter Wang Bi, 王弼 (226–249 n. Chr.), und Guo Xiang, 郭象 (gest. 312 n. Chr.), wichtige Kommentare zu ihnen verfassten, in denen sie auch Brücken zum konfuzianischen und buddhistischen Denken schlugen.

Das erste Kaiserreich der Qin

Die Qin-Dynastie steht am Beginn des kaiserzeitlichen China. Im Jahre 221 v. Chr. legte König Zheng von Qin, 秦政王 (reg. 259–210 v. Chr.), den Titel »König« (*wang*, 王) ab und nahm den Titel *Qin shi huang di* (秦始皇帝) an, der mit »Erster erhabener Kaiser von Qin« übersetzt werden kann. Der Begriff *di* (帝), mit dem zuvor die vergöttlichten Ahnen bezeichnet worden waren, wurde fortan zum neuen imperialen Herrschertitel.

Namen und Titeln kam in China eine große Bedeutung zu und ihre Vergabepraktiken waren komplex. Daher entspricht es in der westlichen Literatur einer verbreiteten Konvention,

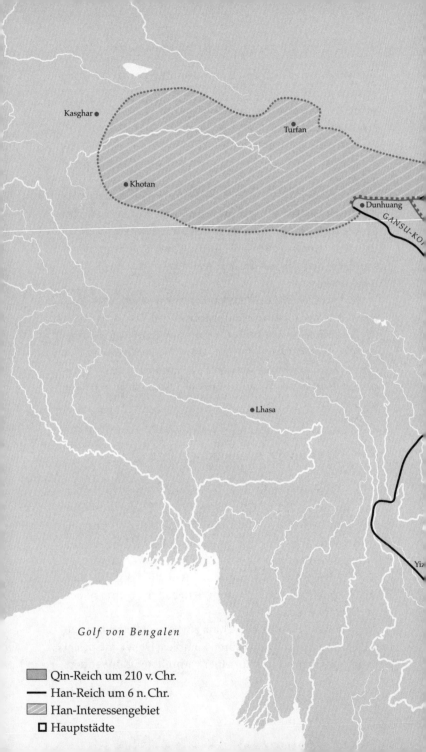

- ▨ Qin-Reich um 210 v. Chr.
- — Han-Reich um 6 n. Chr.
- ▥ Han-Interessengebiet
- ☐ Hauptstädte

Das Qin-Reich um 210 v. Chr. mit den Grenzen des Han-Reichs um 6 n. Chr.

Kapitel II

die Herrscher von der Qin- bis zur Ming-Dynastie mit ihrem posthumen Namen oder mit ihrem Tempelnamen, mit dem sie in die Geschichte eingingen, zu bezeichnen. So wird Liu Bang (劉邦), der erste Kaiser der Han-Dynastie (reg. 202–195 v. Chr.) meist mit seinem Tempelnamen als Han Gaozu (漢高祖), »Hoher Ahn der Han«, bezeichnet, während es sich bei der Bezeichnung Han Wudi (漢武帝), »Kriegerischer Kaiser der Han« (reg. 141–87 v. Chr.), um einen posthumen Namen handelt.

Ab dem Beginn der Ming-Dynastie im 14. Jh. werden die Kaiser dann zumeist mit dem Titel ihrer »Regierungsdevise« (*nianhao*, 年號) bzw. ihrer Ära bezeichnet. Während die Kaiser zuvor mehrere Regierungsdevisen ausriefen, regierten die Kaiser der Ming und Qing nur unter einer Devise. Sie wurde daher zum Kennzeichen ihrer gesamten Herrschaft, obwohl sie noch Tempelnamen und posthume Namen bekamen. Diese Praxis lässt sich am Beispiel des dritten Kaisers der Ming-Dynastie gut veranschaulichen, der als erster Kaiser der Ära Yongle (永樂), »Ewige Freude« (reg. 1402–1424), bezeichnet wird, aber zudem den Tempelnamen Ming Chengzu (明成祖), »Vollendeter Ahn der Ming«, sowie ferner einen 19 Zeichen langen posthumen Namen bekam.

Die Machtergreifung des »Ersten Kaisers von Qin« manifestiert den Beginn des chinesischen Kaiserreichs, das unterbrochen von Phasen der Zersplitterung und miteinander konkurrierender Dynastien mehr als zweitausend Jahre bis zum Jahre 1911 währen sollte. Der Qin-Dynastie kommt dabei eine besondere Rolle zu, da sie es war, die trotz ihrer extrem kurzen Dauer das Ideal des Einheitsreichs begründete, das bis heute das chinesische Selbstverständnis bestimmt.

Das erste Kaiserreich der Qin

Der Aufstieg der Qin

Die Qin führten sich auf ihren Ahnherrn Feizi (非子) zurück, der aufgrund seiner Verdienste in der Pferdezucht vom Zhou-König Xiao (周孝王) Anfang des 9. Jh.s v. Chr. ein Lehen im Westen des Zhou-Reichs erhielt. Die Wurzeln der Qin liegen jedoch noch weiter im Westen, im Bereich der heutigen Provinz Gansu. Das traditionelle Bild der Qin, als einen halb barbarischen Stamm aus dem Westen, ist mit archäologischen Artefakten und einer differenzierten Analyse der Berichte abzugleichen, wodurch deutlich wird, wie sehr sich die frühen Qin bereits an der Zhou-Kultur orientierten und diese unterstützten. Im Jahre 776 v. Chr. erfolgte eine weitere Belehnung der Qin durch Zhou Pingwang (周平王) mit der Stadt Qishan, 岐山 (Shaanxi), nachdem die Qin die Zhou gegen die feindlichen Quanrong-Nomaden verteidigt hatten.

In den folgenden Jahrhunderten verlagerten die Qin mehrfach ihre Hauptstadt und dehnten ihren Einflussbereich immer weiter nach Osten aus, bevor sie schließlich im Jahr 350 v. Chr. in Xianyang (咸陽) in der Nähe des heutigen Xi'an (西安), im gut geschützten Gebiet zwischen den Pässen im Tal des Flusses Wei (渭), ihre Hauptstadt errichteten. Wichtige Etappen ihres prädynastischen Aufstiegs waren zuvor die erfolgreichen Verwaltungsreformen unter dem Kanzler Shang Yang, 商鞅 (390–338 v. Chr.), welche in erster Linie die Stärkung des Zentralstaates und eine Erhöhung der landwirtschaftlichen Produktion zum Ziel hatten. In diesem Zusammenhang ist auch der erstmalige Erlass eines Strafkodexes in Qin im Jahre 359 v. Chr. zu sehen. 325 v. Chr. nahmen die Fürsten von Qin den Königstitel an, was ein klares Indiz für ihren steigenden Machtanspruch ist. Von strategischer und wirtschaftlicher Bedeutung war der Sieg 311 v. Chr. über die Staaten Shu (蜀) und Ba (巴) im heutigen Sichuan, da es dort sehr ertragreiche Böden gab.

Kapitel II

Die Produktivität konnte zudem noch durch das 256 v. Chr. unter der Leitung des Beamten Li Bing (李冰) errichtete Dujiangyan-Bewässerungssystem (都江堰), ca. 60 Kilometer vom heutigen Chengdu (成都) in Sichuan, gesteigert werden. Schmelzwasser ließen im Frühling den Fluss Min (岷) regelmäßig anschwellen, was zu Überschwemmung führte. Statt den Fluss komplett einzudeichen, ließ Li Bing einen Deich errichten, der den Fluss derart teilte, dass ein Teil dem natürlichen Flussbett folgen konnte, ohne über die Ufer zu treten, während die überschüssige Wassermenge von dort in einen eigens errichteten Kanal zur Bewässerung der trockenen Ebene von Chengdu geleitet wurde. Für die Schaffung dieses Kanals musste sogar eine Bergkette durchbrochen werden, was lange vor der Erfindung von Sprengstoff eine besondere Leistung war. Dieses Infrastrukturprojekt der Qin erwies sich als besonders nachhaltig, denn es wird noch heute genutzt. Seit dem Jahr 2000 ist es als UNESCO-Weltkulturerbe anerkannt.

Die Einheit

Schon vor der Proklamation des Kaiserreichs im Jahre 221 v. Chr. hatten die Qin ihr Territorium in »Kreise« (*xian*, 縣) eingeteilt und damit eine wesentliche Grundlage für ihre zentrale Administration geschaffen. Nach der Errichtung des Einheitsstaates und der Aufhebung noch bestehender Rechte des alten Adels dehnten sie diese Struktur auf das gesamte Reichsgebiet aus und fassten die Kreise in »Kommandanturen« (*jun*, 郡) zusammen, die von je einem zentral eingesetzten Zivil- und einem Militärbeamten geleitet wurden. Hauptstadt des neuen Reiches blieb Xianyang, das gut geschützte Machtzentrum der Qin.

Zur Umsetzung des Einheitsreiches setzte der Kanzler Li Si, 李斯 (ca. 280–208 v. Chr.), unter der Herrschaft des Ersten Kaisers der Qin weitere wegweisende Maßnahmen um. Dazu

Das erste Kaiserreich der Qin

gehörten die Vereinheitlichung der Schrift, der Münzen, der Hohl- und Längenmaße wie auch der Spurbreiten der Wagen. Auch wurde das Wegenetz weiter ausgebaut. Es entstand so ein ambitioniertes und ebenso plakatives Reformprogramm, das mittels der im ganzen Reich strikt angewandten Gesetze, aber auch durch rituelle Handlungen auf den Reisen des Kaisers und der im ganzen Reich errichteten Stelen fest im Bewusstsein des Volkes verankert werden sollte, um dieses für den Staat zu mobilisieren.

Eine expansive Militärpolitik ließ das Reich der Qin im Nordosten bis über den Bogen des Huanghe hinauswachsen, während die Truppen der Qin im Süden den nördlichen Teil des heutigen Vietnam einnahmen. Der Erste Kaiser entsandte zudem seine Soldaten an die Südküste Chinas, um seinen Machtbereich mit der Einnahme von weiteren Gebieten, die zu den heutigen Provinzen Guangdong, Guangxi und Fujian gehören, zu vergrößern.

Zu einer besonderen Belastung wurde die Errichtung einer Mauer an der Nordgrenze zum Schutz gegen die Xiongnu (匈奴), eine Konföderation von Steppennomaden, die verstärkt räuberische Einfälle in das chinesische Siedlungsgebiet unternahmen. Während sich diese Anstrengungen aus heutiger Sicht als Investitionen in die Infrastruktur und in die Sicherung des Reiches lesen lassen und den Nachfolgern der Qin, den Kaisern der Han-Dynastie, eine gute Basis boten, scheint sich in der monumentalen Grabanlage, mit deren Bau der Kaiser schon im jugendlichen Alter begann, der Größenwahn des Ersten Kaisers zu manifestieren. Bis 1974, als Bauern in der Nähe des heutigen Xi'an in der Provinz Shaanxi die inzwischen weltberühmten Terrakottasoldaten des Kaisergrabes entdeckten, schienen die Berichte des hanzeitlichen Historiografen Sima Qian über eine Art unterirdische Replik seines Reiches völlig in den Bereich der Fantasie zu gehören. Zwar ist der eigentliche Grabhügel noch nicht ausgegraben, aber allein das, was in den letzten Jahren an Ausstattung der verschiedenen, die eigentliche Grabkammer umgebenden Gruben entdeckt wurde, zeigt das gewaltige Ausmaß und die Vielfalt dieser Anlage.

Die Funde reichen von der in einer quasi protoindustriellen arbeitsteiligen Fertigung hergestellten riesigen Terrakottaarmee mit ihren Offizieren, Bogenschützen und Fußsoldaten samt Pferden über Gruben mit tönernen Beamtenfiguren und Artisten bis hin zu einer solchen, die einen Bachlauf mitsamt aus Bronze geschaffenen Wasservögeln nachahmt. Bronzene Pferdegespanne vermitteln bis heute eine lebhafte Vorstellung davon, wie sich der Erste Kaiser einst auf seinen Reisen durch das Reich bewegt haben mag.

Die Hauptlast der gewaltigen Baumaßnahmen des Ersten Kaisers trugen die Bauern. Aufgrund der vollständigen Erfassung der Haushalte hatte der Staat einen direkten Zugriff auf die von ihnen zu entrichtenden Steuern und die Arbeitsdienste, zu denen sie verpflichtet waren. Konnten sie ihren Pflichten nicht nachkommen, drohte ihnen die Zwangsarbeit. Über Pässe und Kontrollstationen wurde sichergestellt, dass es nicht zu unautorisierten Ortswechseln kam, um sich so dem staatlichen Zugriff zu entziehen. Archäologische Funde belegen diese Praxis bereits für ein fünfjähriges Kind, das zusammen mit seinen Eltern erfasst wurde. Zudem unterhielten die Qin große Heere an Strafgefangenen und verfügten über Staatssklaven, die von den Beamten für die verschiedenen Großprojekte eingesetzt werden konnten. Angesichts des Elends und des Leids, die durch die Arbeitseinsätze bei den gewaltigen Baumaßnahmen ausgelöst wurden, verbunden mit der Unerbittlichkeit des Staates und seinen rigiden Kontrollen, wundert es nicht, dass es schon bald nach dem Tod des Ersten Kaisers (210 v. Chr.) zu Bauernaufständen kam.

Das Ende

Neben den Aufständen sorgten Intrigen um die Thronfolge und der Widerstand der Aristokratie der besiegten Staaten für einen raschen Zusammenbruch der Qin. Als der Erste Kaiser 210 v. Chr. auf einer Inspektionsreise, bei der ihn sein Lieblingssohn Huhai (胡亥) begleitete, verstarb, soll dessen Tutor, der Eunuch Zhao Gao (趙高), einen Brief gefälscht haben, in dem er den ältesten Sohn des Kaisers und designierten Thronfolger zum Selbstmord aufforderte, sodass stattdessen Huhai die Thronfolge antreten konnte. Als Huhai, mittlerweile zum Zweiten Kaiser ernannt, seinerseits zu einer Inspektionsreise antrat, übernahm Zhao Gao die Macht, ließ den verdienten Kanzler Li Si hinrichten und trieb schließlich auch den Zweiten Kaiser in den Tod. Den Enkel des Ersten Kaisers, der dann auf den Thron gesetzt wurde, ließ er ermorden.

Unterdessen brachen an verschiedenen Stellen des Reiches Rebellionen aus. Eigentlich hätte die militärische Kraft der Qin ausreichen müssen, diese zu zerschlagen, aber nun zeigte sich, wie brüchig die Loyalität einiger der zuvor unterworfenen Staaten gegenüber dem Kaiserreich der Qin tatsächlich war. In der Folge kam es zu einem Bürgerkrieg, in dem sich am Ende Xiang Yu, 項羽 (232–202 v. Chr.), ein ehemaliger General der Qin und ebenso Spross des alten Adels von Chu, und Liu Bang, 劉邦 (ca. 256–195 v. Chr.), ein niedriger Beamter, der zur Zwangsarbeit Verurteilte an ihren Arbeitsort begleiten musste, gegenüberstanden.

Kapitel II

Das Urteil der Geschichte

Bis heute findet eine intensive wissenschaftliche Auseinandersetzung mit der Kultur der Qin und der Rolle des Ersten Kaisers statt. Zwar haben archäologische Funde bisherige abschätzige Beurteilungen der materiellen Kultur der prädynastischen Qin korrigiert, das Bild aber, das die traditionelle chinesische Geschichtsschreibung vom »Ersten Kaiser« zeichnete, ist das eines tyrannischen und antitraditionalistischen Herrschers. Seiner Herrschaft haftet der Makel der Grausamkeit und des Bruchs mit der bisherigen Kultur an. Dies manifestiert sich womöglich in übertriebenen Berichten über eine Bücherverbrennung, die im Jahre 213 v. Chr. stattgefunden haben soll, als der Privatbesitz von Geschichtswerken, philosophischen Abhandlungen und Literatur verboten wurde. Praktische Werke zur Landwirtschaft oder aus dem Bereich der Medizin waren von diesen Maßnahmen nicht betroffen. Die übrigen genannten Schriften waren abzugeben und sollen bis auf ein Exemplar für die kaiserliche Bibliothek verbrannt worden sein. Auf Zuwiderhandlung dieser Anordnung stand die Todesstrafe.

Diese Maßnahme, die angesichts der Vielzahl glücklicherweise doch überlieferter, eigentlich verbotener Schriften nicht so umfassend angelegt oder durchgeführt worden zu sein scheint, lässt sich als der Versuch einer ideologischen Vereinheitlichung des Reiches und der Etablierung eines kaiserlichen Wissensmonopols interpretieren. Allerdings berichten die Geschichtswerke des Weiteren davon, dass der Erste Kaiser ein Jahr später 460 »Gelehrte« (*ru,* 儒) habe lebendig begraben lassen. Womit diese den Zorn des Kaisers auf sich gezogen hatten, ist nicht klar, aber es verwundert nicht, dass spätere Geschichtsschreiber ihm diese Gelehrtenverfolgung übel nahmen und dies vielleicht ihr Bild von ihm negativ beeinflusste.

Für die Han-Dynastie, die auf das erste Kaiserreich Qin folgte, war die Frage nach den Fehlern der Qin von zentraler

Bedeutung. Entsprechend verfasste der Gelehrte Jia Yi, 賈誼 (ca. 200–169 v. Chr.), eine »Erörterung über die Fehler der Qin« (*Guo Qin lun*, 過秦論). Sein Urteil stellt nicht das Staatswesen der Qin an sich infrage, sondern sieht den Untergang der Qin darin begründet, dass der Erste Kaiser seine Kritiker mundtot gemacht habe, sodass eigentlich loyale und befähigte Berater keine Kritik mehr geäußert hätten, während diese sonst hätten helfen können, Fehler zu vermeiden.

Selbst wenn die Aussagen des Jia Yi sicher auch als Appell an den Herrscher seiner eigenen Zeit, offen auf Kritik und Ratschläge zu hören, zu lesen sind, so weisen sie doch auf einen Grundkonflikt bei der Beurteilung der Frage nach dem raschen Untergang der Qin hin. Dabei stehen der Einheitsstaatsgedanke und Teile des Reformprogramms als positive Errungenschaften auf der einen Seite, während man auf der anderen Seite die Person des »Ersten Kaisers« verteufelt. Zudem wird – wie teilweise in der jüngeren Geschichte Chinas – seine kompromisslose und rigide Machtausübung als notwendig zur Erreichung der Einheit entschuldigt. Die Figur des Ersten Kaisers lädt daher bis in die Gegenwart dazu ein, sich mit Grundfragen der Herrschaft, wie dem Staatsverständnis, dem Machtverhältnis zwischen der Regierungsspitze und ihren Beratern sowie der Offenheit eines Regimes für Kritik zu beschäftigen.

Exkurs: Die Legalisten

Die Legalisten bzw. Legisten, wie die Vertreter der »Schule des Gesetzes« (*fa jia*, 法家) ebenso genannt werden, standen in mancherlei Hinsicht in Opposition zu den »Konfuzianern«. Statt sich auf die Vorbildfunktion des Edlen und die stabilisierende Kraft der Riten zu verlassen, propagierten sie eine allein auf das Gesetz ausgerichtete politische Lehre. Damit antworteten die Legalisten auf die sich wandelnden Anforderungen des Staates an sein Volk. Bereits Ende des 7. Jh.s v. Chr. richtete der Staat

Chu in neu eroberten Gebieten direkt verwaltete »Kreise« ein und versuchte so, die Macht des Adels in seinem Staat einzuschränken. Diesem Beispiel folgten bald die Staaten Qin und Jin. Nach und nach erkannten weitere Herrscher die Vorteile zentraler Herrschaft, und ab dem 4. Jh. v. Chr. vergaben mehr und mehr Staaten Boden nicht mehr als Lehen, sondern errichteten zentral verwaltete Gebietseinheiten und ließen von Lehnsherren unabhängige Bauern den Boden beackern. Diese hatten dem Staat Steuern zu zahlen und wurden von zentral eingesetzten Beamten verwaltet.

Zuvor hatten die Staaten Zheng, 鄭 (536 v. Chr.), und Jin, 晉 (513 v. Chr.), erste Strafkodizes erlassen. Etwas später schuf auch im Staat Wei (魏) ein gewisser Li Kui (李悝) einen »Gesetzeskanon« (*fa jing*, 法經). Ursprünglich aus dem bereits umfassend reformorientierten Staate Wei stammend und dort in herrschaftlichen Diensten stehend, ging der bedeutende legalistische Denker Shang Yang, 商鞅 (390–338 v. Chr.), nach Qin. Dort konnte er zwischen 359 und 350 v. Chr. sein Konzept eines auf der Autorität drakonischer Strafen beruhenden, zentral verwalteten Staates unter dem Herzog Xiao umsetzen.

Zu diesem Konzept gehörten die umfassende Registrierung der steuerpflichtigen Bevölkerung und ihre Einteilung in für sich gegenseitig haftende Fünfer- und Zehnergruppen. Neben der Abgabe von Steuern waren zudem Arbeitseinsätze und ein Militärdienst abzuleisten. Neue auf militärischem Erfolg basierende Ränge ersetzten alte Hierarchien. Diese Reformen untergruben die Vormachtstellung des Adels, und so rächten sich diese nach dem Tod des Herzogs und ließen Shang Yang hinrichten, ohne dass dies etwas an den eingeführten Reformen geändert hätte. Auf Shang Yangs Vorstellungen ist das »Buch des Fürsten Shang« (*Shangjun shu*, 商君書) zurückzuführen. Dieser Text mit seinem Fokus auf der unbeugsamen Herrschaft des Gesetzes gilt als einer der frühen Schlüsseltexte des Legalismus.

Neben dem Zentralbegriff »Gesetz« (*fa*, 法) unterstrich Shen Buhai, 申不害 (385–337 v. Chr.), aus dem Staat Zheng in seinen Schriften die Bedeutung von der »Methode« beziehungsweise dem »Kunstgriff« (*shu*, 術), womit die kalkulierte Raffinesse des Herrschers bzw. seiner Minister in der Regierungsführung gemeint ist. Ein weiterer für den Legalismus prägender Begriff ist der der »Macht« (shi, 勢), derer es zur Umsetzung dieses Konzeptes bedarf.

Han Feizi, 韓非子 (280–234 v. Chr.), einem Schüler des Konfuzianers Xunzi (荀子), gelang es, in seinem gleichnamigen Werk die Grundzüge des Legalismus in literarisch geschliffener Form niederzulegen. Neben traktathaften Abschnitten finden sich in dem Werk Lehrsätze, die anhand von Anekdoten verdeutlicht werden. Zu seinen Lehren gehört die Forderung, dass Gesetze klar und unbeugbar sein müssen. Die Position des Herrschers muss ungeachtet seiner tatsächlichen Befähigung unantastbar sein. Vielmehr liegt auch die wirkliche Autorität bei den die Gesetze strikt umsetzenden Beamten. So wird durch sie die Stabilität und Prosperität des Staates gewährleistet, während der Herrscher dem Ideal des »Nichthandelns« (wu wei, 無為) entsprechend möglichst gar nicht aktiv in die Regierung eingreift. Bei konsequenter Herrschaft des Gesetzes garantiert er als ruhender Fixpunkt die Harmonie im Staat. Hier zeigt sich ein daoistischer Aspekt in dem konsequent zu Ende gedachten Legalismus.

Han Feizi vertrat darüber hinaus die Form eines kritisch reflektierten Antitraditionalismus, indem er betonte, dass Lehren der Vergangenheit nicht ohne Weiteres auf die Gegenwart zu übertragen seien. Um dies zu veranschaulichen, bemühte er die Anekdote des Bauern, der einst sah, wie ein Hase gegen einen Baumstamm prallte, und fortan darauf hoffend, dass dies wieder geschähe, zum Gespött seines Landes wurde. Es erscheint wie eine Ironie des Schicksals, dass Han Feizi, einer der Begründer des Legalismus und damit ein Befürworter drakonischer Strafen, im Staat Qin aus Eifersucht des dortigen Ministers Li Si (李斯) ins Gefängnis geworfen wurde, wo er sich mittels eines Gifttrunkes das Leben nehmen musste.

Das Han-Reich

Das Han-Reich, das nominell von 206 v. Chr. bis 220 n. Chr. währte, gilt zusammen mit dem Tang-Reich (618–907) als die Blütezeit der chinesischen Kultur. Die Strahlkraft der beiden Dynastien reichte jeweils über ihre damaligen Reichsgrenzen hinaus und sowohl die Han als auch die Tang leisteten einen wichtigen Beitrag zur Ausbildung der kulturellen Identität Chinas. Beiden ist gemeinsam, dass sie das Erbe einer kurzen Vorgängerdynastie antraten, die militärisch die Einheit des Reiches erzwungen hatte und durch Maßnahmen im Bereich der Infrastruktur, der Verwaltung und des Rechts eine Basis gelegt hatte, gleichwohl sie diese nicht für sich sichern konnte.

Während die Tang über dreihundert Jahre regieren, erscheint der Herrschaftszeitraum der Han mit über vierhundert Jahren noch länger. Der Eindruck einer stabilen und mehrere Jahrhunderte umfassenden Herrschaft täuscht jedoch. Stattdessen ist zu unterscheiden zwischen der Frühen Han-Zeit (206 v. Chr. – 9 n. Chr.), die auch der Lage ihrer Hauptstadt Chang'an entsprechend als Westliche Han bezeichnet wird, und der Späteren Han-Zeit (24–220 n. Chr.), die wiederum aufgrund der weiter im Osten gelegenen Hauptstadt Luoyang ebenso die Bezeichnung Östliche Han trägt. Unterbrochen wurde ihre Herrschaft vom Interregnum des Wang Mang (王莽), der seine eigene kurzlebige »Neue« (新) Xin-Dynastie (9–23 n. Chr.) ausrief.

Noch viel gravierender sind jedoch die politischen und sozialen Veränderungen, die mit einem generellen Machtverlust des Kaiserhauses während der Späteren Han einhergingen, bei der sich die Kaiserfamilie nun einer Vielzahl äußerst reicher und mächtiger lokaler Familien gegenübersah. Gleichzeitig gelangte der Buddhismus nach China. Aber auch der religiöse Daoismus gewann an Bedeutung. Diese Entwicklungen erklären, weshalb nach Ansicht einiger Forscher

Das Han-Reich

bereits mit Beginn der Späteren Han eine Phase einsetzte, die als chinesisches Mittelalter bezeichnet werden kann.[1]

Die Frühen Han oder auch die Westlichen Han

Der Eindruck einer kulturellen Blüte unter den Han-Kaisern wird gegenwärtig durch eine Vielzahl archäologischer Funde immer wieder neu bestätigt. Dazu zählen prächtige, Residenzen nachempfundene Grabbauten mit einer Fülle von Gegenständen, die uns Einblicke in den Luxus und die Raffinesse der Lebenskultur der Elite des Reiches eröffnen. Allerdings stand am Anfang der Han eben kein Adeliger. Mit Liu Bang (劉邦) setzte sich im Bürgerkrieg nach dem Ende der Qin-Dynastie ein Mann einfacher Herkunft gegen seinen adeligen Rivalen Xiang Yu, 項羽 (232–202 v. Chr.), durch und wurde später mit dem posthumen Titel »Großer Ahn der Han«, Han Gaozu (漢高祖) geehrt. Der Name der von ihm begründeten Dynastie knüpft dabei nicht an einen der alten Staaten der Zhou-Zeit an, um sich in dessen Tradition zu legitimieren. Stattdessen leitet sich der Name vom Fluss Han (漢) ab, der in Mittelchina durch die heutigen Provinzen Shaanxi und Hubei fließt.

Ab dem 6. Jh. n Chr. wurde dann der Begriff »Han« von den Herrschern der Nördlichen Wei-Dynastie, die aus der Gegend des heutigen mongolisch-mandschurischen Grenzgebiets stammten, für die als Nachfahren der Han-Dynastie angesehenen Bewohner der Zentralebene verwendet. Damit unterschieden sie diese von weiteren Neuankömmlingen aus der Steppe, während sie in anderen Zusammenhängen den älteren Begriff *Hua* (華) für sich und die Chinesisch sprechenden Bevölkerungsteile reservierten. Im Lauf der Zeit wurde dann aber der Begriff Han zur allgemeinen Bezeichnung der

---

1 Vogelsang (2012), S. 171.

Mehrheit der chinesischen Bevölkerung. Auch die chinesischen Schriftzeichen werden heute als »Han-Zeichen« (*hanzi*, 漢字) tituliert.

Der Dynastiegründer der Han trat mit Pragmatismus das Erbe der Qin an, indem er Teile im Norden und Osten seines Reiches verdienten Mitstreitern unterstellte, die dort die Spitze von zehn Königreichen bildeten, während der Rest des Reiches in 14 zentral verwaltete Provinzen aufgeteilt wurde. Er selbst begann jedoch bereits, die Königreiche seiner Mitstreiter nach und nach Mitgliedern seiner eigenen Familie Liu zu unterstellen. Gleichwohl verhinderte diese Maßnahme nicht, dass es unter dem Han Jingdi, 漢景帝 (reg. 157–141 v. Chr.), im Jahre 154 v. Chr. zur Rebellion der sieben mächtigsten Königreiche kam. Nachdem die Rebellion niedergeschlagen werden konnte, setzte sein Nachfolger, Han Wudi, 漢武帝 (reg. 141–87 n. Chr.), insbesondere durch Änderungen im Erbrecht eine gezielte Politik der Schwächung und Zersplitterung der Königreiche fort, um seine Position und die der Zentralmacht zu stärken.

Das politische Zentrum des Reichs wurde die neue Hauptstadt Chang'an. Diese ließ der Dynastiegründer in der Nähe der alten Hauptstadt seiner Vorgängerdynastie im Gebiet des heutigen Xi'an, in der Provinz Shaanxi, errichten.

Die Herrschaft des Han Wudi

Unter der Herrschaft des Han Wudi beendeten die Han die bisher defensive und einen Frieden erkaufende Haltung gegenüber dem steppennomadischen Volk der Xiongnu. Eroberungsfeldzüge nach Süden in den Bereich der heutigen Provinzen Yunnan, Guangdong und Fujian sowie nach Korea dehnten den Machtbereich der Han aus. 138 v. Chr. wurde Zhang Qian, 張騫 (195–114 v. Chr.), von Han Wudi auf eine diplomatische Mission in den Westen entsandt, um im Bereich des heutigen Tadschikistan die Yuezhi (月氏) als Verbündete gegen die Xiongnu zu gewinnen. Allerdings wurde er auf seinem Weg von den Xiongnu gefangen genommen. Er verbrachte schließlich zehn Jahre bei ihnen und heiratete eine Frau der Xiongnu, bevor er weiterziehen konnte. Der Reisebericht, in dem Zhang Qian über die von ihm besuchten Länder Zentralasiens berichtet, findet sich in den »Aufzeichnungen des Historiografen« (*Shiji,* 史記) von Sima Qian, 司馬遷 (ca. 145 – ca. 86 v. Chr.).

Sima Qian und die »Aufzeichnungen des Historiografen«

Die Figur des Sima Qian, der mit dem *Shiji* einen Meilenstein der Geschichtsschreibung hinterließ, umgibt eine gewisse Dramatik. In seiner Jugend hatte er ausgedehnte Reisen zu historischen Stätten unternommen und sich umfassend gebildet. Dann trat er in den Hofdienst ein und begleitete 110 v. Chr. auch den Kaiser bei einer Reise zum heiligen Berg Tai (泰山) in Shandong, wo dieser wichtige Opfer an den Himmel und die Erde vollzog. Als sein Vater, der Astrologe und Historiograf Sima Tan, 司馬談 (190–110 v. Chr.), im Sterben lag, bat er seinen Sohn, das Geschichtswerk, das er begonnen hatte, fortzusetzen. 105 v. Chr. wurde Sima Qian in die Gruppe derer berufen, die eine große Kalenderreform vorbereiten sollten.

Das Leben bei Hof war jedoch nicht ohne Tücken. Denn wegen seiner Fürsprache für einen im Kampf gegen die Xiongnu unterlegenen General fiel Sima Qian beim Kaiser in Ungnade und wurde zum Tode verurteilt. Um das Versprechen gegenüber seinem Vater einlösen zu können, erwirkte er eine Abmilderung der Strafe. Dieses bedeutete für ihn jedoch die als extrem bitter empfundene und mit Schande verbundene Palaststrafe (Kastration) und das Gefängnis. Nach der Entlassung aus dem Gefängnis vollendete er als Eunuch das monumentale

Geschichtswerk. Dieses bis heute überlieferte Werk besteht aus fünf Teilen: den »Annalen« (*benji*, 本紀), den »chronologischen Tafeln« (*biao*, 表), den »Sachmonografien« (*shu*, 書), den »Erbhäusern« (*shijia*, 世家) und den »Biografien« (*liezhuan*, 列傳). Das Werk beginnt bei den mythischen Kaisern der Frühzeit und reicht bis in die Herrschaftszeit des Han Wudi.

Das *Shiji* steht am Anfang einer ganzen Reihe »Offizieller Dynastiegeschichten« (*zhengshi*, 正史), die später zumeist unter der nachfolgenden Dynastie und mit Begrenzung auf eine Dynastie kompiliert wurden. Bis heute bilden sie den Grundstock für die Beschäftigung mit der chinesischen Geschichte, auch wenn sie natürlich einer Quellenkritik unterzogen und mit anderen Texten sowie archäologischen Funden abgeglichen werden müssen.

Der Konfuzianismus der Han

Der Zentralstaat der Han bedurfte einer Ideologie, die idealerweise die legalistisch geprägten Interessen des Staates mit ethisch moralischen Grundsätzen einer harmonischen Gesellschaft verband. Hier bot sich nicht so sehr der zwar im Herrscherhaus beliebte Daoismus an, denn dieser zielte mehr auf das Individuum. Stattdessen kam es zu einer Weiterentwicklung des Konfuzianismus der Zhou-Zeit und seiner erzieherischen und die gesellschaftliche Hierarchie stützenden Aussagen. Der Gelehrte Dong Zhongshu, 董仲舒 (ca. 195–115 v. Chr.), schuf eine Synthese konfuzianischer Denkrichtungen und formulierte eine kosmische Ordnung, der zufolge alle Geschehnisse durch gegenseitige Beeinflussung miteinander in einer Mikro-Makro-Kosmos-Korrelation verbunden sind. Die beiden Kräfte *yin* (陰) und *yang* (陽) sowie die »fünf Elemente« (*wuxing*, 五行) – wie sie heute allgemein aus dem Bereich der traditionellen chinesischen Medizin bekannt sind – spielen dabei als Ordnungskräfte eine große Rolle.

Die Dynastien und ihre Herrscher waren in dieses System integriert und konnten sich über dieses legitimieren. Der Herrscher wurde zum Garanten der Einheit von Himmel und Mensch. Durch den gewissenhaften Vollzug der Riten und die fehlerfreie Durchführung der Opfer sicherte er die Harmonie für sich, das Reich und den Kosmos. Überschreitungen und Fehler, so war man überzeugt, zeigte der Himmel wie mit einem erhobenen Finger in Form von Dürren, Erdbeben, Sonnenfinsternissen oder anderen Zeichen an. Es versteht sich, dass der Herrscher für die Deutung dieser Zeichen, die Schriften und die ordnungsgemäße Durchführung der Riten und Opfer Spezialisten brauchte, die ihn berieten. Damit hatten auch die Beamten am Hof ihren festen Platz gefunden. Nicht als eine Lehre unter vielen, sondern als Herrschaftsideologie etablierte sich der Konfuzianismus, wenngleich er immer wieder Neuinterpretationen erfuhr.

Exkurs: Die Fünf kanonischen Schriften des Konfuzianismus

Han Wudi (reg. 140–87 v. Chr.) erhob den Konfuzianismus zur Staatslehre. 124 v. Chr. wurde vor der Hauptstadt Chang'an eine kaiserliche Hochschule errichtet. Hier richtete man Lehrstühle für fünf Schriften der Klassik ein, die fortan als die »Fünf kanonischen Schriften« einen verbindlichen Corpus formten. Die Ausgabe samt Kommentar wurde zur Grundlage der Beamtenprüfung, wodurch der zuvor meist übliche Zugang zum Staatsdienst allein auf Empfehlung hin eingeschränkt werden sollte.

Gleichzeitig begann damit zudem der Prozess der ideologischen Formung der Beamtenschaft anhand klassischer, d. h. auf die Zhou-Zeit zurückgeführter Schriften und ihrer Ideale, der mit kurzen Unterbrechungen bis zum Anfang des 20. Jh.s bestehen sollte.

Den Kanon der Fünf bildeten das »Buch der Wandlungen« (*Yijing*, 易經), das »Buch der Urkunden« (*Shujing*, 書經), das »Buch der Lieder« (*Shijing*, 詩經), die »Aufzeichnungen über die Riten« (*Liji*, 禮記) und die »Frühlings- und Herbstannalen« (*Chunqiu*, 春秋).

Kapitel II

Das »Buch der Wandlungen«

Das »Buch der Wandlungen« *(Yijing)* kann als Divinations-, d. h. als Wahrsage- oder Weissage-Handbuch beschrieben werden und findet als solches bis in die Gegenwart Verwendung. In ihm finden sich die Bezeichnungen der 64 Hexagramme des Schafgarbenorakels, wie auch jeweils Orakelsprüche samt Erläuterungen und Deutungen sowie eine Gruppe von Kommentaren. Ein Hexagramm besteht aus zwei Trigrammen, die ihrerseits aus drei entweder ungebrochenen oder durchbrochenen Linien bestehen. Das zu deutende Hexagramm wird dabei in einem aufwendigen und mehrteiligen Prozess mithilfe von Schafgarbenstängeln gewonnen, wobei das daraus resultierende Hexagramm noch einer weiteren Wandlung in ein anderes Hexagramm unterworfen werden kann.

Die Autorschaft des Yijing wird traditionell dem Gründervater der Zhou-Dynastie, König Wen, zugeschrieben, der es während seiner Gefangenschaft unter der Vorgängerdynastie Shang verfasst haben soll. Durch diese Zuschreibung werden dem Werk ein hohes Alter und ein besonderes Prestige verliehen. Wie wenig zuverlässig solche Zuschreibungen sind, wird dadurch deutlich, dass das *Yijing* auch anderen Persönlichkeiten wie dem legendären Herrscher Fuxi, dem Herzog von Zhou sowie Konfuzius selbst zugeschrieben wird.

Die Praxis des Schafgarbenorakels lässt sich allerdings in der Tat bis in die Zhou-Dynastie zurückverfolgen, wenn man die Berichte von der Befragung des Orakels vor wichtigen Entscheidungen an den Höfen in den tradierten Schriften als Beleg anerkennt. Die Verwendung verschiedener Fassungen des *Yijing* wird aber durch frühe, bis in die Zeit der Streitenden Reiche (453–221 v. Chr.) zurückgehende Funde in Gräbern bestätigt, wobei deutlich wurde, dass es nicht nur eine, sondern mehrere Fassungen zur Auslegung der »Wandlungen« gab. Gleichzeitig verdeutlichen diese Funde des Divinationshandbuchs als Beigabe für eine jenseitige Existenz dessen Bedeutung für die damaligen Menschen. Ein Grund für den anhaltenden Erfolg des Werkes mag darin begründet sein, dass die Sprüche sehr vage bleiben und daher die Auslegung weitgehend in den Händen desjenigen liegt, der das Orakel befragt.

Das Han-Reich

Überdies aber propagieren die Orakelsprüche und der Kommentar eine der konfuzianischen Ethik verpflichtete wohlgeordnete Gesellschaft.

Das »Buch der Urkunden«

Das »Buch der Urkunden«, im Chinesischen sowohl als Shujing (書經) als auch unter der Bezeichnung Shangshu (尚書) bekannt, trägt den Charakter einer Sammlung von Reden sowie Mandatsverleihungen, beinhaltet eine erste Geografie und führt den Leser von der Zeit der legendären Herrscher Yao, Shun und Yu der Frühzeit über die Xia- und die Shang- bis in die Zhou-Dynastie. Die Textgeschichte des Werkes ist komplex: Angeblich ging es im Zuge der Reichseinigung des Ersten Kaisers von Qin für eine längere Zeitspanne verloren. Eine Fassung des Werkes soll dann später in der Mauer des Hauses von Konfuzius versteckt gewesen sein, wo es von Kong Anguo (孔安國), einem Nachfahren des Konfuzius, während der Frühen Han-Zeit (206 v. Chr. – 9 n. Chr.) gefunden wurde, dann jedoch erneut verloren ging, um in der Späten Han-Zeit (24–220 n. Chr.) wiederaufzutauchen.

Diese sogenannte Alttextfassung weist allerdings einige Unterschiede zu der in der Han-Zeit verwendeten Neutextfassung auf und in der Folge entspann sich eine bis heute andauernde, aber weniger auf das Werk selbst bezogene Kontroverse zwischen den Anhängern der Alttext- und der Neutextschule, die in der Vergangenheit zumeist politisch motiviert war. Die besondere Bedeutung dieses Werkes lag und liegt nicht zuletzt in seinem Referenzcharakter für Vorgänge in der Geschichte. Ob es sich um Fragen der richtigen Herrschaft, die Rolle des Ministers oder des Regenten für einen unmündigen Herrscher handelte, im »Buch der Urkunden« fanden sich Passagen, auf die man mit der Autorität der Geschichte hinweisen konnte. Gleiches galt für Themen, die mit dem Herrschermandat zusammenhingen. So vermittelte das »Buch der Urkunden« mit seinen Reden aus den verschiedenen Zeiten Lehren zum Aufstieg und Untergang von Herrschaften und Dynastien und zeichnet ein Bild idealer Herrschaft in der Vergangenheit. Bis zum Beginn des 20. Jh.s war das Werk geradezu sakrosankt. Im Zuge der dann einsetzenden Bewegung der »Zweifel am Altertum« (ca. 1915–1923) wurde es jedoch stark kritisiert. Inzwischen fällt das Urteil differenziert aus. Während einige Passagen große Ähnlichkeiten mit überlieferten Bronzeinschriften aufweisen und daher auf ein hohes Alter hindeuten, scheinen andere deutlich jünger zu sein.

Das »Buch der Lieder«

Das »Buch der Lieder« umfasst 305 Liedertexte, die der Tradition folgend aus einer wesentlich größeren Anzahl von Konfuzius ausgewählt und zusammengestellt worden sein sollen. Einer anderen Überlieferung nach sind die Lieder von Beamten gesammelt worden, um die Gefühle des Volkes zu ermitteln. Unumstritten ist, dass sich in der Sammlung, die bereits in der Frühen Han-Zeit in vier Versionen im Umlauf war, einige sehr alte, bis in die Zhou-Zeit zurückgehende gereimte Lieder erhalten haben.

Die Sammlung besteht aus vier Teilen. Den ersten, besonders umfangreichen Abschnitt bilden die »Weisen der Länder« (*guofeng*, 國風), womit zum einen das Königshaus der Zhou, aber auch einzelne Lehnsstaaten der Zhou-Zeit gemeint sind. Anschließend folgen die »Kleinen Hoflieder« (*xiaoya*, 小雅) und die »Großen Hoflieder« (*daya*, 大雅). Die »Kultlieder« (*song*, 頌) bilden den Schluss. Die Lieder waren bereits zur Zeit des Konfuzius ein – wenn nicht sogar das wichtigste – Bildungsgut. Er selbst preist die Lieder seinen Schülern gegenüber als Mittel der Motivation, der Kontemplation, des sozialen Betragens, des Umgangs mit negativen Emotionen sowie als Hilfe im Dienste gegenüber dem Vater wie dem Fürsten und überdies als Repositorium für Namen von allerlei Tieren und Pflanzen an *(Lunyu, 17.9)*.

Bestätigt wird die Bedeutung der Lieder durch Berichte tradierter Texte über ihren Einsatz bei Hofe, ähnlich der Art, wie im christlich geprägten Kulturraum in der Vergangenheit und teilweise auch noch in der Gegenwart mit Bibelsprüchen eine indirekte, aber durchaus zielführende Form des gebildeten Austauschs auch über heikle Fragen möglich ist. Vielleicht war es dieses Potenzial der Lieder, das den Ersten Kaiser der Qin-Dynastie zu Beginn seiner Herrschaft dazu bewog, auch jene Schrift auf den Index zu setzen und verbrennen zu lassen. Zum Glück waren davon nicht alle Ausfertigungen betroffen. Die Lieder lassen bis heute Gelehrte darüber streiten, ob denn das ein oder andere Lied erotischen, unterhaltsamen oder vielleicht doch politischen Inhalts sei.

Die »Aufzeichnungen über die Riten«

Die »Aufzeichnungen über die Riten« (*Liji*, 禮記) bestehen aus einer Sammlung von Schriften, die von verschiedenen, meist unbekannten Autoren und zu unterschiedlichen Zeiten verfasst und vermutlich erst während der Han-Zeit ihre bekannte Form erhielten:

> »Die ›Riten‹ richteten sich in erster Linie an den Adel
> oder solche, die sich selber als Edle und Gebildete
> sahen, und orientierten sich am Ideal der Zhou-Zeit.
> Die Riten wurden als elementar zur Einhaltung der
> sozialen Harmonie und Ordnung gesehen. So heißt
> es in einem antiken Text, man lehre ihn (den Prinzen)
> die Riten, auf dass er die Regeln für Oben und Unten
> wisse.« (Guoyu, Chu shang)

Im *Liji* finden sich Riten zu allen Bereichen des Lebens, von der Großjährigkeitszeremonie der Bekappung über die Hochzeit und die Trauer bis hin zu Regeln zum Zusammenleben der Geschlechter im Haus, den Riten des Bogenschießens sowie Ausführungen zur richtigen Kleidung und den Umgangsformen bei verschiedenen gesellschaftlichen Anlässen. Besonders interessant in den »Aufzeichnungen der Riten« ist ein Kalendertext, der die richtigen Verhaltensweisen je nach Monat erläutert und in den Zusammenhang von Mikro- und Makrokosmos setzt. Aber auch Opfer und rituelle Institutionen sind Themen des *Liji*.

Die »Frühlings- und Herbstannalen«

Die »Frühlings- und Herbstannalen« (*Chunqiu*, 春秋) sind für den modernen westlichen Leser auf den ersten Blick besonders rätselhaft. So handelt es sich bei diesem Text um die äußert knappen Annalen des Staates Lu (魯), in dem Konfuzius Justizminister war. Die Annalen

Kapitel II

umfassen die Jahre 722 bis 481 v. Chr. und decken damit die Lebenszeit des Konfuzius (551–479 v. Chr.) weitgehend mit ab. Mengzi (孟子), der bedeutendste Nachfolger des Konfuzius, schrieb über Konfuzius und die »Frühlings- und Herbstannalen«:

> »Das Zeitalter verfiel und der rechte Weg wurde undeutlich. Schiefe Lehren und gewalttätige Handlungen erhoben sich wieder. Es kam vor, dass Untertanen ihre Fürsten ermordeten, und es kam vor, dass Söhne ihre Väter ermordeten. Konfuzius geriet in Furcht und schuf die ›Frühlings- und Herbstannalen‹. Die ›Frühlings- und Herbstannalen‹, das sind die Angelegenheiten des Himmelssohnes. Deshalb hat Konfuzius gesagt: Wenn einer mich versteht, wird er es aufgrund der ›Frühlings- und Herbstannalen‹ tun. Wenn einer mich verurteilt, wird er es aufgrund der ›Frühlings- und Herbstannalen‹ tun.« (Mengzi, Teng Wengong)

An anderer Stelle ist bei *Mengzi* zu lesen:

> »Einstmals bezwang der Große Yu die Flut und die ganze Welt kam ins Gleichgewicht. Der Herzog von Zhou ordnete die Barbaren des Ostens und des Nordens und vertrieb die wilden Tiere, sodass die Hundert Geschlechter Frieden fanden. Konfuzius vollendete die ›Frühlings- und Herbstannalen‹ und die aufrührerischen Minister und die meuchlerischen Prinzen gerieten in Furcht.« (Mengzi, Teng Wengong)

Mengzi erklärt auch, dass die »Frühlings- und Herbstannalen« entstanden, nachdem die Spuren der rechten Könige erloschen und die »Lieder« zugrunde gingen. Der Stil der »Frühlings- und Herbstannalen« sei der (trockene) Stil der Historiografen. Es sei Konfuzius, der gesagt habe, dass er sich erlaubt habe, den rechten Sinn zu gewinnen. Damit drückt er die

Überzeugung aus, Konfuzius habe bei der Kompilation des Archivmaterials aus seinem Heimatstaat Lu durch die Erwähnung, aber auch durch das Verschweigen sowie durch die subtile Form der Formulierung das Prinzip des »Lob und Tadels« (*baobian*, 褒貶) angewandt. Diese Form der Kritik war ein Kennzeichen der damaligen, weniger einer objektiven als vielmehr einer erzieherisch urteilenden Geschichtsschreibung.

Wie subtil die Form von Lob und Tadel in diesem Werk umgesetzt ist, wird dem heutigen Leser oft erst deutlich, wenn er zu lapidaren Einträgen der »Frühlings- und Herbstannalen« die Version der Handlung in anderen Überlieferungen vergleicht. Hierzu bieten sich insbesondere die umfangreichen »Überlieferungen des Herrn Zuo« (*Zuozhuan*, 左傳) an, die von manchen etwas missverständlich als Kommentar der »Frühlings- und Herbstannalen« bezeichnet werden. Beispielsweise lesen wir in den »Frühlings- und Herbstannalen«, dass ein gewisser Zhao Dun seinen Herrn ermordet habe. Aus den »Überlieferungen des Herrn Zuo« erfahren wir aber eine auf den ersten Blick ganz andere Geschichte. Hier wird berichtet, wie der Fürst von Jin (晉) versucht, den Zhao Dun (趙盾), der Premierminister des Landes ist, bei einem Gastmahl betrunken zu machen, und ihm nach dem Leben trachtet. Dem Diener Zhao Duns gelingt es, seinen Herrn zu warnen, doch wird er durch die wilden Hunde des Fürsten getötet, während Zhao Dun flieht. Noch bevor der die Landesgrenze überwindet, tötet ein Verwandter des Zhao Dun den Fürsten von Jin und Zhao Dun kehrt zurück.

Als der Historiograf Dong Hu (董狐) bei Hofe seine Aufzeichnungen mit dem Eintrag vorlegt, dass Zhao Dun seinen Fürsten ermordet habe, protestierte Zhao Dun. Doch der Historiograf erklärte, dass Zhao Dun der Premierminister und noch nicht außer Landes gewesen sei. Zudem gibt Dong Hu zu bedenken, dass Zhao Dun bei seiner Rückkehr den Schuldigen nicht bestraft hätte. Wer außer Zhao Dun, so fragt Dong Hu, trüge somit die Verantwortung? Konfuzius bestätigt mit dem knappen Eintrag in den »Frühlings- und Herbstannalen«, dass Zhao Dun seinen Fürsten ermordet habe, die Sichtweise und das Urteil des Historiografen Dong Hu. Ohne die »Überlieferungen des Herrn Zuo« allerdings bliebe die tiefere Lesart des Eintrags in den »Frühlings- und Herbstannalen« wohl verborgen.

Selbst wenn nicht alle »Fünf kanonischen Schriften des Konfuzianismus« von Konfuzius selbst stammen, erklärt sich der Begriff des »Konfuzianismus« als eine Bezeichnung für einen Korpus von Schriften sowie Denk- und Verhaltensweisen, die der prägenden Zeit der Zhou-Herrschaft und einer ihrer Leitfiguren, dem Konfuzius, verpflichtet war. Im Abschnitt »Erklärungen der Klassiker« (*Jingjie*, 經解) des *Liji* selbst wird Konfuzius mit einer Erläuterung über die Funktion der kanonischen Texte zitiert, wobei hier die »Aufzeichnungen über die Musik« (*Yueji*, 樂記), die sich in der heutigen Form im *Liji* finden, als separater Text genannt werden. So heißt es, wenn man in ein Land komme, könne man seine Lehren erkennen. Wenn seine Bewohner mild, sanft, treu und großzügig seien, liege dies an der Lehre durch die »Lieder«. Verfügten sie über breites Wissen und besäßen einen weitreichenden Verstand, liege dies an der Lehre durch die »Urkunden«. Seien sie großherzig, großzügig, aufmerksam und bescheiden, so liege das an der Lehre durch die »Musik«. Seien sie aufrichtig, still, sensibel und subtil, so liege es an der Lehre durch die »Wandlungen«. Seien sie höflich, zurückhaltend, ernst und respektvoll, so liege es an der Lehre durch die »Riten«. Seien sie befähigt, in angemessener sprachlicher Form Sachverhalte darzulegen, so liege dies an der Lehre durch die »Frühlings- und Herbstannalen« (*Liji, Jingjie*).

Der Staat und die Wirtschaft

Auch unter der Han-Herrschaft trugen die Bauern die finanzielle Hauptlast. Die expansive Politik des Han Wudi riss große Löcher in den Staatshaushalt. Daher sollten Staatsmonopole auf strategisch wichtige Güter wie Salz und Eisen, Münzen und Alkohol ebenfalls Geld in die Staatskasse spülen. Zudem versuchte der Staat ab 110 v. Chr. auf Preisschwankungen beim Getreide einzuwirken, indem vorgesehen war, bei extrem niedrigen Preisen Getreide anzukaufen, während bei außergewöhnlich hohen Preisen zusätzliches Getreide auf den Markt gebracht werden sollte. Diese Maßnahmen verhinderten jedoch nicht, dass nach und nach die Macht der

Großgrundbesitzer wuchs und immer mehr Bauern in ihre Abhängigkeit gerieten.

In der »Debatte über Salz und Eisen« (*Yantielun*, 鹽鐵論), die 81 v. Chr. in Anwesenheit des jungen Han Zhaodi, 漢昭帝 (reg. 87–74 v. Chr.), stattgefunden haben soll – sie wurde aber erst geraume Zeit später verschriftlicht –, diskutierten Anhänger des Legalismus und des Konfuzianismus über die wirtschaftliche und soziale Situation im Reich. Während die legalistische Seite einen aktiven Staat und einen gewissen Pragmatismus befürwortete, prangerten die Konfuzianer die Verschwendungssucht an und setzten auf Moral und vorbildliches Verhalten. Einig waren sich beide Lager allerdings darin, dass die Landwirtschaft die Basis des Staates darstellt.

Unter Han Yuandi, 漢元帝 (reg. 49–33 v. Chr.), wurden dann sogar Luxusverbote erlassen und er schränkte die Ausgaben des Kaiserhofs ein. In diese Zeit fällt auch die Festigung der Stellung der Konfuzianer am kaiserlichen Hof. Sein Nachfolger Han Chengdi, 漢成帝 (reg. 33–7 v. Chr.), soll sich dann aber mehr für Hahnenkämpfe als für die Staatsführung interessiert haben. Versuche der Beamten, ihn davon zu überzeugen, den privaten Landbesitz zu begrenzen, stießen auf taube Ohren.

Die Xin-Dynastie oder das Interregnum des Wang Mang (9–23)

Wang Mang, 王莽 (4–5 v. Chr. – 23 n. Chr.), stammte zwar aus einer der einflussreichen Familien des Reiches, war jedoch nicht sehr wohlhabend. Er trat daraufhin betont bescheiden auf und erwarb sich durch sein pietätvolles Verhalten seiner Familie gegenüber einen guten Ruf, sodass er bald Karriere am Hof machte. Dabei pflegte er weiterhin sein Image des nicht korrupten und arme Studenten unterstützenden Mannes. Seine Tante, Wang Zhenjun, 王政君 (71 v. Chr. – 13 n. Chr.), war ursprünglich eine von mehreren Nebenfrauen des Kaisers Han Yuandi gewesen, wurde aber von ihm zur Kaiserin erhoben. Als nach seinem Tod im Jahre 33 v. Chr. ihr Sohn als Han Chengdi inthronisiert wurde, führte faktisch sie die Regierungsgeschäfte. Mit ihr erlangten mehrere Männer der Familie Wang hohe Posten. Als der Kaiser, augenscheinlich ohne einen Sohn hinterlassen zu haben, starb, wurde einer seiner Neffen als Han Aidi, 漢哀帝 (reg. 7–1 v. Chr.), auf den Thron gesetzt. Allerdings verstarb auch er nach nur sechs Jahren auf dem Thron, sodass ihm dann ein neunjähriger Enkel des Han Yuandi als Han Pingdi, 漢平帝 (reg. 1 v. Chr. – 5 n. Chr.), nachfolgte.

Tatsächlich jedoch lag die Macht nun in den Händen von Wang Mang, der den neuen Kaiser mit einer seiner Töchter verheiratete. Ein Konflikt bahnte sich an, als Han Pingdi ins Teenageralter kam und seinem Schwiegervater die Schuld für den Tod mehrerer Verwandter gab, die während dieser Zeit in Ungnade gefallen waren. Wang Mang soll den Quellen zufolge daraufhin die Vergiftung des Han Pingdi arrangiert haben. Zwar wurde nun ein weiteres Kleinkind als Thronfolger bestimmt, aber nicht zum Kaiser gekrönt. Stattdessen war es nun Wang Mang selbst, der nach dreijähriger Regentschaft, der Niederschlagung einiger Rebellionen und der inszenierten Abdankung des Kronprinzen, den Thron bestieg. Zuvor hatte er sich schon in Anlehnung an die von ihm verehrte Zhou-Dynastie die neun Ehrenzeichen zur Würdigung besonders verdienstvoller und loyaler Beamter verleihen lassen. Dabei handelte es sich um symbolträchtige Geschenke. Es liest sich wie eine Ironie der Geschichte, dass die Verleihung solcher Ehrenzeichen während des Kaiserreichs fortan zumeist den ersten Schritt einer Usurpation markierte.

Neben diesen formalen Akten setzte Wang Mang zudem auf die Bestätigung durch positive Omina, um damit das Volk zu überzeugen, dass die Zeit für einen Herrschaftswechsel gekommen war. Eingebunden in die Vorstellung des korrelativen Denkens, das alle Kräfte des Universums als miteinander verbunden sah, wurden außergewöhnliche Phänomene, wie herausragende Wetterereignisse, Kometen und andere Erscheinungen am Himmel, ebenso wie Funde bedeutungsträchtiger Gegenstände, Pflanzen oder Tiere als positive oder negative Omina gedeutet. Wang Mang nutzte solche Omina zur eigenen Legitimation, wobei zu fragen bleibt, inwieweit diese oft geschickt manipuliert bzw. inszeniert wurden.

Es ist ein schwieriges Unterfangen, ein gerechtes Bild von Wang Mang zu zeichnen. Der Umstand, dass seine Dynastiegründung nicht von Dauer war, machte aus ihm in den Augen der Historiografen einen Usurpator. Die Berichterstattung über ihn erfolgte während der Zeit der Restauration der Han-Dynastie und lag somit in den Händen seiner Gegner. Wäre seine Dynastie von Bestand gewesen, so hätte man Wang Mang vielleicht aufgrund seiner idealistischen an die Zhou-Herrschaft angelegten Konzepte als großen Reformer dargestellt.

Reformen sind in China wiederholt in Gestalt einer Rückbesinnung auf einen vermeintlich besseren Zustand in der Vergangenheit propagiert worden. Für Wang Mang bot die Zhou-Dynastie diesen Rahmen und so hob er die »Riten der Zhou« (*Zhouli*, 周禮) in den Rang eines Klassikers. Dabei ist allerdings anzumerken, dass es sich bei diesem die Institutionen und das Beamtenwesen der Zhou schildernden Werk um eine zu großen Teilen erst später verfasste Idealvorstellung des Zhou-Staates handelt.

Vereinfacht gesagt, ging es Wang Mang bei seinen Reformen um eine Umverteilung der Mittel zugunsten der ärmeren Bevölkerung und des Staates, die durch Währungsreformen und die Auflösung großer, bisher steuerbegünstigter Ländereien geschehen sollte. Zudem strebte er eine Stärkung des Staates durch eine Straffung der Verwaltung und die Einrichtung staatlicher Monopole (auf Salz, Eisen, Alkohol und die

Münzherstellung) sowie einen staatlichen Preisausgleich für Getreide und Textilien an. Der Kauf und Verkauf von Land wurde Privatpersonen verboten. Die an das Ideal der Zhou-Zeit angelehnte Landreform sollte bisherige Landbesitzer enteignen, da der Boden nun nominell als Königsland galt, das man nur zur Bearbeitung zuzuteilen beabsichtigte. Vorbild für diese Bodenreform war das erstmals im Buch *Mengzi* im 4. Jh. v. Chr. erwähnte »Brunnenfeldsystem«. Es wurde so bezeichnet, da die Gestalt des Schriftzeichens »Brunnen« (*jing*, 井) die Anlage der Felder illustriert.

In der Mitte befindet sich ein zentrales Gemeinschaftsfeld, das zur Erwirtschaftung der Abgaben an den Lehnsherrn gemeinschaftlich bearbeitet werden sollte. Darum gruppieren sich acht weitere Felder zur Selbstversorgung für je eine Familie der so zu einem Achterverband zusammengeschlossenen Bauern. Zudem sollte jede Familie idealerweise noch etwas Boden erhalten, um ein paar Tiere zu züchten, Maulbeerbäume für die Seidenraupen anzupflanzen und eine Hütte zu errichten. De facto wurde diese Bodenreform unter Wang Mang zur Umverteilung der Ackerflächen wohl nicht flächendeckend umgesetzt, da sie vor Ort auf erbitterten Widerstand der Großgrundbesitzer stieß und von den großen Familienverbänden leicht umgangen werden konnte.

Wang Mang legte während seiner Herrschaft einen derartigen Reformeifer an den Tag, dass viele seiner Konzepte nicht so, wie beabsichtigt, griffen. Stattdessen verunsicherten sie die Bevölkerung und brachten ihm die erbitterte Opposition des Adels und der anderen Großgrundbesitzer ein.

Darüber hinaus kam es im Jahre 2 n. Chr. zu einer großen Naturkatastrophe, als der Huanghe, der bis dahin in der Nähe des heutigen Tianjin (天津) in die Bucht von Bohai (渤海) mündete, seine Dämme durchbrach und sich fortan in einen kleineren nördlichen Arm und einen größeren südlichen Arm teilte, was zu verheerenden Überschwemmungen führte. Doch damit nicht genug, wiederholte sich das Unglück neun Jahre später, als der Huanghe abermals seinen Lauf änderte und sich dann in der Nähe der heutigen Mündung ins Meer ergoss. Ganze Regionen verwandelten sich in See- und Sumpflandschaften. Bereits die direkten, unmittelbaren Folgen der Flut waren verheerend: So gab es eine hohe Zahl von Opfern in der Bevölkerung, Vieh verendete, Vorräte gingen verloren und die Flut zwang viele der Überlebenden zur Flucht. Doch auch langfristig brachten diese Naturkatastrophen Veränderungen mit sich, da der Huanghe auch in den folgenden Jahren unberechenbar blieb. Eine Migration der Bevölkerung nach Süden, die auch später anhielt, nahm zu diesem Zeitpunkt ihren Anfang. Gleichzeitig bildeten sich Banden, die auf der Suche nach Nahrung durch das Land zogen, während der Staat auf der anderen Seite nicht in der Lage war, den Notleidenden angemessen zu helfen.

Soziale Notlagen bilden seit jeher einen guten Nährboden für Aufstände. In der Geschichte wird die von einem Mann namens Fan Chong (樊崇) angeführte Bewegung unter der Bezeichnung Aufstand der »Roten Augenbrauen« (*chimei*, 赤眉) geführt, da sich seine Anhänger diese rot färbten, um einander besser zu erkennen. Der Aufstand begann um das Jahr 18 n. Chr. und leitete einen Bürgerkrieg ein. Versuche der Armee Wang Mangs, die Rebellion der Roten Augenbrauen in der Krisenregion niederzuschlagen, blieben erfolglos, während gleichzeitig auch in anderen Regionen des Reiches Aufstände ausbrachen. In dieser Situation griff Liu Yan, 劉縯 (gest. 23 n. Chr.), ein Nachfahre des Han Jingdi in sechster Generation, zu den Waffen. Mit ihm erhoben sich andere Adelige und wandten sich ihrerseits gegen Wang Mang mit dem Ziel, die Han-Dynastie zu restaurieren. Obwohl Liu Yan militärisch gegen Wang Mang Erfolg hatte und im Reich die Rückkehr der Familie Liu der Han-Dynastie verkündete, wurde nach Konflikten innerhalb der adeligen Aufständischen nicht er, sondern sein Cousin Liu Xuan, 劉玄 (gest. 25 n. Chr.), als Han Gengshidi (漢更始帝) zum Gegenkaiser ausgerufen.

Kapitel II

Diesem gelang es zwar 23 n. Chr. Wang Mangs Truppen zu schlagen, Chang'an zu erobern und Wang Mang selbst zu töten, doch auch Liu Xuan war es nicht vergönnt, der wirkliche Begründer der Späteren Han zu werden. Immer noch tobte ein Bürgerkrieg und Liu Xuan, der im Jahr 24 die Hauptstadt in den Westen nach Chang'an verlegt hatte, geriet immer stärker in Isolation, da er sich auf keine starke Armee stützen konnte. Faktisch verlor der designierte Kaiser immer mehr die Kontrolle, bis er schließlich kaum noch seine direkte Umgebung zu beherrschen vermochte, und wurde in die Flucht getrieben. Zu guter Letzt nahm ihn einer seiner eigenen Offiziere gefangen und übergab ihn den Roten Augenbrauen, die den ehemaligen Kaiser hinrichteten.

Die Späten Han oder auch die Östlichen Han

Die Restauration der Han-Dynastie erfolgte daher schließlich erst unter Liu Xiu (劉秀), einem weiteren Nachfahren der sechsten Generation des Han Jingdi. Dieser regierte als Han Guangwudi (漢光武帝) von 25 bis 57 n. Chr. in dem zur neuen Hauptstadt erhobenen Luoyang. Mit einer Regierungszeit von 33 Jahren war Han Guangwudi unter den Kaisern der Späteren Han derjenige, der am längsten regieren konnte. Das erste Jahrzehnt seiner Herrschaft musste er jedoch der Niederschlagung von noch bestehenden Aufstandsbewegungen und lokalen Machthabern, die sich in der Zwischenzeit selbstständig gemacht hatten, widmen. Zugleich galt es, seine Position im Reich zu sichern. Er setzte dabei auf seine Söhne, Neffen und einen Onkel und bediente sich der alten Methode der Vergabe von Lehen. Damit wand er sich vom Bemühen der Frühen Han ab, den Einfluss der regionalen Königreiche schrittweise zugunsten des Zentralstaates einzudämmen. Zudem ließ der Kaiser die Macht der großen Land besitzenden Familien unangetastet, aus denen er viele seiner hohen Beamten und Militärs rekrutierte. Damit jedoch war – vielleicht vor dem Hintergrund der gescheiterten Reformen des Wang Mang – die Chance vertan, die Restauration der Han-Dynastie mit einer umfassenden Bodenreform und Sicherung der Steuereinnahmen zu verbinden. Längerfristig führte dies zur Schwächung der kaiserlichen Macht und stärkte im Gegenzug die regionalen Großgrundbesitzerfamilien. Auch eine politische Cliquenbildung wurde damit befördert, die sich mehrfach in gewalttätigen Konflikten entlud. Es mag ein Ergebnis dieser Entwicklung sein, dass im späteren Verlauf der Dynastie eine ganze Reihe sehr schwacher, teilweise extrem junger Herrscher auf den Thron gelangten, die einander rasch ablösten.

Schwache Kaiser ließen den kaiserlichen Frauen und ihren Familien mehr Macht zukommen. Insbesondere bei der Wahl der Thronfolger offenbarte sich, welche Familien miteinander um Einfluss stritten. Ebenso profitierten die zahlreichen Eunuchen, die am Hof Dienst taten, von den herrschenden Umständen und taten ihrerseits das Übrige, um die Kaisermacht zu untergraben. Han Shundi, 漢順帝 (reg. 125–144), erlaubte ihnen schließlich sogar, Söhne zu adoptieren und Güter zu vererben, wodurch sie ihren Einfluss im Staat weiter steigern konnten. Unter Han Huandi, 漢桓帝 (reg. 146–168), kam es dann zu einem blutigen Konflikt zwischen den Eunuchen und dem Familienverband der Liang (梁), einer der durch Heiraten dem Kaiserhaus eng verbundenen Familien, bei der der Kaiser die Ermordung vieler Angehöriger durch eine Gruppe von Eunuchen billigte.

Als der Kaiser ohne Nachfolger verstarb, richteten sich die Eunuchen gegen zwei weitere große Familienverbände, die bisher am Hof wichtige Posten bekleidet hatten. Zudem schickten sie zahlreiche einflussreiche Gelehrtenbeamte ins Exil. Auch unter Han Lingdi, 漢靈帝 (reg. 168–189), konnten die Eunuchen ihre Machtstellung bewahren und gingen brutal gegen die ihnen gegenüber kritisch eingestellten

Gelehrtenbeamten vor. Als der Kaiser 189 n. Chr. starb, lag das Reich der Han schließlich endgültig danieder. Im Streit um die Nachfolge ergriff General Yuan Shao, 袁紹 (gest. 202), die Initiative, drang in den Palast der Hauptstadt Luoyang ein und tötete viele der Eunuchen. Bis zum formalen Ende der Han im Jahre 220 wurden zwar noch zwei weitere junge Kaiser auf den Thron gehoben, doch die eigentliche Macht lag in den Händen der Generäle, unter deren Protektion jene Kaiser standen.

Die Schwäche des Kaiserhauses, eine zunehmende Machtlosigkeit gegenüber immer mächtiger werdenden Steppennomaden an den Grenzen des Reichs, Banditentum, Korruption, wachsende soziale Missstände und Naturkatastrophen, bei denen sich der Staat hilflos in der Bekämpfung und unfähig zur Linderung der Not der Bevölkerung zeigte, schufen erneut den Nährboden für das Erstarken regionaler Führer. Die damit einhergehenden Kämpfe und Unsicherheiten führten zudem bei vielen Zeitgenossen dazu, dass die Aussicht auf ein besseres gegenwärtiges Leben oder gar die Erlangung des Eintritts in ein Paradies einen immer stärkeren Einfluss auszuüben begann.

Diese Hoffnungen manifestierten sich schließlich in Gestalt zweier daoistisch geprägter Aufstandsbewegungen. Ihre Führer propagierten das Nahen einer Ära des »Großen Friedens« (*taiping*, 太平) und versprachen Gleichheit und Gemeinschaftsbesitz. Mehrtägige Gemeinschaftsfeste, Sündenbekenntnisse und magische Rituale waren für die Anhänger Erfahrungen einer neuen Gemeinschaft. Sie versprachen Schutz und etablierten über eine feste Hierarchie einen Staat im Staate. Die Anhänger dieser Bewegung bezeichnete man aufgrund ihrer Kopftücher als »Gelbe Turbane« (*huang jin*, 黃巾). Die Aufstandsbewegung verbreitete sich von ihrem Ursprungsgebiet im nordöstlichen Shandong, das von den Überflutungen des Huanghe besonders stark betroffen war, in kürzester Zeit über weitere Gebiete des Reichs. Die zweite

Aufstandsbewegung wurde als »Fünf-Scheffel-Reis-Weg" (*Wudoumi dao*, 五斗米道) bekannt und hatte ihr Zentrum im Westen des Reiches, in der heutigen Provinz Sichuan.

Insbesondere der Aufstand der Gelben Turbane (184–205) trug zu einer weiteren Destabilisierung der Späten Han bei, der sich im Verlauf von Shandong über Shaanxi, Hebei, Liaoning bis nach Shanxi in den Westen ausdehnte. Allerdings waren es jene Generäle, die mit der Niederschlagung der Aufstände betraut wurden, die schließlich am Ende der Han-Zeit die eigentliche Macht im Reich erlangten. Einer von ihnen war der General Dong Zhuo, 董卓 (139–192), der nach dem Tod von Han Lingdi im Jahre 189 dessen noch jugendlichen Thronfolger in seine Gewalt brachte. Noch im gleichen Jahr vergiftete er ihn und setzte dessen jüngere Bruder Han Xiandi, 漢獻帝 (reg. 189–220) als Marionette auf den Thron. Allerdings formierte sich Widerstand gegen den als grausam und unberechenbar beschriebenen Dong Zhuo, der schließlich zu dessen Ermordung führte.

Einem weiteren General, Cao Cao, 曹操 (155–220), der auch an der Niederwerfung der Aufstände beteiligt gewesen war, gelang es in der Folge, sich zum Schutzherren von Han Xiandi aufzuschwingen. Ab 208 fungierte er als dessen Kanzler und weitere fünf Jahre danach ließ er sich die neun Ehrenzeichen – also jene Insignien, die die Machtübernahme des Wang Mang angekündigt hatten – verleihen. Vor einer offenen Übernahme der Macht und der Ausrufung zum Kaiser schreckte er jedoch zurück. Als 220 Cao Cao verstarb, war es dann sein Sohn Cao Pi, 曹丕 (187–226), der Han Xiandi nach dessen erzwungener Abdankung als Herrscher einer neuen Dynastie nachfolgte. Allerdings war das Reich zu diesem Zeitpunkt bereits in drei Teile zerfallen und nur der nördliche Teil stand unter seiner Herrschaft.

Zwischen Han und Tang

In der Zeit zwischen den beiden großen Dynastien Han und Tang durchliefen der Norden und der Süden Chinas ganz unterschiedliche Entwicklungen und es entstand eine neue Dynamik zwischen sehr vielen unterschiedlichen Völkern und den einander rasch ablösenden Herrscherhäusern. Im eher von trockenen Ebenen geprägten Norden entwickelten sich legalistische, zentralistische Konzepte, bei denen der Staat eine aktive Rolle bei der Zuweisung des Bodens und der Ansiedlung der Bevölkerung ergriff. Dem Militär kam dabei eine große Bedeutung zu, zumal von Norden und Westen immer wieder Nomadengruppen den Einfall in das Reichsgebiet wagten.

Im feuchtwarmen Süden hingegen kam es zu einer Binnenkolonisation durch die Migranten aus dem Norden, die eine Entwicklung einleitete, welche bisher dort lebende, einheimische Volksgruppen in die Berge abdrängte. Schwache Höfe ließen den großen Land besitzenden Familien viel Raum zur Erweiterung ihres eigenen Einflusses.

Der Beginn dieser Entwicklungen geht, wie beschrieben, bereits auf die Späten Han mit der Schwäche der Zentralregierung, dem Erstarken verschiedener Kriegsherren und einer Machtverschiebung zugunsten lokaler Großgrundbesitzerfamilien zurück.

Am Beginn jener geschichtlichen Phase zwischen der Han- und Tang-Dynastie stand die Zeit der »Drei Reiche« (*Sanguo*, 三國), die von 220 bis 280 dauerte und China in einen nördlichen Staat Wei, 魏 (220–265), einen südwestlichen Staat Shu, 蜀 (221–263), und einen südlichen Staat Wu, 吳 (222–280), teilte. Kurzzeitig kam es danach wieder zur Einheit unter der Westlichen Jin-Dynastie, 西晉 (265–317). Nachdem die Westlichen Jin ihrerseits im Norden von verschiedenen Reitervölkern überrannt und in die Flucht geschlagen worden waren, formierten sie sich im Süden neu als sogenannte

Östliche Jin (317–420) mit einer neuen Hauptstadt Jiankang (建康) im Bereich des heutigen Nanjing (南京). Im Norden herrschten in der Folge mehr als 16 äußert kurzlebige Staaten teils nebeneinander, teils nacheinander, bis es unter der Herrschaft der Nördlichen Wei, 北魏 (386–534), wieder zu etwas stabileren Verhältnissen kam. Ihr Reich zerbrach schließlich jedoch in die Östlichen Wei, 東魏 (534–550), und Westlichen Wei, 西魏 (535–557), denen dann die Nördlichen Qi, 北齊 (550–577), und die Nördlichen Zhou, 北周 (557–581), folgten. Auch im Süden gab es mehrere rasche Machtwechsel unter den Herrschern der Liu Song, 劉宋 (479–502), der Südlichen Qi, 南齊 (479–502), der Liang, 梁 (502–557), und der Chen, 陳 (557–589).

Zu komplex und zahlreich sind die Schlachten und Herrschaftswechsel, als dass sie an dieser Stelle nachgezeichnet werden könnten. Der Fokus soll daher nun auf einigen Personen, Innovationen und Prozessen liegen, die für die Folgezeit von Bedeutung waren.

Die Drei Reiche

Am Anfang der Geschichte der »Drei Reiche« stehen der bereits erwähnte Kriegsherr Cao Cao und sein Sohn Cao Pi, der 220 im Norden den Staat Wei proklamierte. Die Cao hatten ihren Einfluss über den Chang Jiang hinaus ausdehnen wollen, scheiterten jedoch im Verlauf der »Schlacht am Roten Kliff« (*chibi zhi zhan*, 赤壁之戰) an der Gegenwehr der Heerführer Sun Quan, 孫權 (185–252), und Liu Bei, 劉備 (161–223), was daraufhin die Dreiteilung des Reichs zur Folge hatte. Es bestehen zwar berechtigte Zweifel, ob diese in den traditionellen Geschichtswerken zur Entscheidungsschlacht stilisierte Auseinandersetzung tatsächlich an jenem Ort in der beschriebenen Form stattgefunden hat, doch mindert das nicht ihre Symbolkraft als Beginn der folgenden und nur kurzzeitig unterbrochenen Teilung des Reiches in Nord und Süd.

Auch wenn die Anfänge der »Wehrbauern-Kolonien« (*tuntian*, 屯田) bereits in die Herrschaftszeit des Han Wudi (141–87 v. Chr.) zurückreichen, so führte Cao Cao diese in sehr umfassender Weise im ganzen Land und nicht nur zur Sicherung der Grenzgebiete ein. Er siedelte im ganzen Reich nicht allein Soldaten, sondern ebenso landlose Bauern an, die dann vom Staat mit Ackerbaugeräten und Pflugochsen versorgt wurden. Die Verschärfung des Strafgesetzes unter seinem Sohn Cao Pi zeigt legalistische Züge. Die Schaffung einer Schicht von professionellen Militärhaushalten, innerhalb derer die Mitglieder auch zu heiraten hatten, spiegelt das Bemühen um eine strikt geregelte Gesellschaftsordnung, die sich ebenso in der leistungsbasierten Klassifikation der Beamten anhand von neun Rangstufen festmachen lässt.

Diese Maßnahmen verhinderten jedoch nicht, dass die Herrscherfamilie Cao durch einen Putsch der Familie Sima (司馬) abgelöst wurde, die die Jin-Dynastie gründete und kurzfristig auch das Reich einte. Anders als die Caos vergab Jin Wudi, 晉武帝 (reg. 265–290), viel Macht an seine Verwandten. Statt das Reich zu stärken, mündete diese Maßnahme jedoch in dem sogenannten Krieg der acht Prinzen, in dem Mitglieder der Familie Sima um die Macht kämpften.

Unterdessen kam es wiederholt zu Invasionen von Verbänden der Xiongnu und auch die anderen Völker der sogenannten »Fünf Barbaren« (*wuhu*, 五胡) begannen untereinander um Machtgewinn im Norden des Reichs zu kämpfen. Dabei handelte es sich um verschiedene, teilweise heute nicht mehr klar zu definierende Gruppen von Reiternomaden, die mehreren Ethnien und Sprachgruppen angehörten. 311 kam es zur Eroberung der Hauptstadt Luoyang durch die Xiongnu, bei der der Jin-Kaiser gefangen genommen, die Stadt geplündert und niedergebrannt wurde. 316 ereilte die zweite Hauptstadt Chang'an das gleiche

Schicksal. Diese Ereignisse lösten massive Fluchtwellen Richtung Süden aus, wo es zur Restauration der sogenannten Östlichen Jin (317–420) kam. Hier traf die geflohene Elite aus dem Norden auf dort bereits seit mehreren Generationen etablierte Familien sowie auf nicht Chinesisch sprechende lokale Volksgruppen.

Getrennte Wege: der Süden

Als Hauptstadt wurde die im fruchtbaren Gebiet des Chang-Jiang-Deltas gelegene Stadt Jiankang, die heute Nanjing heißt, gewählt, in der bereits der Staat Wu (222–280) seinen Hof hatte. Die den Östlichen Jin folgenden vier Dynastien regierten ebenfalls von diesem neuen politischen Zentrum des Südens aus.

Der Beginn dieser Zeit war durch die gesellschaftlichen und wirtschaftlichen Umwälzungen infolge der Migration nach Süden geprägt. Das geflüchtete Kaiserhaus hatte nur wenig Macht und war so gezwungen, sich mit den verschiedenen ebenfalls geflohenen, aber auch mit den einheimischen einflussreichen Familien zu arrangieren. Die ebenso wie das Kaiserhaus aus dem Norden stammenden großen Familien strebten nach Anerkennung ihres bisherigen gesellschaftlichen Ranges und einer Befreiung von Steuern sowie anderen Verpflichtungen. Eine Übergangsmaßnahme der Östlichen Jin war daher die Einführung zweier nach Einheimischen und Immigranten getrennter Steuerregister sowie die Schaffung von speziellen Gebiets- und Verwaltungseinheiten für Immigranten.

Viele ärmere Geflüchtete gerieten in ein Abhängigkeitsverhältnis zu den großen Familien, deren Macht gegenüber dem Kaiserhaus auf diese Art weiter anwuchs. Die großen Familien machten ihren Status an ihrer Herkunft, dem Alter und den bisherigen Verdiensten der Mitglieder ihrer Familien fest.

Kapitel II

Eine Entwicklung dieser Zeit war somit die Entstehung von Familiengenealogien des sich formierenden Adels der »ruhmreichen Familien« (*mingjia*, 名家). Sie setzten sich von den armen Familien ab, indem sie einen eigenen Verhaltenskodex prägten und zudem Mischehen mit Mitgliedern sogenannter »armer Haushalte« (*hanmen*, 寒門) ausschlossen.

Begünstigt wurde die Entwicklung des Südens durch den Umstand, dass anfangs noch genug Raum zur Schaffung neuer landwirtschaftlicher Flächen zur Verfügung stand, wobei dieser Prozess auf längere Sicht in einer Art Binnenkolonisation immer weiterer Teile Südchinas mündete. Zudem profitierte die Wirtschaft im Süden von weitreichenden Handelskontakten bis nach Zentralasien, Südostasien, Korea und Japan und sogar bis in den indisch-iranischen Raum. Während auf der einen Seite weiterhin der traumatische Verlust des Nordens beklagt wurde, arrangierte sich die Elite immer mehr in ihrer eigenen, dem »barbarischen Norden« als überlegen empfundenen Welt des Südens. Diese zeichnete sich durch einen luxuriösen, von gepflegten Debatten in den Salons geprägten Lebensstil aus, zu dem auch Feste in den neuen großen Gärten und ländlichen Anwesen gehörten. Angesichts der politischen Unsicherheit infolge der raschen Machtwechsel war bei vielen Mitgliedern des neuen Adels dennoch die Angst groß, Opfer dieser Umbrüche zu werden. Wohl auch deshalb kam der Gunst des Augenblicks in dieser Epoche eine solche Wertschätzung zu, wie beispielsweise aus der Dichtung jener Zeit hervorgeht.

Insgesamt gilt die zeitweilig so unsichere Zeit zwischen Han und Tang als eine Phase, in der sich neue individualistische Tendenzen im Denken und in der Lebensführung der Elite zeigten, sei es durch den inneren oder auch den äußeren Rückzug sowie durch Drogen und die Suche nach Mitteln und Methoden der Lebensverlängerung. Nicht zuletzt war dies die Zeit, in der sich der Buddhismus trotz zeitweiliger Verfolgungen im Norden in ganz China verbreitete.

Die Nördlichen Wei und ihre Nachfolger

Die Herrscher der Nördlichen Wei-Dynastie (386–534) entstammten dem nomadischen Stammesverband der Tuoba (拓跋), einer Gruppierung der Xianbei (鮮卑), deren Ursprünge im heutigen mongolisch-mandschurischen Grenzgebiet gesehen werden. Ihre Herrschaft kann als eine Phase des Austausches von verschiedenen Einflüssen steppennomadischer Völker mit denen sesshafter, Chinesisch sprechender Gruppierungen beschrieben werden. Da die Herrscherfamilien der Sui und Tang, unter denen es wieder zu einer gesamtchinesischen Einheit kam, ihre Wurzeln in dieser nordchinesischen von Steppenvölkern geprägten Kultur hatten, war ihr Beitrag zur komplexen chinesischen Kultur auch längerfristig sehr bedeutsam.

Die Tuoba begannen ihren Aufstieg während der Zeit der Westlichen Jin. Sie unterstützten diese gegen ein Reich aus der Gruppe der mehr als 16 kurzlebigen Reiche, die sich vom 4. bis zur ersten Hälfte des 5. Jh.s im Norden – überwiegend von Steppennomaden geführt – gebildet hatten, und wurden von den Jin als Herzöge von Dai (代) belehnt. Ihr Zentrum lag damals in Shengle (盛樂) im heutigen Autonomen Gebiet der Inneren Mongolei. Kriegerische Auseinandersetzungen der vielen miteinander konkurrierenden Reitervölker unterschiedlicher Ethnien, Zwangsumsiedlungen und Flucht destabilisierten den Norden in extremer Weise und hatten einen enormen Bevölkerungsrückgang zur Folge. 386 hatten die Tuoba ihre Macht gegenüber den anderen Reiternomaden jedoch derart ausgedehnt, dass sie sich in Pingcheng (平城), dem heutigen Datong (大同) im Norden der Provinz Shanxi für eigenständig erklärten. Ihre Herrschaft wird als Nördliche Wei-Dynastie bezeichnet.

Die Führung der Tuoba befand sich nun in einem Spannungsfeld zwischen den Erwartungen ihres eigenen Adels und der Herausforderung, die krisengeschüttelte im Norden verbliebene Bevölkerung zu ernähren und zu verwalten. Zu diesem Zweck wurden zum einen Mitglieder des eigenen Adels in die Herrschaft eingebunden, zum anderen eine mit chinesischen Beamten besetzte professionelle Bürokratie geschaffen.

Um die Kontrolle über das Reich zu gewinnen und ausreichend Nahrungsmittel zu erwirtschaften, bedienten sie sich legalistischer Mittel. Der Staat übernahm dabei weitgehend die Kontrolle über die Bevölkerung. Dies geschah in extremer Weise im Verlauf der ersten Hälfte des 5. Jh.s durch wiederholte massenhafte Umsiedlungen von verschiedenen Bevölkerungsgruppen. Bauernfamilien wurden in die Region um Datong zwangsumgesiedelt, aber auch Handwerkerfamilien aus Chang'an deportierte man dorthin, wo sie teilweise als Staatssklaven tätig waren.

Die Tuoba sahen sich als Förderer des Buddhismus, obwohl sie weiterhin eigenen Gottheiten opferten. So waren auch mehrere Tausend Mönche in die Region um Datong gekommen, wo zahlreiche Klöster entstanden und die Höhlentempel von Yungang (雲岡石窟) ein bis heute sichtbares Zeugnis außergewöhnlicher religiöser Bautätigkeit sind. Große religiöse Feste boten der Volksfrömmigkeit einen öffentlichen Raum und ließen den Buddhismus zu einem integrativen Element der Gesellschaft werden, selbst wenn es während der ersten Hälfte des 5. Jh.s mehrere Wellen gab, in denen der Buddhismus Repressionen ausgesetzt war.

Ende des 5. Jh.s kam es schließlich unter Kaiser Xiaowen, 孝文帝 (reg. 471–499), zu einer Reihe von Reformen. Er wird für einen Prozess verantwortlich gemacht, der in der Literatur meist verallgemeinernd als »Sinisierung« bezeichnet wird und mit einer Entfremdung von der eigenen steppennomadischen Kultur den Niedergang der Herrschaft der Nördlichen Wei eingeleitet haben soll.

Nach dem Vorbild des bei *Mengzi* erwähnten Brunnenfeldsystems wurde 485 von Kaiser Xiaowen das »System der gleichmäßigen Landverteilung« (*tuntianfa*, 均田法) eingeführt.

Zwischen Han und Tang

Dabei handelte es sich um eine große Landreform, die eine bessere Gebietsverteilung zum Ziel hatte, um landlosen oder armen Bauern Boden zuzuweisen. Zugleich richtete sich die Reform aber auch gegen die traditionelle Viehwirtschaft der Xianbei.

Die Staatsfinanzen wiederum sollten über die zu erwartenden Steuern konsolidiert werden. Die Reform beruhte auf dem Grundsatz, dass der gesamte Boden im Besitz des Staates sei, der diesen dann nach festen Regeln Einzelpersonen entsprechend ihrer Arbeitskraft zuteilte. Männer sollten etwas mehr als einen Hektar bekommen, Frauen etwas weniger. Zudem gab es einen Zuschlag, wenn eine Familie einen Ochsen besaß. Im Todesfall ging dieser Boden, der nur zur ackerbaulichen Bearbeitung vorgesehen war, wieder zurück an den Staat, um neu zugeteilt zu werden. Darüber hinaus gab es noch Land für Maulbeerbäume und andere Nutzhölzer, das vererbbar war, sowie Land für Haus und Garten. Unfreien Personen (*nubi*, 奴婢) stand Boden im gleichen Umfang zu, was jedoch den reichen Familien die Möglichkeit eröffnete, durch den Ankauf unfreier Personen ihre Flächen zu vergrößern. Das System der gleichmäßigen Landverteilung bedurfte einer funktionierenden Staatsbürokratie, da die Landzuteilungen regelmäßig kontrolliert und entsprechend angepasst werden mussten. Gleichwohl wurde dieses System in verschiedenen Varianten bis in die Mitte des 8. Jh.s angewandt. Da jedoch auch mit diesem System in der Praxis nicht ausgeschlossen war, dass einige wenige Familien große Ländereien beanspruchten, ohne jedoch in gleichem Maße besteuert zu werden, hielten sich trotz dieser Maßnahmen große Ungleichheiten in den Lebensverhältnissen.

Die Reformen waren ein Bündel aus Maßnahmen, mit denen ein gestärkter Zentralstaat gefördert und indirekt die Macht der Eliten der Xianbei beschnitten wurde. Sie zielten auf eine Vermischung und Hinwendung zur Kultur der Chinesisch sprechenden Bevölkerung, was Traditionen der eigenen ursprünglichen Kultur infrage stellte.

Diese Entwicklung zeigt sich auch an der 494 erfolgten Verlegung der Hauptstadt aus dem Norden in die über 600 Kilometer entfernte, zentraler gelegene Stadt Luoyang, die zuvor häufiger als Hauptstadt fungiert hatte. Mit der Verlegung der Hauptstadt begab sich Xiaowen gleichzeitig in eine defensivere Haltung gegenüber den Rouran (柔然), einer proto-mongolischen Stammeskonföderation, mit denen die Tuoba an der Nordgrenze immer wieder in Konflikt geraten waren.

Auch an den höfischen Sitten zeigt sich die Hinwendung zur chinesischen Kultur. So sollte ab 495 von den unter 30-Jährigen nur noch Chinesisch gesprochen und chinesische Kleidung getragen werden. Im folgenden Jahr wurden alle Xianbei dazu verpflichtet, chinesische Familiennamen anzunehmen, und anstatt des Namens Tuoba verwendete der Herrscher fortan den chinesischen Namen Yuan (元). Zudem förderte man gezielt Mischehen. Gleichzeitig griff der Herrscher in die etablierte Hierarchie innerhalb der Eliten ein, indem er acht Familienverbände der Xianbei und fünf chinesische Familien besonders ehrte und sich so ihrer Loyalität versichern wollte. Dadurch erlangten sie einen privilegierten Zugang zu Posten, was jedoch längerfristig das System einer Vergabe nach Befähigung untergrub.

Luoyang, das neu angelegt wurde, wies in seiner rechteckigen Grundform, seiner strengen gitterförmigen Straßenführung und den nach Bevölkerungsgruppen getrennten Stadtbezirken die Charakteristika einer Stadtkonzeption auf, welche sich als Sinnbild der gesellschaftlichen Ordnung verstand. Gleichzeitig wurde die Stadt zum Zentrum eines blühenden Buddhismus; die 1 367 Tempel sollen einen Großteil der Stadtfläche eingenommen haben, wie der »Bericht über die Klöster Luoyangs« (*Luoyang qielan ji,* 洛陽伽藍記) aus der Mitte des 6. Jh.s überliefert.

Die Geschichte der Nördlichen Wei zeigt sehr deutlich das Spannungsverhältnis, zwischen jenen Xianbei, die weiterhin in den Grenzregionen gemäß ihrer ursprünglichen Kultur lebten,

Zwischen Han und Tang

und den Teilen der Elite im Landesinneren, die durch chinesische Berater und chinesische Ehefrauen beeinflusst einen der chinesischen Kultur angenäherten, teilweise sehr aufwendigen Lebensstil entwickelten. Zu Beginn der Nördlichen Wei hatte es eine Aufteilung der einflussreichen Familien der Xianbei gegeben, bei denen eine Gruppe in sechs Garnisonsbezirke an der Grenze entsandt worden war, während die andere Gruppe um die Hauptstadt herum angesiedelt wurde. Die Verbände an den Grenzen, die eine wichtige Funktion zur Sicherung des Reiches besaßen, sahen sich gegen Ende der Nördlichen Wei zunehmend marginalisiert und so kam es 524 zum Aufstand der Sechs Garnisonsbezirke des Nordens. Es folgte ein langwieriger Bürgerkrieg, in dessen Verlauf im Jahr 534 Luoyang zerstört und der Kaiser und die Kaiserin im Huanghe ertränkt wurden.

Der Staat zerfiel in zwei Teile: in die Östlichen Wei (534–550), die sich weiter am Reformkurs einer Annäherung an die sesshafte chinesische Kultur orientierten, und in die Westlichen Wei (535–557), die sich wieder vermehrt den steppennomadischen Traditionen der Xianbei zuwandten. Doch von langer Dauer waren beide Reiche nicht, da sie rasch von Militärs aus ihren eigenen Reihen übernommen wurden, die sich als Nördliche Qi (550–577) und Nördliche Zhou (557–581) formierten. Aber auch diesen beiden Staatsgebilden war keine lange Existenz beschert.

Exkurs: Der Buddhismus

Der Buddhismus war und ist die prägende Religion Chinas. Er zeigte sich aber auch als politische und kulturelle Kraft und gab der Wirtschaft neue Impulse.

Wesentlich für den Siegeszug des Buddhismus in der breiten Bevölkerung Chinas war die Herausbildung der Lehren des Mahayana, des »Großen Rades« oder »Großen Fahrzeugs«, nach welchen die Erlösung aller fühlenden Lebewesen angestrebt wird. Ein wesentliches

Kapitel II

Kennzeichen der Anhänger des Mahayana ist der Glaube an Bodhisattvas: Menschen, die den Weg zur Erleuchtung erkannt haben, aber darauf verzichten, um sich für das Wohl aller einzusetzen. Im Gegensatz zu den buddhistischen Schulen, die unter der Bezeichnung Hinayana (»Kleines Rad« oder »Kleines Fahrzeug«) zusammengefasst wurden, ist es die Lehrmeinung des Mahayana-Buddhismus, dass auch der Laie während seiner Lebensspanne Erleuchtung erlangen kann. Diese Heilsaussicht ließ den Buddhismus auch jenseits der Klöster in der breiten Bevölkerung verheißungsvoll und tröstend erscheinen.

Während aus der Gruppe der Hinayana-Schulen heute nur noch der Theravada-Buddhismus praktiziert wird – überwiegend in Myanmar, Kambodscha, Thailand und Sri Lanka –, gelangte der Mahayana-Buddhismus über China nach Japan. Im Bereich Tibets und der Mongolei entwickelten sich eigene Formen des Buddhismus in Gestalt des Lamaismus. Der Begriff Lamaismus spiegelt die große Bedeutung, die dem im Tibetischen »Lama« genannten geistigen Führer zukommt.

Die Anfänge des Buddhismus in China

Buddhistisches Gedankengut gelangte um das 1. Jh. n. Chr. über Zentralasien nach China, wo es zuerst mit dem Vokabular des philosophischen Daoismus übersetzt Einzug in das chinesische Denken erhielt. Neben Bildnissen mögen kurze Meditationstexte den Anfang gebildet haben, die damit eine inhaltliche Nähe zu daoistischen Praktiken zeigten.

Einer Legende nach soll dem Han-Kaiser Ming (reg. 57–75 n. Chr.) ein goldener Mann im Traum erschienen sein, woraufhin einer seiner Minister vermutete, es handle sich um eine Erscheinung des Buddha, eines großen goldenen Gottes aus dem Westen. Der Kaiser soll daraufhin eine Gesandtschaft in Richtung Indien losgeschickt haben, die später mit einem Bildnis des Buddha, buddhistischen Sutren und in Begleitung zweier Mönche zurückkehrte. Zu Ehren des weißen Pferdes, das die Sutren getragen hatte, soll daraufhin in der Nähe der Hauptstadt Luoyang der »Tempel des Weißen Pferdes« (Baimasi, 白馬寺) gegründet worden sein, der heute als der älteste buddhistische Tempel Chinas gilt.

Zwischen Han und Tang

Obwohl Zweifel an der Gründungslegende des Tempels berechtigt sein mögen, veranschaulicht sie, dass der Buddhismus keinesfalls als eine geschlossene Lehre im Rahmen einer massiven Missionsbewegung nach China kam. Stattdessen haben wohl buddhistische Bildnisse und Vorstellungen allmählich ihren Weg von Indien über Zentralasien nach China gefunden. Dabei wurden sie oftmals aus einer chinesischen Perspektive gedeutet, was zur Folge hatte, dass man den Buddhismus in China zu Beginn offenbar nicht als einheitliche Lehre wahrnahm, zumal er nicht mit einem festen Kanon an Texten oder über einen einheitlichen Klerus vermittelt wurde. Stattdessen gelangten mit den Pilgermönchen und über die Handelswege einzelne Texte nach China. So erklärt sich, weshalb der »Buddhismus« in China wiederholt von verschiedenen Lehrern anhand ihrer Texte rekonstruiert wurde und sich unterschiedliche einheimische Schulen etablierten.

Einige Episoden aus der Geschichte des frühen Buddhismus erscheinen abenteuerlich und zeigen, wie sehr Frömmigkeit, aber auch politisches Kalkül einzelner Führer im 4. Jh. das Wirken der buddhistischen Mönche, die für sie einen hohen Prestigewert hatten, beeinflussten und damit auch die Entwicklung des Buddhismus in China.

Kumājajīva

Als einer der frühen und wichtigsten Übersetzer gilt der im zentralasiatischen Kucha geborene, äußerst gebildete und weitgereiste Gelehrtenmönch Kumājajīva. Sein Ruf eilte ihm bis nach China voraus. Denn es heißt, Fu Jian (苻堅), Herrscher der Früheren Qin, 前秦 (351–394), einer der vielen Fremdherrscher im Norden Chinas, habe seinen General Lü Guang (呂光) ausgesandt, Kucha zu erobern, um Kumājajīva in seine Hauptstadt Chang'an zu bringen, auf dass er dort den Übersetzerstab des Mönches Dao'an, 道安 (312–385), den er zuvor in seinen Machtbereich geholt hatte, ergänze.

Bevor Kumājajīva jedoch in Chang'an eintraf, übernahm dort die Familie Yao (姚) die Macht als Spätere Qin, 後秦 (384–417). Diese wollten die Übersetzungsprojekte zwar fortsetzen, aber General Lü Guang rief sich unterdessen selber zum Herrscher der Späteren Liang, 後凉 (386–403),

in seiner Einflusssphäre im Bereich der heutigen Provinz Gansu aus. Lü Guang seinerseits war selbst kein frommer Buddhist, erkannte aber den großen Wert von Kumājajīva. Er hielt Kumājajīva 16 Jahre lang gefangen und übertrug ihm eine Vielzahl von profanen Aufgaben. Yao Xing (姚興), der zweite Herrscher der Späteren Qin, griff schließlich seinerseits zu den Waffen, brachte Kumājajīva in seine Obhut und nahm ihn 402 mit nach Chang'an. Dort entfaltete Kumājajīva, der in der Zwischenzeit gelernt hatte, gut Chinesisch zu sprechen, zusammen mit einem Stab buddhistischer Mönche in den folgenden Jahren eine intensive und richtungsweisende Übersetzungstätigkeit, die im Team vollzogen wurde.

Bei der Übersetzung der buddhistischen Texte aus dem Sanskrit oder einer der zentralasiatischen Sprachen stand man vor dem Problem, dass man neue Begriffe mit vorhandenen chinesischen Schriftzeichen wiedergeben musste. In einer ersten Phase der Übersetzungstätigkeit waren buddhistische Vorstellungen oft mit inhaltlich verwandten Begriffen aus dem Daoismus wiedergegeben worden, was zu Doppeldeutigkeiten führte. Der weiter oben erwähnte Mönch Dao'an hatte sich daher für eine möglichst wortgetreue Übersetzungsmethode entschieden, die jedoch zu sperrigen Neologismen führte, wenn z. B. längere Sanskritbegriffe Silbe für Silbe mit den den jeweiligen Lauten entsprechenden chinesischen Zeichen verschriftet wurden. Es heißt, dass Kumājajīva nun so vorging, dass er seinem Übersetzerstab die Schriften Satz für Satz in ihrer Ursprungssprache vorlas und dann ins Chinesische übersetzte und bei Bedarf erläuterte. Dabei soll häufiger der Herrscher Yao Xing anwesend gewesen sein. Dann einigte man sich auf eine Übersetzung, verschriftlichte diese und ließ sie abschließend von einem Schriftgelehrten noch einmal auf Unklarheiten prüfen. Aus der Vielzahl von grundlegenden Werken, die aus dieser Übersetzungspraxis hervorgingen, ist besonders das »Lotus-Sutra« (*Miaofa lianhua jing,* 妙法蓮華經) zu nennen, eine der wesentlichen Schriften des Mahayana-Buddhismus.

Die wechselvolle Geschichte des Kumājajīva zeigt beispielhaft, wie sich während der Zeit zwischen dem Niedergang der Han-Dynastie und der Etablierung der Tang-Herrschaft, als China immer wieder in verschiedene Teilstaaten zerfiel, Herrscher des Buddhismus bedienten. Sie profilierten sich als dessen Patrone und bahnten damit dem

Buddhismus in China den Weg. Allerdings war dies keine durchgängige Haltung, da es auch zu Verfolgungen von Buddhisten (446–452 und 574–578) kam. Grundsätzlich bot sich der Buddhismus insbesondere den Fremdherrschern im Norden als ein integratives Gegengewicht zum vormals dominierenden Konfuzianismus an, nachdem der Buddhismus mehr und mehr im Volk Fuß gefasst hatte. Bis heute ist in Chinas Norden die künstlerische Kraft des Buddhismus fassbar, die sich in dieser Zeit entfaltete, in Form von überlebensgroßen, in den Fels gehauenen Buddha-Statuen, etwa in den Höhlentempeln von Longmen bei Luoyang oder denen von Yungang bei Datong – beide hauptsächlich errichtet unter der Herrschaft der Nördlichen Wei (386–534).

Die Höhlentempel von Mogao südöstlich von Dunhuang (敦煌), einer Oasenstadt im Westen Chinas an der ehemaligen Seidenstraße, vermitteln mit ihren zahlreichen farbenfrohen Malereien nicht nur anschaulich Vorstellungen zur Geisteswelt des Buddhismus, sondern bieten durch Darstellungen von Landschaften, Kampfszenen, Gesandtschaften, Architektur und vielem mehr auch profane Einblicke die damalige Lebenswelt. Die ursprünglich von Einsiedlern genutzten Grotten von Mogao, um die sich rasch Klöster gruppierten, umspannen Werke buddhistischer Kunst vom 4. bis zum 11. Jh.

Aber auch im Süden Chinas, wohin sich große Teile der Elite des Nordens im 4. Jh. geflüchtet hatten, wurde der Buddhismus rasch angenommen. Gelehrtenmönche wie Zhi Dun, 支遁 (314–366), oder Huiyuan, 慧遠 (334–416), genossen großes Ansehen in den Salons der Oberschicht. Infolgedessen wuchs die Zahl der Klöster mitsamt ihren Mönchen und Nonnen rasch an. Seinen Zenit erreichte der Buddhismus im Süden unter Liang Wudi, 梁武帝 (reg. 502–549), dessen Vorbild der indische Herrscher Asoka (304–232 v. Chr.) war. Zwar räumte Liang Wudi auch dem Konfuzianismus und Daoismus weiterhin ihren Platz ein, hielt sie aber im Grunde genommen für irrige Lehren.

Spätestens im 6. Jh. war der Buddhismus im Norden wie im Süden zu einem festen Teil der chinesischen Kultur geworden und in allen Gesellschaftsschichten fest verankert. Der Glaube an Karma und die Wiedergeburt bestimmte den volkstümlichen chinesischen Buddhismus, der sich durch Prozessionen und Tempelfeste eigene öffentliche Räume schuf. Neben den Klöstern waren zahlreiche Laienkongregationen entstanden, die durch die gegenseitige Unterstützung innerhalb der Gruppierung auch soziale Aufgaben übernahmen.

Die Blütezeit des Buddhismus

Mit der Überwindung der Teilung Chinas durch die Sui- (582–618) und die ihr nachfolgende Tang-Dynastie (618–907) erreichte der chinesische Buddhismus seine Blütephase. Zwar nahm er weiterhin durch die Pilgerreisen buddhistischer Mönche neue Impulse aus Indien und Zentralasien auf, gleichzeitig strahlte er aber auch vor allem auf Japan aus. China wurde unter der Herrschaft der Tang zum kosmopolitischen Zentrum Asiens. Der Buddhismus besaß zu jener Zeit eine integrative Strahlkraft.

Die Berichte buddhistischer Pilgerreisen nach Indien geben nicht nur Auskunft über das starke Bemühen chinesischer Mönche, das Ursprungsland des Buddha und des Buddhismus zu sehen und möglichst authentische Texte zu erlangen, sondern stellen wichtige Quellen über das alte Indien und die von den Mönchen bereisten Länder Zentral- und Südostasiens dar. Gleichzeitig können sie als wichtiger Teil der frühen chinesischen Reiseliteratur betrachtet werden und dienen bis heute als Vorlagen für Romane und filmische Umsetzungen.

Faxian

Auf der Suche nach Werken zu buddhistischen Ordensregeln (*Vinaya*) hatte sich schon zu Beginn des 5. Jh.s der Mönch Faxian, 法顯 (ca. 377 – ca. 422), auf den Weg nach Indien gemacht. In seinem »Bericht über die buddhistischen Königreiche« (*Foguo ji*, 佛國記) beschreibt er, wie er, ab 399 von Chang'an aus entlang der Seidenstraße, den Himalaya überquerend an die 30 Länder Zentralasiens und Nordindiens bereiste – darunter auch das indische Gupta-Reich mit der Hauptstadt Pataliputra (heute Patna) am Südufer des Ganges. Aus dem Gebiet des heutigen Kolkata am Golf von Bengalen machte er sich dann mit dem Schiff über Sri Lanka auf den Heimweg. Von dort gelangte er über Irrwege im Alter von 77 Jahren wieder mit dem Schiff nach China zurück.

Xuanzang

Seinem Vorbild Faxian eiferte der chinesische Mönch Xuanzang, 玄奘 (ca. 596–664), nach, der sich 629 trotz des kaiserlichen Verbotes ebenfalls auf den Weg nach Indien machte. Dunhuang meidend – schließlich hatte er keine Reiseerlaubnis – durchquerte er die Wüste Gobi und reiste dann über die Oasenstädte am nördlichen Rand der Wüste Taklamakan Richtung Samarkand und weiter über Bamiyan, wo einst die größten stehenden Buddha-Statuen der Welt zu finden waren, bis nach Indien. Dort besuchte er ebenfalls viele Orte Nordindiens und studierte an der im heutigen indischen Bundesstaat Bihar gelegenen buddhistischen Universität von Nalanda, dem damals größten Zentrum buddhistischer Gelehrsamkeit. Im Jahre 645 kam er nach 16 Jahren der Pilgerschaft und des Studiums der buddhistischen Lehre mit 657 buddhistischen Texten und 150 Reliquien über den Landweg wieder nach Chang'an zurück.

Dort angekommen fand er beim Tang-Kaiser Taizong (唐太宗) doch Unterstützung, sodass er sich der Übersetzung der mitgebrachten Texte widmen konnte. Auch er hinterließ einen Reisebericht, den »Bericht über die Westlichen Gebiete aus der Großen Tang-Dynastie« (*Da Tang xiyu ji*, 大唐西域記), der nicht nur für die Erforschung des Buddhismus von sehr großem Wert ist. Dass sich Xuanzang bis in die Gegenwart einer großen Popularität erfreut, beruht nicht zuletzt darauf, dass er einer der Hauptfiguren des Romans »Reise in den Westen« (*Xiyou ji*, 西遊記) wurde, der im 16. Jh. während der Ming-Herrschaft entstand.

Yijing

In der Nachfolge von Faxian und Xuanzang trat etwas später der Mönch Yijing, 義淨 (635–713), seine Pilgerreise nach Indien an. Dabei wurde er von einem Sponsor, in der Hoffnung, dadurch religiöse Verdienste zu sammeln, finanziell unterstützt. Auch für andere Sponsoren soll Yijing Seidenstoffe mitgeführt haben, um sie in deren Namen buddhistischen Klöstern zu spenden. Anders als seine Vorbilder reiste er beide Strecken über das Meer, da der Weg über Land, den vor ihm viele Pilger genommen hatten, aufgrund der instabilen politischen

Kapitel II

Lage blockiert war. Er startete daher von Guangzhou, dem heutigen Kanton, aus auf einem persischen Handelsschiff und gelangte nach Sumatra in das damalige Reich Srivijaya, wo ebenfalls ein großes Zentrum buddhistischer Gelehrsamkeit lag. Über verschiedene Zwischenstationen reiste auch er nach Nalanda, wo er über zehn Jahre verbrachte, bis er wiederum über Srivijaya mit dem Schiff nach China zurückkehrte. Dort wurde er schließlich von der dem Buddhismus sehr nahestehenden Kaiserin Wu Zetian, 武則天 (reg. 690–705), in der Hauptstadt Luoyang empfangen.

Yijing war kein so großer Nachruhm beschieden wie Xuanzang. Er hinterließ jedoch ebenfalls wertvolle Aufzeichnungen über seinen Aufenthalt in Srivijaya sowie kurze Biografien über zahlreiche andere Pilgermönche, die sich auf den Weg nach Indien gemacht hatten.

Die chinesischen Pilgermönche reisten zumeist in Gemeinschaft mit Händlern und über diese fand ein Großteil des regen Kulturaustausches in dieser recht kosmopolitisch geprägten Zeit der chinesischen Geschichte statt.

Amoghavajra

Mit zehn Jahren kam der in Samarkand geborene Amoghavajra (705–777), der einen aus Indien stammenden Vater und eine sogdische[2] Mutter hatte, nach China. Dort trat er in ein Kloster unter der Führung des indischen Mönches Vajrabodhi (670–741) ein, in dem der esoterische – auch als tantrisch bezeichnete – Buddhismus gelehrt wurde. In diesem kommt der Meditation oder der Visualisierung wie auch dem Rezitieren von Mantras und weiteren rituellen Handlungen eine elementare Bedeutung zu. Die Weitergabe des geheimen Wissens von Lehrer an Schüler spielt ebenfalls eine große Rolle.

Amoghavajra wurde durch die politischen Umstände der Zeit zurück in die Ursprungsgebiete des tantrisch-esoterischen Buddhismus geführt. Denn 741 mussten alle ausländischen Mönche China

---

2 Historische Region in Zentralasien, gelegen auf den Gebieten der heutigen Staaten Usbekistan, Tadschikistan, Kirgisistan.

verlassen und so begab sich Amoghavajra auf eine Pilgerreise, die ihn von Sri Lanka über weitere Stationen in Südostasien ebenso nach Indien führte. Nach Aufhebung der gegen die Buddhisten gerichteten Maßnahmen kehrte er reich beladen über den Seeweg nach China zurück. Dort setzte er seine religiösen Techniken auch gezielt für das Herrscherhaus ein, indem er nach dem Ende der Rebellion des An Lushan, 安祿山 (755–763), die die Herrschaft der Tang-Dynastie stark erschütterte, die Hauptstadt rituell reinigte und wiederholt esoterische Ritualpraktiken des tantrischen Buddhismus zur Stärkung des Heeres in den Feldlagern anwandte.

Kukai und Ennin

Die Vielfalt der buddhistischen Schulen in China und ihr intensives religiöses Leben zogen wiederum Pilger aus Japan an. Im Rahmen der diplomatischen Gesandtschaften von Japan nach China wurden meist auch Mönche ausgewählt, die dann einige Jahre in China ihr Wissen erweitern durften. Da die Überfahrten auf den nicht sehr seetüchtigen japanischen Schiffen – es waren kiellose Schiffe ohne Trennwände, die leicht kenterten und voll Wasser liefen – sehr gefährlich waren, erschien dies allerdings nicht allen ausgewählten Kandidaten erstrebenswert.

Zu den japanischen Pilgermönchen gehörten unter anderem Kukai, 空海 (774–835), und Ennin, 圓仁 (ca. 793–864). Kukai kam nach Chang'an in ein Kloster und widmete sich dort den tantrischen Lehren des esoterischen Buddhismus. Er gilt als der Begründer des japanischen Shingon-Buddhismus. Der japanische Mönch Ennin kam 838 mit einer Gesandtschaft nach China und studierte dort ebenfalls den esoterischen Buddhismus. Allerdings fiel sein Aufenthalt in die Zeit einer weiteren Buddhistenverfolgung von 844 bis 846 unter dem Tang-Kaiser Wuzong, 唐武宗 (reg. 840–846), in deren Folge er ausgewiesen wurde und China 847 verließ. Ennin führte ein Tagebuch, das überliefert wurde und anschaulich von seinen Reiseerfahrungen und seinen Eindrücken des Tang-Reichs berichtet. Auf diese Art wurde das Buch zu einer wertvollen Quelle über das damalige China.

Kapitel II

Buddhistische Schulen

Ein Charakteristikum dieser Phase des Buddhismus in China war die Etablierung von »Schulen« bzw. »Sekten« (*zong*, 宗), was wörtlich mit »Abstammungslinie« zu übersetzen ist. Grundlegend für die Schulen war oft ein bestimmtes Sutra. Unter den wichtigsten vier buddhistischen Schulen dieser Phase sind zu nennen:

- Die Tiantai-Schule (*Tiantai zong*, 天台宗), benannt nach einem Berg in Zhejiang, dem Sitz ihres vierten Patriarchen und eigentlichen Begründers Zhiyi, 智顗 (538–597), war eine der wichtigsten Schulen des Mahayana-Buddhismus in Ostasien, in deren Zentrum das Lotus-Sutra stand.
- Die Huayan-Schule (*Huayan zong*, 華嚴宗), die auf dem Avataṃsaka-Sutra bzw. »Blütenkranz-Sutra« (*Huayan jing*, 華嚴經) fußte, sank in China nach dem 10. Jh. zur Bedeutungslosigkeit herab. In Korea und Japan aber blieb diese Schule auch danach lebendig. Als einer ihrer bedeutendsten Patriarchen gilt Fazang, 法藏 (643–712), der ein Schüler des Pilgermönches Xuanzang war.
- Die Jingtu-Schule (*Jingtu zong*, 淨土宗) trägt in ihrem Namen den Begriff »Reines Land« und gehört damit zum Amitābha-Buddhismus, einer Ausrichtung im Mahayana-Buddhismus, die den Amitābha-Buddha verehrt und deren Anhänger durch seine Anbetung auf eine Wiedergeburt im »Reinen Land« hoffen. Diesen Buddha verehrte man im Kult zusammen mit dem ursprünglich männlichen, später dann weiblich dargestellten Boddhisattva Guanyin, 觀音 (Avalokiteśvara), dem Boddhisattva des universellen Mitgefühls. In ihrer weiblichen Form wurde sie zur beliebtesten Figur des ostasiatischen Buddhismus und wird bis heute im Volksglauben als Göttin verehrt.
- Einen ganz anderen Weg nahm der Chan-Buddhismus. Sein Ursprung ist nicht klar zu rekonstruieren. Chan (禪) ist im Japanischen als Zen bekannt und bezeichnet eine Meditationsschule des Mahayana-Buddhismus aus dem 7. Jh. Gegen Ende des 8. Jh.s vollzog sich eine Spaltung in eine nördliche Schule, die das Studium der Schriften betonte, während die südliche Schule der plötzlichen Erleuchtung große Bedeutung zumaß.

Der Staat und der Buddhismus

Das Verhältnis zwischen den Herrschenden und dem Buddhismus bzw. seinen Trägern ist über den Verlauf der chinesischen Geschichte als wechselvoll zu bezeichnen. Das Zölibat und die Klöster mit ihrem Anspruch auf Freiheit von staatlicher Aufsicht ließen sich nicht gut mit konfuzianischen Vorstellungen in Einklang bringen, sodass es im Verlauf der Zeit immer wieder zu Spannungen mit der Obrigkeit kam. Die Klöster stellten zudem wichtige Wirtschaftsfaktoren dar. Weltlichen Vorbildern nachempfunden, verfügten viele Klöster über Ländereien samt Familien von Abhängigen. Die Mönche und Nonnen, die sich in die Klöster begaben, gingen dem Staat als Arbeitskräfte und Steuerzahler verloren. Ebenso wurde von Steuerflucht durch fiktive Mönchsweihen oder durch fingierte Landverkäufe an Klöster berichtet. Tatsächlich besaßen die Klöster in dieser Zeit ausgedehnte Berg- und Ackerflächen, betrieben beispielsweise sehr erfolgreich Ölpressen sowie Wassermühlen und häuften zum Teil große Reichtümer an. Wirtschaftliche und politische Gründe spielten somit bei den Verfolgungen von Buddhisten während der chinesischen Geschichte durchaus eine Rolle.

So wandte sich Kaiser Taiwudi, 太武帝 (reg. 424–451), der Nördlichen Wei, nach einer Zeit, in der der Buddhismus im Norden generell große Unterstützung auch vom Staat genossen hatte, gegen den Buddhismus und ordnete 438 an, dass alle Mönche in den Laienstand zurückzukehren hätten. Nachdem 446 während einer politisch instabilen Phase in mehreren Klöstern in Chang'an Waffen gefunden worden waren, argwöhnte er, die buddhistischen Mönche hätten sich seinem politischen Widersacher angeschlossen, was zur Verfolgung buddhistischer Mönche, zur Zerstörung ihrer Tempel und Bildnisse führte.

Nach der Aufhebung des Verbotes erholte sich der Buddhismus in China wieder, bevor es etwas mehr als ein Jahrhundert später wieder zu einer Krise kam. Kaiser Wu der Nördlichen Zhou, 北周武帝 (reg. 561–578), ließ von 569 bis 570 Vertreter des Daoismus und des Buddhismus in einer Debatte gegeneinander antreten und ordnete Berichte an, die darlegen sollten, welche der beiden Lehren für die Regierung des Staates geeigneter sei. Als Sieger gingen die Daoisten hervor, woraufhin die Zahl der buddhistischen Klöster stark begrenzt und die noch verbliebenen unter die Kontrolle des Staates gestellt wurden.

Auch unter der Tang-Herrschaft kam es zu Einschränkungen und Verfolgungen der Buddhisten. Der Tang-Kaiser Xuanzong, 唐玄宗 (reg. 712/713–756), favorisierte ebenfalls die Daoisten gegenüber den Buddhisten. Er ordnete die Rückkehr von 12 000 Ordinierten in den Laienstand an und verbot, buddhistische Bildnisse und Schriften anzufertigen. Zudem wurde immer wieder Kritik an der wirtschaftlichen und, damit einhergehend, der politischen Macht der Klöster laut. Der Tang-Kaiser Wuzong, 唐武宗 (reg. 840–846), ordnete 844 schließlich sogar die Einziehung des gesamten Klosterbesitzes an. Er erzwang die Säkularisierung der Klöster, womit die Mönche und Nonnen in den Laienstand zurückkehren mussten. Da diese Anordnungen bis auf wenige Ausnahmen umgesetzt wurden, gingen während dieser kurzen, aber intensiven Phase der Verfolgung des Buddhismus – bereits Wuzongs Nachfolger hob das Verbot wieder auf – viele Schulen mit Ausnahme der Chan-Schulen unter.

Der spätere Buddhismus in China

Mit dem Ende der Tang-Herrschaft kam es in China zu einem gesellschaftspolitischen Umbruch, bei dem die alte Adelsgesellschaft zugrunde ging und einer neuen von Beamten getragenen Herrschaft Platz machen musste. Obwohl der Buddhismus weiterhin einen festen Platz in der Volksfrömmigkeit behielt und Zusammenschlüsse buddhistischer Laien unter anderem in der Wohlfahrt aktiv tätig waren, so kam es doch zu einem geistigen Niedergang des Buddhismus in China, zumal es auch keine neuen Impulse aus Indien mehr gab und sich eine allmähliche Islamisierung Zentralasiens vollzog. Was folgte, war eine Renaissance des Konfuzianismus, wobei durchaus buddhistisches und daoistisches Gedankengut in diesen »Neokonfuzianismus« Einzug hielt. Von all den vorausgehenden Schulen des Buddhismus überdauerten bis in die Ming-Zeit (1368–1644) lediglich die Jingtu-Schule und die Verehrung der Guanyin, als Göttin des Mitgefühls, sowie der Chan-Buddhismus.

Die Mandschu-Herrscher der Qing (1644–1911) förderten den tibetischen Lamaismus, aber andere Schulen des Buddhismus entfalteten auch ihr Potenzial als eine Aufstandsreligion in Form von Geheimgesellschaften und messianischen Rebellionsgruppierungen. So sollen angeblich die in der Kampfkunst trainierten Mönche des Shaolin(少林)-Klosters, die den Chan-Buddhismus praktizierten, in den Fokus der Qing-Herrscher geraten sein. Es ist allerdings nicht leicht, die tatsächlichen Geschehnisse von den Legenden über heldenhafte kämpferische Mönche, die sich gegen die Unterdrückung und Ungerechtigkeiten wandten, abzugrenzen. Schließlich begegnete der Buddhismus gegen Ende der Qing-Dynastie im Süden Chinas der Zerstörungswut der Taiping-Rebellion (1851–1864).

DIE SUI EBNEN DEN WEG ZUM NEUEN EINHEITSREICH

So wie die kurzlebige Qin-Dynastie im 3. Jh. v. Chr. eine Basis für die nominell über vier Jahrhunderte bestehende Han-Herrschaft geschaffen hatte, ebneten die Sui, 隋 (581–617), den Tang-Herrschern den Weg für ihr beinahe über drei Jahrhunderte währendes Reich.

Der Dynastiegründer der Sui (581–617) war ein typischer Vertreter der nördlichen Elite, deren Söhne unter den wechselnden Fremdherrschern Dienst taten und sich mit diesen durch Heiratsallianzen verbanden. Yang Qian (楊堅), der spätere Sui Wendi, 隋文帝 (reg. 581–601), war ein hoher General unter den Nördlichen Zhou (557–581), deren Armee er gegen die Nördlichen Qi (550–577) führte, wodurch der Norden Chinas wieder vereint wurde.

Als Anerkennung seiner Verdienste durfte er seine Tochter mit dem Thronfolger Yuwen Yun (宇文贇) vermählen, was sich jedoch durchaus als Gefahr erwies. Als dieser den Thron bestiegen hatte, machte er zwar die Tochter des Yang Qian zu seiner Kaiserin, gleichwohl war er gegenüber Yang Qian argwöhnisch, wandte sich schließlich auch gegen die Kaiserin und drohte die ganze Yang-Großfamilie auszulöschen. 579

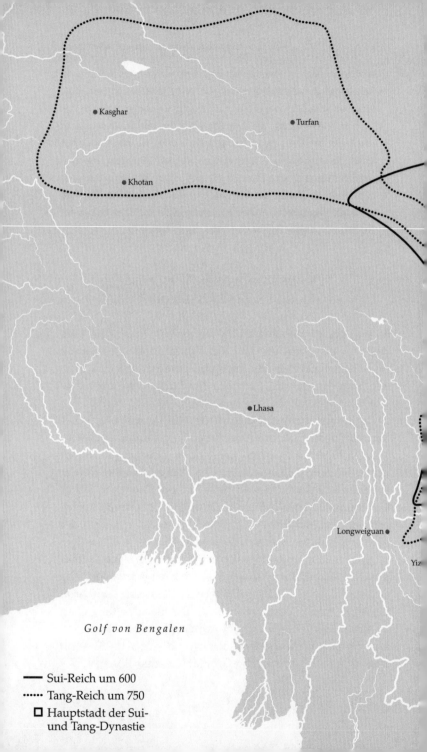

starb Yuwen Yun jedoch unerwartet und Yang Qian wurde zum Regenten des neuen Kind-Kaisers. Wie so häufig in der chinesischen Geschichte trachtete auch dieser Regent nach der Macht und beseitigte in einer kurzen, gewaltvollen Phase alle ihm im Weg stehenden Militärs und Prinzen. Kurze Zeit später ergriff er dann selbst die Macht und nach einer inszenierten Abdankung des Kind-Kaisers proklamierte er 581 die Sui-Dynastie. Nur wenige Jahre später ergab sich dann Chen (陳), der letzte der Staaten des Südens, nachdem die Machtübergabe über Flugblätter in einer Art psychologischer Propagandaschlacht angekündigt worden war.

Sui Wendi startete ein großes Bau- und Reformprogramm. Unter ihm begann der Bau der neuen Hauptstadt »Großer Neubeginn / Erfolg« (Daxing, 大興), die unter den Tang in »Langer Friede« (Chang'an, 長安) umbenannt wurde und heute unter dem Namen Xi'an, »Westlicher Friede« (西安), den sie seit der Ming-Zeit trägt, bekannt ist. Zwar lagen in dieser Region auch schon Hauptstädte der Zhou, der Qin sowie der Han-Dynastie, dennoch handelt es sich nicht um eine Stadt, die sich aus einer bereits bestehenden Siedlung entwickelt hat. Bedingt durch die überwiegende Verwendung von Holz anstelle von Stein, wie er in der europäischen Antike Verwendung fand, kam es häufig zu weitgehenden Zerstörungen von Städten, insbesondere als Folge militärischer Auseinandersetzungen. Zudem wurde einer geplanten Neuerrichtung einer Hauptstadt auch eine Symbolkraft für die neue Dynastie zugemessen. Als zweite Hauptstadt fungierte neben dem neu gegründeten Daxing erneut Luoyang etwas weiter im Osten.

Von sehr langfristiger Wirkung war das zweite große Monumentalprojekt der Sui-Zeit, der Große Kanal, der auch Kaiserkanal genannt wird. Dabei handelt es sich streng genommen nicht um einen einzigen Kanal, sondern um ein Kanalsystem, das die beiden Hauptstädte miteinander und über einen langen Kanal mit dem Bohai-Meer im Norden

Chinas verband. Vor allem aber wurden durch die Anbindung des Südens von Hangzhou aus die Reiskammern des Reiches über weitere Kanäle erreichbar gemacht. Gleichzeitig errichtete man entlang des Kanalsystems Wege, ebenso wie Reisspeicher und Verladestationen. Höhenunterschiede mussten die Schiffe über Rampen und Rutschen überwinden. Im 10. Jh. wurde dann in China die Schiffsschleuse entwickelt, was den Transport wesentlich vereinfachte.

Bei seiner Bodenreform orientierte sich Sui Wendi an dem Vorbild der Nördlichen Wei-Dynastie. Das Ziel dabei war, eine gerechtere Verteilung der Ackerflächen umzusetzen, vor allem jedoch eine solide Basis der Staatsfinanzen zu etablieren.

Auch auf dem Gebiet der Verwaltung und des Rechts legte die Sui-Dynastie die Basis für ihre Nachfolger. Sechs Ministerien, die für die Beamten, die Finanzen, die Riten, die Armee, die Justiz und öffentliche Arbeiten verantwortlich waren, formten das Rückgrat der Zentralverwaltung. Beamte wurden in größerem Umfang durch ein Prüfungssystem, das auf Nominierungen durch die Bezirke fußte, rekrutiert.

Zu den großen Leistungen des Sui Wendi zählt darüber hinaus die Durchführung einer Rechtsreform. Dieser neue Kodex bekam den Namen der Regierungsära Kaihuang, 開皇 (581–600), während der er verfasst wurde. Er ist zwar heute nicht mehr erhalten, doch der ihm nachfolgende und bis heute überlieferte Kodex der Tang basiert auf ihm. Im Wesentlichen handelt es sich um eine Systematisierung und Vereinfachung der bis dato angewandten Gesetze. Auch wurden zahlreiche grausame Verstümmelungsstrafen, etwa das Vierteilen mittels Wagen wie auch die Hinrichtung aller Nachfahren eines Straftäters, die bisher Anwendung gefunden hatten, gestrichen. Fortan gab es neben der Todesstrafe in Form der Strangulation oder des Köpfens die Verbannung, die auch in Arbeitsdienste, eine Gefängnisstrafe sowie zweierlei Formen der Prügelstrafe umgewandelt werden konnte.

Kapitel II

Sui Wendi gilt als fleißiger, autoritärer Herrscher, der von legalistischen Prinzipien geleitet wurde. Auf der anderen Seite war er frommer Buddhist, genau wie seine Gemahlin, Dugu Qieluo, 獨孤伽羅 (544–602), die ihm als aktive Vertraute und Beraterin zur Seite stand. Sie waren schon als Jugendliche verheiratet worden und er hatte ihr versprochen, keine Konkubinen neben ihr zu haben. Dies stellte unter den Kaisern Chinas eine große Ausnahme dar und verdeutlicht die starke Bindung der Ehepartner sowie die Macht der Kaiserin. Im Urteil der Geschichtsschreiber erfüllt sie dennoch das negative Bild vom schlechten weiblichen Einfluss auf die Regierung. Zwar wird sie als extrem bescheiden und sparsam dargestellt, am Ende soll sie jedoch zur Absetzung des eigentlichen Thronfolgers zugunsten eines ihrer anderen Söhne, des späteren Sui Yangdi, 隋煬帝 (reg. 604–618), beigetragen haben. Unter diesem allerdings fand die Sui-Dynastie bereits ihr rasches Ende.

Verheiratet mit einer Frau aus dem Süden, hatte Sui Yangdi selbst dort mehrere Jahre verbracht und bemühte sich zu Beginn seiner Herrschaft besonders um die Unterstützung des dortigen Gebietes. Während der Zeit der Teilung hatten sich der Norden und der Süden kulturell immer weiter voneinander entfernt. Der Buddhismus erwies sich nun aber als eines der verbindenden Elemente. Sui Yangdi sprach aber auch gezielt die Gelehrtenelite aus dem Süden des Reichs an, indem er sie in den Dienst nahm, um die kaiserliche Bibliothek zu reorganisieren. Als Hauptstadt wollte er im Gegensatz zu seinem Vater das etwas zentraler gelegene Luoyang beziehen.

Die Baumaßnahmen dort sowie die Arbeiten am Kanalsystem belasteten jedoch die Bevölkerung in hohem Maße. Mehrere erfolglose Feldzüge gegen das Königreich Goguryeo, im Norden des heutigen Korea, wie auch Niederlagen gegen die Göktürken, deren Stammesverband sich zeitweise vom Kaspischen Meer bis zur Mandschurei erstreckte, trugen dann zu Sui Yangdis Untergang bei.

Ausgerechnet als es angesichts all der Belastungen im Jahr 610 zu Bauernaufständen kam, denen sich ebenso Mitglieder der Elite des Nordwestens anschlossen, brach Sui Yangdi zu einer Vergnügungsreise in den Süden auf. Damit war das Maß offenbar voll, und einer seiner Heerführer, Li Yuan, 李淵 (566–635), übernahm die Herrschaft und begründete die Tang-Dynastie.

Das Tang-Reich

Die Herrschaft der Tang (618–907) wird oft als Goldenes Zeitalter bezeichnet. Ihr Reich wurde zum politischen und kulturellen Zentrum Ostasiens, dessen Einfluss bis weit in den Westen Zentralasiens und nach Osten bis Korea und Japan reichte. Auf dem von Ferdinand von Richthofen (1833–1905) später als »Seidenstraße« bezeichneten Wegenetz herrschte emsiger Handel. Mit den beiden Hauptstädten Chang'an und Luoyang besaßen die Tang kosmopolitische Zentren, in denen sich Gesandtschaften, Händler und Pilgermönche anderer Länder einfanden. Insbesondere Chang'an übte eine große Vorbildfunktion aus. Bis in die Gegenwart erinnert die Anlage des japanischen Kyoto in vielem an Chang'an, so wie es die Sui geplant und die Tang fortgesetzt haben. Darüber hinaus schufen die Tang auf den Gebieten der Verwaltung und des Rechts neue Standards und Klassikerausgaben. Sie bilden bis heute eine wichtige Basis für die Forschung. Mehr noch, bis heute lernt jedes chinesische Kind Gedichte der Poeten Du Fu (杜甫) (712–770) und Bai Juyi, 白居易 (772–849).

Bei näherer Betrachtung jedoch zerfällt die Herrschaft der Tang in zwei Phasen. Eine entscheidende Zäsur bildet der Aufstand des An Lushan, 安祿山 (755–763). Zwar hielt die kulturelle Blüte Chinas auch danach weiter an, jedoch wurden das Kaiserhaus sowie der Zentralstaat nachhaltig geschwächt.

Kapitel II

Der Aufstieg der Tang

Der Dynastiegründer Li Yuan, 李淵 (566–635), und spätere Tang-Kaiser Gaozu, 唐高祖 (reg. 618–626), entstammte der ranghöchsten Aristokratie des Nordens. Seine Familie war zudem über Heiratsverbindungen auch mit dem Adel der nördlichen Steppenvölker verbunden. Der Aufstieg und die Machtübernahme des Li Yuan folgte einem typischen Muster: Ursprünglich tat Li Yuan Dienst unter den Sui. Als diese zunehmend an Unterstützung im Volk und Macht verloren, kam es zum Putsch. Formal wurde zunächst noch ein Kind-Kaiser der Sui auf den Thron gesetzt und der noch lebende Sui Yangdi zum »Kaiser im Ruhestand« erklärt. Durch diese Maßnahmen war der Machtwechsel damit eigentlich faktisch bereits vollzogen. Im Falle des Li Yuan heißt es, er sei vor allem von seinem ehrgeizigen zweitältesten Sohn Li Shimin, 李世民 (598–649), angetrieben worden. Dieser war es denn auch, der später den eigentlichen Thronfolger in einen Hinterhalt lockte und tötete, worauf Tang Gaozu 626 abdankte und Li Shimin alias Tang Taizong, 唐太宗 (reg. 626–649), den Thron überließ.

Tang Taizong selbst gilt als ein hervorragender Heerführer. Ruhm brachte ihm insbesondere das mutige Vorgehen gegen die das junge Reich von Norden bedrohenden Osttürken ein. Während Li Yuan ähnlich wie die frühen Kaiser der Han versucht hatte, die Reitervölker des Nordens durch Tributgeschenke zu befrieden, setzte Tang Taizong auf Konfrontation. Bei den Osttürken handelte es sich um steppennomadische Verbände der Göktürken – von den Chinesen als Tujue (突厥) bezeichnet –, die sich Mitte des 6. Jh.s in eine östliche und eine westliche Gruppe aufgespalten hatten. Nach einem erfolglosen Angriff der Osttürken 630 auf chinesisches Territorium musste sich ihr Khan Tang Taizong unterwerfen. Der Kaiser selbst nahm den Titel »Himmlischer Khan« an, um die türkischen Truppen stärker an sich zu binden. Mit ihrer Hilfe stärkte er die Militärgarnisonen an der Nordgrenze und sicherte zudem die Hauptstädte Chang'an und Luoyang.

Im Westen nutzte er die Schwäche der Westtürken und dehnte so das Reichsgebiet der Tang entlang der Seidenstraße über Dunhuang bis nach Hami und Turfan aus, während weitere Oasenstaaten an der Wüste Taklamakan und darüber hinaus unter das Protektorat der Tang gelangten. Danach reichte der Einfluss der Tang bis an die Grenzen des im Untergang befindlichen Reichs der persischen Sassaniden.

Tangzeitliche Darstellungen bärtiger Kamelführer, die Tiere voll bepackt mit Gütern, versinnbildlichen noch heute anschaulich, wie sich die Handelskarawanen über den Landweg von Ost nach West und umgekehrt machten und dabei viel mehr als nur Seide, Gold, Glas, Gewürze, Parfum oder Wein mit sich brachten. So gelangte zudem neue Musik nach China und man übernahm aus dem Westen stammende Moden und Vergnügungen am Hof, wie zum Beispiel das Polo-Spiel aus dem Iran. Die Händler brachten zudem ihre Religionen mit und es bildeten sich Gemeinden von Nestorianern, Manichäern und Anhängern des Mazdaismus.

Kaiser Tang Gaozong, 唐高宗 (reg. 649–683), konnte die Expansionspolitik seines Vaters, Tang Taizong, zunächst erfolgreich fortsetzen. Ab 670 aber musste er auch Niederlagen gegen die Tibeter, die Khitan und die Reiche Silla und Balhae – chinesisch Bohai (渤海) – im Bereich des heutigen Korea hinnehmen.

Der Rechtskodex der Tang

In den Beginn Tang Gaozongs Herrschaftszeit fällt die Proklamation des neuen Tang-Kodex. Bereits der Gründerkaiser Tang Gaozu hatte 624 eine Überarbeitung des Rechtskodex angeregt, die unter seinem Sohn fortgesetzt und 652 mit der

Proklamation des neuen Kodex abgeschlossen wurde. Der so entstandene neue Rechtskodex gilt als ein Meilenstein in der Geschichte des chinesischen Rechts.

In der chinesischen Rechtsprechung lässt sich ein Prozess beobachten, durch den diese sich zunehmend von der legalistischen Idealvorstellung der Gleichheit aller vor dem Gesetz entfernte. Es folgten immer wieder Modifikationen, die das Strafrecht in Einklang mit der gesellschaftlichen Ordnung zu bringen versuchten, in der es klare soziale Hierarchien gab und die zumeist patriarchal-konfuzianisch geprägt war. Dadurch wurden die soziale Position und das Verwandtschaftsprinzip zu Ausgangspunkten bei der Strafbemessung sowie bei der Art der Bestrafung. In diesem Zusammenhang erklärt sich auch die Gewährung eines Freitods statt einer unehrenhaften Hinrichtung für bestimmte Würdenträger. Der Gesetzeskodex der Tang zeigt diese Entwicklung im Strafrecht in ausgeprägter Form. So spielten beispielsweise bei der Bemessung des Strafmaßes die fünf Trauergrade, die nach der Nähe und der Hierarchie zwischen Täter und Opfer fragen, eine entscheidende Rolle. Im gleichen Zusammenhang steht auch die Ausformulierung der »acht Privilegien« (*ba yi*, 八議), auf die sich Gruppen des Adels und der Beamtenschaft berufen konnten und die strafmildernd wirkten.

Der Kodex stützte sich dabei auf den vorausgehenden Kodex der Sui-Dynastie, der – wie weiter oben erwähnt – jedoch verloren ging. Entsprechend stammt aus der Tang-Zeit der älteste heute noch vollständig erhaltene Strafkodex in Gestalt des »Kommentierten Tang-Kodex« (*Tanglü shuyi*, 唐律疏議). Zusammen mit dem »Kompendium des Verwaltungsrechts der sechs Staatsabteilungen der Tang« (*Tang liudian*, 唐六典) übten diese Werke einen nachhaltigen Einfluss in ganz Ostasien aus.

Eine Frau auf dem Drachenthron

Die Herrschaft des Tang Gaozong blieb aber weniger aufgrund seiner eigenen Verdienste im Gedächtnis als vielmehr wegen des Einflusses, den seine spätere Kaisergemahlin Wu Zetian, 武則天 (625–705), ausübte, nachdem er mehrere Schlaganfälle erlitten hatte. Hinter dem Vorhang sitzend nahm sie an Audienzen teil, und im Volk wurden Kaiser und Kaiserin als die »Zwei Heiligen« (*er sheng*, 二聖) bezeichnet. Wu Zetian war ursprünglich eine der vielen Konkubinen im Harem seines Vaters gewesen. Nach dessen Tod wurde sie für eine kurze Zeit buddhistische Nonne, bis sie zurück an den Hof in den Harem des Tang Gaozong gelangte und sich dort 655 gegen die bisherige Kaiserin und andere Konkubinen durchsetzen konnte.

Als Tang Gaozong starb, gelangte für kurze Zeit ihr Sohn Tang Zhongzong, 唐中宗 (reg. 684 und 705–710), auf den Thron. Wu Zetian ließ ihn aber zugunsten seines jüngeren Bruders absetzen, der als Tang Ruizong, 唐睿宗 (reg. 684–690 und 710–712), in die Annalen einging. De facto verfügte Wu Zetian, die als sehr gebildet, kompetent, aber auch skrupellos galt, durch ihre Position als Kaiserinwitwe und Mutter des amtierenden Kaisers über eine enorme Machtfülle. Das Bild der Wu Zetian, die schließlich als Kaiserin Wu ihre eigene Dynastie Zhou, 周 (690–705), begründete und als einzige Frau in der chinesischen Geschichte den chinesischen Thron bestieg, ist durch eine männliche konfuzianische Geschichtsschreibung geprägt, die in Frauen am Hof zumeist eine Gefahr für die herrschende Dynastie sahen. Es ist also Vorsicht geboten im Urteil über diese Frau, die bis in die Gegenwart Stoff für zahllose Historienfilme und Romane bietet.

Vor dem Hintergrund fortgesetzter territorialer Expansion und den damit verbundenen Feldzügen zeichnen die Geschichtswerke ein Bild von Intrigen, Morden und Liebschaften im inneren Zirkel der Mächtigen der damaligen

Zeit. Neben Beamten und Eunuchen scheinen insbesondere religiöse Berater, seien es Daoisten oder buddhistische Mönche, sowie Wahrsager in Entscheidungsprozesse einbezogen worden zu sein. Im Vergleich zu späteren Zeiten verfügten die Prinzessinnen des Kaiserhauses wohl ebenfalls über diverse Mittel und nicht wenig Einfluss, sodass sie eine recht aktive Rolle im Geschehen einnehmen konnten.

Wu Zetian ging allerdings noch einen Schritt weiter, indem sie weitgehend offen agierte und sich schließlich 690 sogar zum »Kaiser« (*huangdi*, 皇帝) krönen ließ. Dies bedurfte allerdings einer guten Vorbereitung. So wurde unter ihrer Regentschaft 683 der Hof vom von Dürre geplagten Chang'an nach Luoyang, das am Kaiserkanal gelegen über eine bessere Logistik verfügte, umgesiedelt. Damit war allerdings das politische Zentrum von Westen weiter nach Osten verlagert, weg vom Stammland der Tang-Kaiserfamilie Li und der ihr verbundenen Adelsfamilien. Über anonyme Beschwerdeboxen bot sie dem Volk die Möglichkeit, an der normalen Bürokratie vorbei Kritik zu üben. Gleichzeitig baute sie eine Art Geheimpolizei auf, mit der sie gegen Gegner vorging. Wohl auch als Gegengewicht zum bisherigen Adel, der seine Stellung dem militärischen Ruhm verdankte, förderte sie das Prüfungswesen für Beamte, auf deren loyale Unterstützung sie baute. Dazu führte sie Reformen im Schulwesen durch. Sie ließ mehr Kandidaten und zudem solche, die nicht aus dem Adel stammten, zu den Prüfungen zu und legte damit einen Grundstein für ein Prüfungssystem, das unter der Song-Dynastie zu einer gänzlich anderen Gesellschaft führen sollte.

Unter ihrer Herrschaft wurde zudem der Buddhismus über den Daoismus erhoben, mittels dessen sich die Kaiserfamilie der Tang über ihren Familiennamen Li (李) bisher legitimiert hatte. Laozi, der Begründer des Daoismus, als deren Nachfahren sie sich sahen, soll nämlich ebenfalls diesen Familiennamen getragen haben. Kaiserin Wu hingegen tat sich durch großzügige Förderungen buddhistischer Übersetzungsprojekte, der Vervielfältigung von buddhistischen Schriften und der Errichtung von Bauwerken hervor. Sie legitimierte sich über eine buddhistische Prophezeiung und stellte sich als Buddha dar. So soll sie den Steinmetzen die Anweisung gegeben haben, die größte der Buddha-Skulpturen in den Höhlentempeln von Longmen, die Vairocana-Statue, mit ihren Gesichtszügen zu versehen.

Als die Kaiserin im Verlauf des Jahres 703 jedoch immer kränker wurde, formierte sich Widerstand in den Reihen der Familie Wei (韋), insbesondere in Person der Gemahlin des abgesetzten Tang Zhongzong. Diese setzten Tang Zhongzong 705 wieder in sein kaiserliches Amt ein und zwangen seine Mutter Wu Zetian zur Abdankung, die daraufhin an ihrer Erkrankung verstarb. Tang Zhongzong konnte sich jedoch nur wenige Jahre auf dem Thron behaupten. Seine eigene Gemahlin soll ihn, angesichts gegen sie erhobener Vorwürfe in Bedrängnis geraten, vergiftet haben, um dann ihren eigenen Sohn einzusetzen. An diesem Punkt der Entwicklung griff nun allerdings Li Longji (李隆基), ein Enkel von Kaiserin Wu und Sohn des vormaligen Kaisers Tang Ruizong, in die Machtkämpfe ein. Nach einer kurzen Wiedereinsetzung seines Vaters bestieg er schließlich selbst als Tang Xuanzong, 唐玄宗 (reg. 712/713–756), den kaiserlichen Thron.

Die Blütezeit der Tang

Die Herrschaft des Tang Xuanzong gilt als Blütezeit der Tang und endete mit einer Krise, von der sich die Tang nie wirklich erholten. Der Wohlstand basierte zu dieser Zeit auf dem zentralisierten Regierungs- und Steuersystem, das seinerseits auf einem System der Landzuteilung beruhte. Steuern mussten in Form von Geld oder Seide entrichtet werden. Zusätzlich waren Arbeitsdienste zu verrichten. Tang Xuanzong war um die Stabilität des Reiches aktiv bemüht, indem er Infrastrukturprojekte wie Straßen und Kanäle pflegte, die Steuerregister überprüfen ließ sowie der Gelehrtenelite mit der »Pinselwald-Akademie« (*Hanlin yuan*, 翰林院) einen speziellen Ort gab und sich so einen besonderen Beraterstab sicherte.

Unter Xuanzong gewann auch der Daoismus wieder an Bedeutung. 733 verfügte er, dass alle Haushalte über eine Ausgabe des *Daodejing* verfügen sollten, und setzte diese Schrift auch auf die Liste der Prüfungstexte, die vornehmlich konfuzianisch geprägt war. Das Prüfungscurriculum wurde zudem um die Komposition von Dichtung erweitert. Andere Prüfungen zielten darauf ab, die Kompetenzen in den Bereichen Kalligrafie, Recht und Mathematik zu testen. Der höchste allgemeine Prüfungsgrad war der des »Doktors« (*jinshi*, 進士), den aber nur sehr wenige erlangten. Darüber hinaus gab es noch kaiserliche Sonderexamina.

Tang Xuanzong selbst wird als talentierter Maler und Dichter, Sammler, begnadeter Reiter und Pferdenarr geschildert. An seinem Hof war alles, was exotisch war, *en vogue:* Musiker und Tänzerinnen aus Zentralasien, Feuerschlucker, Akrobaten, Schlangenbeschwörer aus dem fernen Westen und Indien und, nicht zu vergessen, Speisen und Getränke aus fernen Ländern, serviert auf exotisch inspiriertem, aufwendig verziertem Geschirr. Die Damen kleideten sich in fremdländisch anmutende Trachten. Der Adel feierte rauschende Feste, bei denen ausgiebig gebechert und gedichtet wurde. Neben dem Traubenwein, der in der Tang-Zeit an die Seite des Reisweins und der Schnäpse aus Hirse trat, begann auch die Teeleidenschaft der Chinesen zu erblühen. Allerdings handelte es sich damals nicht um lose Blätter, sondern um zu Ziegeln gepressten unfermentierten Tee, der dann wieder pulverisiert und in gesalzenem Wasser gekocht wurde. Beliebt war der Tee ebenso in den Klöstern, half er doch, beim Meditieren wach zu bleiben. Neben Seide und Porzellan avancierte Tee in dieser Zeit zu einem der wichtigsten Exportgüter Chinas.

Einblick in das Leben der Tang bieten uns bis heute die Dichtung und Erzählliteratur der Zeit, aber auch die farbenprächtigen Wandmalereien in den Gräbern der Adeligen. Besonders in der Dichtkunst sowie in der Briefliteratur wird das Individuum in seiner ganzen Emotionalität greifbar. Bis heute faszinieren Schriften über das Übernatürliche, in denen die Grenze zwischen Tod und Leben sehr fließend sind. Sie entstanden zwar bereits im 3. Jh., erfreuten sich aber gerade im städtischen Umfeld der Tang durch die professionellen Geschichtenerzähler einer immer größeren Beliebtheit. An die Seite der Manuskripte traten dann vereinzelt unter der Tang-Herrschaft auch Drucke, die zuerst der Vervielfältigung buddhistischer Schriften dienten.

Die schöne Konkubine und der General An Lushan

Die Krise der Tang scheint – wie so oft in der chinesischen Geschichte beschrieben – in Gestalt einer schönen Frau gekommen zu sein. Sie nahm ihren Ausgangspunkt in der tragischen *amour fou* des bereits 60-jährigen Tang Xuanzong zu seiner »Kostbaren Konkubine Yang«, wie Yang Guifei, 楊貴妃 (719–756), übersetzt werden kann. Für sie war ihm nichts zu teuer. Es heißt, 700 Handwerker sollen allein zur Herstellung ihrer edlen Textilien beschäftigt gewesen sein, und der Kaiser habe, um ihre Vorliebe für Lychees zu befriedigen, diese mit kaiserlichen Reitern, die Tag und Nacht unterwegs waren, aus dem Süden Chinas herbeitransportieren lassen. Wäre weiter nichts geschehen, hätte man allenfalls über die blinde Verschwendung des Kaisers in den Geschichtswerken gelesen.

Nun hatte aber Li Linfu, 李林甫 (gest. 753), der langjährige Kanzler des Kaisers, zur Sicherung des eigenen Machtmonopols zahlreiche politische Gegner aus dem Tang-Adel ausgeschaltet. Um keine Konkurrenten erstarken zu lassen, vergab er zudem militärische Schlüsselposten an ausländische

Heerführer. Dabei war die Lage an den Grenzen des Tang-Reichs ausgesprochen instabil, da zunehmend starke Gegner auftraten. Mitte des 8. Jh.s formte sich in der heutigen Provinz Yunnan an der Südgrenze Chinas das Königreich Nanzhao (南詔). Im Norden wurde das zweite Reich der Göktürken in der mongolischen Steppe durch eine sogdisch beeinflusste uighurische Konföderation abgelöst, und die Konflikte mit dem Königreich Tibet im Westen nahmen deutlich zu. Noch weiter im Westen erhoben sich die Abbasiden und trafen schließlich in der Schlacht am Talas 751 in der Grenzregion des heutigen Kirgisistan und Kasachstan auf die Truppen der Tang. Für die Tang-Dynastie endete die Schlacht mit einer Niederlage, womit auch die Ausdehnung des chinesischen Einflusses nach Westen ein Ende fand. Längerfristig bedeutsam war, dass fortan der Islam nach und nach den bisher dominierenden Buddhismus in Zentralasien verdrängte.

Einer der ausländischen Heerführer, der in die Dienste der Tang trat und dort eine steile Karriere machte, war der sogdisch-türkische Heerführer An Lushan, 安祿山 (703–757). Trotz wiederholter militärischer Niederlagen avancierte er schließlich zum Statthalter der nördlichen Provinzen. Tang Xuanzong vertraute ihm scheinbar blind und er stand derart hoch in der Gunst der Yang Guifei, dass sie ihn zu ihrem Adoptivsohn machte. Böse Zungen argwöhnten hingegen, sie hätten ein Verhältnis gehabt. Indes sollte man wohl eher den Kanzler Li Linfu und seine Personalpolitik für die Krise der Tang verantwortlich machen.

Nachdem Li Linfu 753 verstorben war, erhob der Kaiser Yang Guozhong, 楊國忠 (gest. 756), den Cousin der Yang Guifei, zum Kanzler. Yang Guozhong bemühte sich, nun seinerseits ein eigenes militärisches Gegengewicht zu An Lushan zu etablieren, scheiterte aber. Der Konflikt spitzte sich weiter zu, als der Kaiser An Lushan entgegen warnenden Stimmen zum Kommandanten der Kaiserlichen Gestüte machte, womit dieser die Versorgung der Kavallerie mit Pferden in der Hand hatte. Der Gefahr, die von Yang Guozhong gegen ihn ausging, bewusst, ging An Lushan 755 in die Offensive. Mit der Erklärung, auf Befehl des Kaisers den »Verbrecher« Yang Guozhong niederzuwerfen, ritt er in einer Formation aus eigenen Truppen und Kriegern verbündeter Stämme nach Luoyang, das er rasch eroberte. Yang Guozhong und seine Verbündeten versuchten zwar An Lushan aufzuhalten, zerstritten sich jedoch, sodass An Lushan 756 auch Chang'an einnehmen konnte. Der Kanzler hatte dort bereits Vorbereitungen für eine Flucht getroffen, sodass er sich mit Tang Xuanzong und dem Hofstaat in Richtung Sichuan aufmachte. Die Truppen, die den Kaiser eskortierten, hegten jedoch Groll gegenüber Yang Guozhong und töteten sowohl ihn als auch seine Familie. Danach bedrohten sie auch Tang Xuanzong und forderten von ihm, Yang Guifei hinrichten zu lassen. Der Kaiser sah in dieser Situation schließlich keinen anderen Weg mehr, als einen seiner treuen Eunuchen zu bitten, seine geliebte Yang Guifei zu strangulieren.

Mit der Flucht nach Südwesten ging auch die Herrschaft des Tang Xuanzong zu Ende. Während seiner Abwesenheit ernannte sich nämlich sein Sohn zum Kaiser und erklärte seinen Vater zum Kaiser im Ruhestand, was dieser letztlich akzeptierte.

Nach dem Aufstand des An Lushan

Die Folgen des Aufstandes waren weitreichend. Städte waren zerstört und ganze Landstriche entvölkert. Flüchtende Bauern schlossen sich zu Banden zusammen oder gerieten in die Abhängigkeit großer Familien. Auch an regelmäßige Steuereinnahmen, die der Staat für seine Handlungsunfähigkeit und Existenz benötigte, war erst einmal nicht zu denken. Tibetische Truppen setzten sich im Westen fest und bedrohten Chang'an. Zwischen 763 und 777 unternahmen sie sogar trotz eines Friedensvertrages jeden Herbst einen Beutezug in die Stadt.

Obwohl die von An Lushan ausgerufene Dynastie Yan, 燕 (756–763), keinen Bestand hatte, nachdem er im Jahre 757 ermordet worden war, und trotz diverser Versuche im späten 8. und frühen 9. Jh., die Zentralregierung durch Steuerreformen und die Einführung staatlicher Monopole wieder zu stärken, erholte sich das Tang-Reich nie wieder vollständig von diesem Zusammenbruch. Militärgouverneure (*jiedushi*, 節度使) mit weitreichenden Befugnissen und Amtsvergaben auf lokaler Ebene ließen die Balance zwischen Zentrum und Peripherie aus dem Gleichgewicht geraten. Dazu kam die Unfähigkeit einiger der nachfolgenden Kaiser, Fraktionskämpfe innerhalb der Beamtenschaft sowie der zunehmende Einfluss der Eunuchen am Hof. Darüber hinaus gelang es dem Kaiserhaus nicht, die zunehmende Bodenakkumulation zu stoppen. Insbesondere die buddhistischen Klöster hatten sich – weitreichend von Steuern befreit – zu einem eigenen Wirtschaftsfaktor entwickelt und betrieben große Ländereien.

In einem intellektuellen Klima, das sich zunehmend kritisch gegenüber dem Buddhismus äußerte, begann daher Kaiser Tang Wuzong, 唐武宗 (reg. 840–846), schrittweise Maßnahmen gegen den Buddhismus umzusetzen. Anfangs verbot er buddhistische Feste, schließlich ging er zur Säkularisierung der Klöster über. Damit hatten, bis auf wenige Ausnahmen, alle Mönche und Nonnen die Klöster zu verlassen und in den Laienstand zurückzukehren, wodurch sie steuerpflichtig wurden. Dies galt ebenso für die große Zahl der Personen, die in der Abhängigkeit der Klöster Dienst getan hatten. Der Klosterbesitz wurde konfisziert und ging an den Staat. Obwohl die Klöster über großen Reichtum verfügt hatten, war dies nur eine kleine Finanzspritze für den maroden Staat.

Landflucht, korrupte Beamte und eine schlechte Moral im Militär boten einen guten Nährboden für Aufstände. Dazu gesellten sich quasi als Boten des Himmels, dass das

Herrschermandat der Tang erloschen war, Überschwemmungen am Kaiserkanal in der wirtschaftlich wichtigen Region des heutigen Jiangsu sowie Dürren und Heuschreckenplagen. Neben einer Reihe von Rebellionen an verschiedenen Stellen des Reiches war es der Aufstand des Salzhändlers Huang Chao, 黃巢 (876–884), der am Ende den Tang den Todesstoß versetzte. Diese Aufstandsbewegung wurde, so berichten die Quellen, nicht von meuternden Generälen oder Bauernführern, sondern von gebildeten Banditen geführt. Sie durchzogen das ganze Reich. Versuche des Kaiserhauses, sie durch Amnestien und die Vergabe von Posten zu befrieden, schlugen fehl. Zaudernd scheinen einige der Generäle der Tang gehandelt zu haben, indem sie militärische Konfrontationen mieden, um ihre eigenen Truppen zu schonen. So zog Huang Chao 880 in Luoyang – ohne es zu plündern – ein und eroberte 881 auch Chang'an, aus dem der Kaiser bereits geflohen war. Hier konnte er seine Soldaten jedoch nicht mehr zügeln und sein Versuch, eine eigene Dynastie zu begründen, endete im allgemeinen Chaos der Zerstörung. 885 kehrte der ins Exil geflohene Kaiser zwar zurück, musste aber bald wieder fliehen und auch seinem Nachfolger gelang es nicht, sich gegen die Separationstendenzen vieler Reichsteile zu behaupten.

Exkurs: Religiöser Daoismus

Die Unterscheidung zwischen einem philosophischen Daoismus (*daoxue*, 道學) und einem religiösen Daoismus (*daojiao*, 道教) stellt eine Vereinfachung dar. Sie trägt aber dem Umstand Rechnung, dass mit der zweiten Hälfte der Han-Dynastie eine Entwicklung einsetzte, die im Daoismus mehr sah als eine individuelle Geisteshaltung. Stattdessen etablierten sich regelrechte Volksbewegungen, die unter der Führung geistiger Lehrer auf die Schaffung von religiösen Praktiken und von Kirchen oder sogar auf eine radikale Veränderung der Gesellschaft hinarbeiteten – im letzten Fall häufig angeleitet durch einen Heilsbringer. Dabei lässt sich nicht immer klar entscheiden, welche Ereignisse wirklich dem historischen Verlauf entsprechen und wo eine später entstandene Hagiografie rückwirkend Vorgänge für sich in Anspruch nimmt.

So soll Laozi im Jahre 142 n. Chr. auf einem heiligen Berg in Chengdu (Provinz Sichuan) dem Eremiten Zhang Daoling (張道陵) alias Zhang Ling, 張陵 (34–156 n. Chr.), erschienen sein und ihm den Beginn einer Ära des »Großen Friedens« (*taiping*, 太平) verkündet haben. Zhang Daoling sah sich berufen, mit ausgewählten Anhängern diese neue Ära zu begründen. Es gilt in diesem Zusammenhang als gesichert, dass es ihm gelang, eine Gemeinschaft zu begründen, die ihren Haushalten für Notfälle der Allgemeinheit eine Steuer von fünf Scheffel Reis abverlangte, weshalb die Bewegung als »Fünf-Scheffel-Reis-Weg« (*Wudoumi dao*, 五斗米道) in die Geschichte einging. Dem Staat war die Gemeinschaft aufgrund ihrer Organisationsform, die eines Staates innerhalb des Staates nahekam, zwar ein Dorn im Auge. Doch löste sich im 2. Jh. n. Chr. die Zentralgewalt immer mehr auf, während sich die Bewegung unter dem Namen »Weg des Himmelmeisters« (*Tianshi dao*, 天師道) im gesamten Norden Chinas verbreitete und damit in der Folgezeit neben den seinerseits immer einflussreicheren Buddhismus trat.

Im Süden setzte sich hingegen die daoistische Tradition der individuellen mystischen Praxis fort. Grundlage dafür war der auf göttlicher Offenbarung beruhende »Klassikers der höchsten Reinheit« (*Shangqing jing*, 上清經), der zwischen den Jahren 364–370 von einem gewissen Yang Xi (楊羲) verfasst worden war. Die darin verwendeten Methoden der inneren und äußeren Alchemie hatten das Ziel der Langlebigkeit bzw. Überwindung der Sterblichkeit.

Inhaltlich dem Mahayana-Buddhismus Chinas mit seinen Vorstellungen vom Karma und den Kalpas – langen zyklischen Zeitaltern, die das Universum durchläuft, um zu entstehen und zu vergehen – durchaus ähnlich, wurden um 400 die sogenannten Texte der »Numinösen Kostbarkeit« (*Lingbao*, 靈寶) offenbart, die kollektive Rituale und Rezitationen, z. B. für Verstorbene, vorsahen. So entstand eine Liturgie, der daoistische Pantheon wuchs und mit ihm ebenso die Verehrung heiliger Berge. Die Weitergabe offenbarter Texte vom Lehrer an den Schüler formte Genealogien der jeweiligen Lehre. Unter dem Kaiser Ming, 明帝 (reg. 439–472), der Südlichen Song reichte der siebte Patriarch der Lingbao-Sekte, Lu Xiujing, 陸修靜 (406–477), im Jahre 471 solche Texte, die er für wahrhaftige Offenbarungen hielt, der kaiserlichen Bibliothek ein, wodurch im Verlauf des 5. bis 6. Jh.s ein erster daoistischer Kanon (*daozang,* 道藏*)* seine Form erhielt. Während der Sui-Dynastie (581–618) wurden auch die älteren, philosophischen Texte in den daoistischen Kanon integriert und dann unter ihren Nachfolgern, den Tang-Herrschern, an alle daoistischen Tempel verteilt, die sie im ganzen Reich etablierten. Gerade das *Daodejing*, das als der Text des Laozi gilt, erfuhr eine besondere Wertschätzung. Nicht zuletzt die Kaiserfamilie Li (李) berief sich darauf, von dem »Alten Meister«, wie der Titel Laozi zu übersetzen ist, abzustammen, da auch er den Familiennamen Li getragen haben soll. Dies war eine Strategie der Legitimation, mit der die Tang ihren Herrschaftsanspruch untermauerten. Damit ging der Daoismus unter den Tang eine enge Verbindung mit dem Hof ein, wo er zum Teil in offene Konkurrenz mit dem Buddhismus trat.

Mit dem Niedergang der Tang und der Renaissance des Konfuzianismus kam es einerseits zur Konkurrenz, andererseits zu neuen Synthesen im Denken. In den Handelsstädten südlich des Chang Jiang schlossen sich nach dem Niedergang der Tang daoistische Gemeinschaften vermehrt zu Tempelorganisationen (*hui,* 會) zur Verehrung lokaler Gottheiten zusammen. Das religiöse Gemeinschaftsleben ging dabei oft Hand in Hand mit sozialen und wirtschaftlichen Aspekten. Einige übten sich ebenso in der Kampfkunst und sammelten so »religiöse Verdienste« (*gongfu,* 功夫), ein Begriff, der heute für eine der traditionellen chinesischen Kampfkünste selbst steht. Manche Gemeinschaften bildeten sich in den Städten auch um bestimmte Berufsgruppen und die von ihnen verehrten Gottheiten, wo sie den Gilden vergleichbar zu einem wichtigen Element einer neuen Urbanität wurden. Erst mit der Machtübernahme durch die Song-Dynastie im 10. Jh. versuchte der Staat wieder mehr effektive Kontrolle über die hier genannten Gemeinschaften und deren Netzwerke von Tempeln und Märkten zu erlangen.

Mit der Gemeinde der »Vollkommenen Wahrheit« (*Quanzhen,* 全真), die sich wiederum Praktiken der »Inneren Alchemie« widmete, entstand im Nordosten Chinas im 12. Jh. ein neuer Orden, der seinen Anhängern das Zölibat auferlegte. Allerdings unterlagen seine Meister am Hof im Widerstreit um die Gunst des mongolischen Herrscher Khubilai den Buddhisten, worauf in der Folge alle daoistischen Werke außer dem *Daodejing* zerstört werden sollten. Unter den Ming (1368–1644) erstarkte jedoch der auf die Han-Zeit (206 v. Chr. – 220 n. Chr.) zurückgehende Orden der »Himmelsmeister« (*Tianshi,* 天師) wieder und ist trotz zeitweiliger Schwierigkeiten heute innerhalb und außerhalb Chinas wieder aktiv. Von ihm wurde dann zudem ein neuer daoistischer Kanon herausgeben. Mit Begründung der Qing (1644–1911) verschlechterte sich die Situation für die daoistischen Gemeinschaften wieder. Nur der Quanzhen-Orden wurde offiziell geduldet und durch staatliche Tempelgründungen gefördert. Die Vielzahl an lokalen daoistischen Gemeinschaften erregte den Argwohn der Qing, da sie in ihnen auch Ming-Loyalisten vermuteten, ebenso wie eine Verflechtung von daoistischen Gemeinschaften mit mafiaähnlichen Geheimgesellschaften (Triaden). Im 19. Jh. kam es erst im Zuge der Taiping-Bewegung (1851–1864) und dann durch die Reformbewegung von 1898 zu einer Welle der Zerstörung und Beschlagnahmung daoistischer Tempel. 1920 war der daoistische Kanon dann nur noch in zwei Exemplaren vorhanden.

Oft als Aberglaube diskreditiert, lebte gerade der volkstümliche lokale Daoismus weiter und so gibt es an der Küste Chinas und auf Taiwan bis heute Tempel zu Ehren der »Beschützerin der Seefahrer« (Mazu, 媽祖). Die Verehrung der ebenso als »Himmelskönigin« (Tianhou, 天后) bezeichneten daoistischen Muttergottheit führt sich auf eine im 10. Jh. verstorbene Fischertochter und die ihr zugeschriebenen Wundertaten zurück. Die Mazu-Verehrung kann im Zusammenhang mit einer allgemeinen Verweiblichung des Daoismus gesehen werden, in deren Rahmen die Zahl weiblicher Heiliger zunahm und Frauen sich immer aktiver in den Laienorganisationen einbrachten. Diese Laienorganisationen prägen bis heute das soziale Leben auf Taiwan. Aber auch in der Volksrepublik China ist es nach einer Zäsur durch die Kulturrevolution, die sich mit ihrem Beginn im Jahre 1966 gegen jede Tradition richtete und eine Welle der Zerstörung hinterließ, erneut zu einer Belebung des Daoismus gekommen.

Fünf Reiche

Die etwas über ein Jahrhundert dauernde Phase zwischen dem endgültigen Ende der Tang-Herrschaft im Jahre 907 und der Proklamation der Song-Dynastie (宋) im Jahre 960 durch General Zhao Kuangyin (趙匡胤) alias Song Taizu, 宋太祖 (reg. 960–976), ging als die Zeit der Fünf Reiche (Wudai, 五代) und Zehn Königtümer (Shiguo, 十國) in die chinesische Geschichtstradition ein. Bei den Fünf Reichen handelte es sich um kurzlebige Dynastien, die ihr Zentrum allesamt im Norden in der Ebene des Gelben Flusses hatten. Die scheinbar klare Abfolge von den Späteren Liang, 後梁 (907–923), zu den Späteren Tang, 後唐 (923–936), den Späteren Jin 後晉 (936–947), den Späteren Han, 後漢 (947–950), und den Späteren Zhou, 後周 (950–960), bis schließlich zur Song-Dynastie scheint der Idee einer direkten Übergabe des Herrschermandates geschuldet zu sein. Sie vermittelt aber nur ein unklares Bild von den tatsächlichen Machtverhältnissen, da gleichzeitig vor allem im Süden zehn weitere, größtenteils nebeneinander agierende Königreiche entstanden.

Das Ende der Tang war das Ergebnis der Schwäche des Kaiserhauses gegenüber der immer größeren Macht der regionalen Militärgouverneure und ihrer Konkurrenz untereinander. Den Stein brachte der Militärgouverneur Zhu Wen, 朱溫 (852–912), ins Rollen, als er 904 Kaiser Tang Zhaozong, 唐昭宗 (reg. 888–904), ermordete, dessen Sohn als Marionette auf den Thron setzte, ihn dann zwang, zu seinen Gunsten abzudanken, und schließlich 907 seine eigene, die Spätere Liang-Dynastie ausrief. Er brachte damit andere Militärs auf den Plan, die nun ihrerseits eigene Regime ausriefen. Für einige wenige Jahre stabilisierte Li Cunxu, 李存勗 (gest. 923), als Kaiser Zhuanzong der Späteren Tang, 後唐莊宗 (923–936), den Norden Chinas. Sein Ziel, dauerhaft die Tang-Herrschaft zu restaurieren, verfehlte er jedoch. Auch dem Gründer der Song-Dynastie, Zhao Kuangyin (趙匡胤), der lange unter den Späteren Zhou, der letzten der

Fünf Dynastien, Dienst geleistet hatte, gelang es nicht, an das Großreich der frühen Tang-Zeit anzuknüpfen. Gleichwohl setzte er einen dynamischen Prozess gesellschaftlicher Veränderungen fort, der bereits gegen Ende der Tang mit dem Niedergang des alten Adelssystems und einem freieren Wirtschaftsleben in den Regionen seinen Anfang genommen hatte.

Die neue Gesellschaft unter den Song

Während im heutigen China bei der Rückbesinnung auf die Song-Zeit immer noch etwas von dem Trauma der erzwungenen Verlagerung nach Süden wie auch der Machtlosigkeit gegenüber den Dschurdschen und dann den Mongolen mitschwingt, tritt die Song-Zeit im Westen vor allem als eine Zeit der kulturellen und gesellschaftlichen Blüte in Erscheinung. Die Urbanität, der Merkantilismus und vor allem die Wende von einer bis zur Tang-Zeit noch vom Adel geprägten Gesellschaft hin zu einem zivilen Staat, der auf den Schultern von Gelehrtenbeamten ruhte, lassen die Song-Zeit als Vertreter einer neuen Epoche erscheinen.

Die Song-Dynastie wird dabei in die Zeit der Nördlichen Song (960–1127) und die der Südlichen Song (1127–1279) geteilt, da der Hof nach der Niederlage gegen die Dschurdschen (Ruzhen, 女真) zur Flucht nach Süden gezwungen war. Dort bestand die Dynastie auf vermindertem Territorium bis zur Machtübernahme der Mongolen fort.

Die Nördlichen Song

Die Wiedererlangung eines vereinten Kerngebietes war eine der Hauptaufgaben des Dynastiegründers der Song. Jedoch zeichnen ihn die Geschichtswerke nicht als einen Mann der erfolgreichen Schlachten. Vielmehr soll er als ehemaliger

Die neue Gesellschaft unter den Song

General der Späteren Zhou den Thron nur mit Zögern und unter der Bedingung, dass dem damals minderjährigen Kaiser der Späteren Zhou kein Leid geschehen dürfe, angenommen haben. Diese Art eines friedlichen Übergangs entspricht einem Herrschaftsideal der chinesischen Geschichte, nämlich der Übergabe des Mandats an den Fähigsten, so wie es von den legendären Herrschern Yao, Shun und Yu der Frühzeit praktiziert worden sein soll.

Sicher ist aber, dass Zhao Kuangyin als General von der Gefahr wusste, die von den Militärmachthabern ausging. Deshalb vollzog der Dynastiegründer der Song einen Paradigmenwechsel und stellte fortan das Militär unter zivile Kontrolle. Anders als die Begründer der Han oder der Tang konnte er sich nicht auf bereits gelegte Grundlagen einer Vorgängerdynastie stützen. Allerdings bot dies auch die Chance eines Neuanfangs und fortan bildeten konfuzianisch geprägte Gelehrtenbeamte die Basis des Staates. Der alte Adel war in der Spätphase der Tang und während der Wirren der Übergangszeit von den Tang zu den Song bedeutungslos geworden, und an seine Stelle trat eine neue, lokal engagierte und durch Heiratsallianzen geformte Elite aus Beamten und aufstrebenden Kaufmannsfamilien. Das Herrscherhaus der Kaiser nahm keine so prominente Stellung mehr ein und die Beamten waren fortan nicht nur der Person des Kaisers, sondern vor allem dem Staat an sich verpflichtet.

Von Anfang an waren die Song von mächtigen Nachbarn und Gegnern umgeben. So wurde der Norden zuerst von den Khitan dominiert, die die Liao-Dynastie, 遼 (907/946–1125), gründeten. Sie wurden dann von den Dschurdschen, den Begründern der Jin-Dynastie, 金 (1115–1234), verdrängt. Weiter im Westen hatten die Song Kontakt mit den Tanguten, die die Xixia-Dynastie, 西夏 (1038–1227), formten. Im Südwesten grenzte das Territorium der Song an das der Tibeter, die wichtige Handelspartner im Tausch von Tee gegen Pferde waren. Ganz im Südwesten bestand im Bereich des heutigen Yunnan das stark vom Buddhismus

Kapitel II

geprägte Königreich Dali, 大理, welches wie das Song-Reich letztlich von den Mongolen erobert wurde.

Der Gründer der Song-Dynastie, Taizu (太祖), und sein Bruder, der ihm als Song Taizong, 宋太宗 (reg. 976–997), auf dem Thron folgte, gelten als vorbildliche Kaiser in der chinesischen Geschichte. Nachdem der Dynastiegründer seine Mitstreiter bei der Machtergreifung in friedlicher Weise bei einem Becher Wein davon überzeugt hatte, sich in die Peripherie zurückzuziehen und dort bis zu ihrem Lebensende ein komfortables Dasein zu führen, begann der Aufbau einer zentralisierten Zivilverwaltung, in der sich die beiden ersten Kaiser in außergewöhnlicher Weise selbst einbrachten. Der Einfluss kaiserlicher Ratgeber wurde zu Beginn der Song durch eine Finanzkommission und das Militärministerium eingeschränkt. Zudem gab es ein Zensorat, das eine unabhängige Evaluation der Verwaltung sichern sollte und das auch bis 1080 für die Beamtenauswahl zuständig war.

Beamte wurden durch reguläre und besondere Beamtenprüfungen ausgewählt. Dabei sollte statt der Herkunft allein die Leistung eines Kandidaten ausschlaggebend sein, indem möglichst objektive Prüfungsbedingungen geschaffen wurden. Examina fanden zuerst in der Präfektur, dann in der Hauptstadt und für besonders herausragende Kandidaten im Kaiserpalast statt. Beamte mussten im Gegensatz zur Tang-Zeit nicht lange auf ihre Ernennung warten und unterstanden dann engen Evaluationsregeln.

Reformen

Unter Song Zhengzong, 宋真宗 (reg. 997–1022), dem dritten Kaiser, erlangten dann die Beamten bei Hofe mehr direkten Handlungsspielraum. In den folgenden Jahren wuchsen zudem die Spannungen mit den Xixia und führten aufgrund eines erhöhten Militärbudgets und der Zahlungen, zu denen sich die Song gegenüber den Xixia vertraglich verpflichten mussten, zu einer Finanzkrise. Dadurch wiederum war der Staat dringend auf höhere Steuereinnahmen angewiesen. So schuf der Hofbeamte Fan Zhongyan, 范仲淹 (989–1052), angesichts der Bedrohung durch die Xixia einen Zehn-Punkte-Plan mit Schwerpunkten in der Beamtenrekrutierung, im Agrar- und im Finanzsektor.

Wesentlich radikaler waren die Reformkonzepte von Wang Anshi, 王安石 (1021–1086). Er forderte eine Erhöhung der Bezüge der Beamten, um Korruption einzudämmen. Das auf den konfuzianischen Texten basierende Curriculum wollte er zugunsten der Vermittlung von mehr Sachkenntnissen im Gebiet der Ökonomie, des Rechts und der Geografie ändern. Zudem sollte die Bildung, die oft in den Händen von Privatlehren in den Häusern der Elite oder Akademien lag, durch die Schaffung von mehr lokalen Schulen auf eine breitere Basis gestellt werden. Die Lage der Bauern wollte er durch eine geänderte Steuerpolitik, durch die Möglichkeit, Arbeitsleistungen durch Geldleistungen zu ersetzen, durch die Vergabe staatlicher Darlehen wie auch die Förderung landwirtschaftlicher Kenntnisse verbessern. Das übergreifende Ziel war die Stärkung des Song-Staates im zivilen sowie im militärischen Bereich.

Wang Anshi verlor seine Stellung, als Kaiser Song Shenzong, 宋神宗 (reg. 1067–1085), starb. Er wurde von seinem konservativen Kontrahenten Sima Guang, 司馬光 (1019–1086), abgelöst. Nachdem sich Wang Anshi mit seinen Reformen gegen die einflussreichen Großgrundbesitzer und reichen Kaufleute gestellt hatte, indem er einen stärkeren Staat forderte, machte Sima Guang viele Reformen rückgängig. Er glaubte an eine Verbesserung der Lage durch die Rückbesinnung auf konfuzianische Tugenden und schrieb ein umfassendes Geschichtswerk, den »Durchgehenden Spiegel zur Hilfe bei der Regierung« (*Zizhi tongjian*, 資治通鑑). Eine kurze Wiederaufnahme der Reformen des Wang Anshi im Jahre 1093 blieb wirkungslos und die sozialen Spannungen im Song-Staat nahmen weiter zu.

Kapitel II

Der Verlust des Nordens und die Flucht nach Süden

Unter dem achten Song-Kaiser Huizong, 宋徽宗 (reg. 1100–1126), kam es dann zum traumatisch empfundenen Verlust des Nordens. Kaiser Huizong hatte sich weit entfernt von den vorbildlichen Gründerkaisern der Song und überließ das Regieren korrupten Männern um den Kanzler Cai Jing, 蔡京 (1046–1126), während er selber in die Gartenkunst statt in die Verteidigung des Staates investierte. So gab er in der Hauptstadt Kaifeng (開封) einen Garten von über fünf Kilometer Umfang in Auftrag, mit einer künstlichen Felslandschaft, deren riesige Steine aus fernen Regionen des Reiches herbeitransportiert wurden. Noch fataler als die maßlosen Ausgaben war eine strategische Fehlentscheidung der Song. Sie planten, sich durch ein Bündnis mit den Dschurdschen der Khitan zu entledigen. Am Ende jedoch waren die Dschurdschen zwar den Khitan überlegen, zwangen aber zugleich mit der Etablierung ihrer Herrschaft die Song in die Flucht nach Süden.

Nachbarn und Kontrahenten: Khitan, Tanguten und Dschurdschen

Die Liao-Dynastie der Khitan

Die Khitan werden als entfernte Nachfahren der Xianbei angesehen, die einst das Reich der Nördlichen Wei (386–534) errichtet hatten. In einem Verdrängungswettkampf setzten sich die Khitan gegen andere Fremdvölker, die ebenfalls an der Nordgrenze des chinesischen Einflussgebietes lebten, durch. Das Kerngebiet der Khitan lag in der Mongolei und erstreckte sich bis in die Mandschurei, an die Grenzen des heutigen Korea. Ihre ursprüngliche Lebensweise war nomadisch geprägt und basierte auf der Viehzucht, Jagd und

Nachbarn und Kontrahenten: Khitan, Tanguten und Dschurdschen

Fischerei. Unter dem Stammesführer Abaoji (reg. 907–926) kam es zum Bruch mit der traditionellen Khitan-Ordnung, die alle drei Jahre die Bestätigung des Führers durch die Stämme vorsah. Stattdessen ließ er sich 916, ganz dem chinesischen Muster folgend, inthronisieren und bestimmte im Sinne der dynastischen Nachfolge seinen Sohn zum Thronfolger. Der Beginn der Liao-Dynastie wird unterschiedlich angegeben. Während ihn einige mit dem Beginn der Herrschaft Abaojis 907 gleichsetzen, sehen ihn andere mit der Übernahme des Dynastienamens »Große Liao« (*Da Liao,* 大遼) im Jahr 946 verwirklicht.

In enger Nachbarschaft mit nordchinesischen Bauern adaptierten die Khitan rasch zentralchinesische Institutionen und kulturelle Errungenschaften. So entstanden zwei an das Chinesische angelehnte Schriftsysteme. Einige Khitan begannen mit dem Ackerbau und gründeten Städte. Die Herrscherfamilie zog allerdings weiter in Zelten im Verlauf der Jahreszeiten von einer der fünf Hauptstädte zur anderen. Die Herrschaft der Liao wurde stark von Abaojis Gemahlin geprägt. Bei den Steppennomaden hatten Frauen oft wesentlich mehr Handlungsspielräume und Macht als bei den sesshaften Chinesen, und so führte sie selbst ein ganzes Reiterheer. Als ihr Gemahl starb, hätte sie ihm nach den Bräuchen der Khitan ins Grab begleiten müssen. Sie soll aber Berichten zufolge nur ihre rechte Hand geopfert haben und dominierte fortan die Politik des Reiches.

In ihrer Stellung wandte sie sich gegen den eigentlich vorgesehenen, in ihren Augen aber zu sehr sinisierten Thronfolger und trieb ihn in die Flucht. Der zweite, eher militärisch geprägte Sohn übernahm danach den Thron seines Vaters.

Nachdem die Khitan weitere Gebiete im Norden Chinas erobert hatten, teilten sie das so entstandene Reich in eine nördliche und eine südliche Region, die sie mit einer dualen Verwaltung für die Khitan und für die Chinesisch sprechende Bevölkerung regierten. Schließlich kam mit dem Liao-Herrscher Shengzong (遼聖宗) 982 ein sehr junger Herrscher auf den Thron, dem seine Mutter in der Regierung beistand. Die Song sahen darin eine Chance und griffen 986 die südliche Hauptstadt der Liao im Gebiet des heutigen Beijing an.

Die Beziehungen zwischen den Khitan und den Song waren lange freundlich gewesen. Als die Song aber im Jahre 979 den von einem Turkvolk geführten Staat der Nördlichen Han, 北漢 (951–979), einnahmen, der bislang unter dem Schutz der Khitan gestanden hatte, kam es zu Spannungen. Der erfolglose Versuch der Song, den Khitan mit Militärgewalt das Territorium um Beijing abzunehmen, verschärfte die Situation darüber hinaus zunehmend. Nach einer Schlacht im Gebiet des heutigen Henan mussten sich die Song im Friedensvertrag von Shanyuan (澶淵) 1004 zu beträchtlichen Zahlungen in Form von Seide und Silber verpflichten. Aber nicht nur die Zahlungen drückten auf das Selbstbewusstsein der Song, sondern ebenso die Sprachregelung des Vertrages, in dem sich die Herrscher in Form verwandtschaftlicher Beziehungen ansprachen. Darin wurde der Liao-Herrscher als der Ältere angesprochen, was für die Song eine Degradierung darstellte. Nichtsdestotrotz hielt der Vertrag über hundert Jahre, bis die Song ihn brachen, indem sie sich mit den Dschurdschen gegen die Liao verschworen. Darüber hinaus bildete er das Muster für einen ähnlichen Vertrag, den die Song 1044 mit den Xixia unterzeichnen mussten.

Unter dem Liao-Kaiser Shengzong begann eine wirtschaftliche und kulturelle Blütephase der Liao, nicht zuletzt bedingt durch den engen Austausch mit den Song. Die Khitan, die ursprünglich eine Reihe von Naturerscheinungen, insbesondere die Sonne, verehrt hatten, wandten sich in jener Epoche vermehrt dem Buddhismus zu. Noch heute ist die aus jener Zeit stammende, der Haupthalle des buddhistischen Fongong-Tempels vorgelagerte 67 Meter hohe Holzpagode von Yingxian (應縣) in Shanxi das älteste Holzbauwerk in China.

Nachbarn und Kontrahenten: Khitan, Tanguten und Dschurdschen

Es war schließlich ein anderes Volk aus dem Norden, die tungusischen Dschurdschen, welche die Khitan 1125 aus dem Norden Chinas verdrängten. Ein Teil der Khitan floh westwärts in ein Gebiet Zentralasiens, das heute auf den Territorien der Volksrepublik China, Kasachstans, Kirgisistans, der Mongolei, Russlands, Tadschikistans und Usbekistans läge. Dort konnten sich die »Qara-Khitai« als Westliche Liao, 西遼 (1124–1218), bis zum Beginn der Mongolenherrschaft etablieren.

Die Xixia-Dynastie der Tanguten

Die Führungselite der Xixia (西夏) bestand aus Tanguten, die der tibetobirmanischen Sprachgruppe angehörten. Es wird diskutiert, ob es sich bei ihren Vorfahren um die in den chinesischen Quellen Qiang (羌) genannten »Proto-Tibeter« handelte, von denen auch die Tibeter, die Birmanen und tibetobirmanischen Völkerschaften in den Grenzregionen Chinas und Tibets abstammen könnten. Tanguten lebten im 6. und 7. Jh. im Nordwesten Sichuans, wurden aber von den Tibetern nach Osten und Nordwesten abgedrängt, wo sie sich mit den Xianbei und Tuyuhun in den Bereich des südlichen Ordos-Gebiets (an der großen Schleife des Huanghe) verlagerten. 883 erhielt der tangutische Stammesführer Tuoba Sigong (拓跋思恭) vom chinesischen Tang-Kaiser den Titel »König von Xia« (Xia wang, 夏王). Als es nach dem Zerfall der Tang 907 zur schnellen Abfolge der Fünf Dynastien kam und die Khitan im Norden Chinas die Liao-Dynastie gründeten, formte sich im Westen unter der Führung des Tanguten Li Jiqian, 李繼遷 (reg. 982–1004), ebenfalls ein neuer Staat. 982 ging Li Jiqian mit der Unterstützung der Khitan gegenüber dem jungen Song-Staat in die Offensive. Von den Khitan wurde er als Generalgouverneur anerkannt und erhielt 986 eine Prinzessin der Khitan zur Frau. 997 eroberte Li Jiqian den ganzen südlichen Teil des Ordos-Gebietes. Vier Jahre später werden die Tanguten in den chinesischen Quellen erstmalig als »Westliche Xia« erwähnt. Neben der Song-Dynastie bestanden zudem Konflikte mit den Tibetern, auf deren Territorium in der Region Amdo Li Jiqian 1004 starb. Aber auch mit den Uighuren, die im Westen von Gansu um die heutigen Städte Zhangye und im Bereich Dunhuang siedelten, gab es Auseinandersetzungen.

In der Geschichtsschreibung herrscht Uneinigkeit, wann der Beginn des Xixia-Reiches angesetzt werden soll. Es werden vier Daten diskutiert: a) 982 mit Li Jiqian, b) 1004 mit Beginn der Herrschaft seines Sohnes Li Deming (李德明), c) 1032 mit dem Herrschaftsbeginn des späteren Kaisers Li Yuanhao (李元昊) oder d) 1038, als Li Yuanhao den Kaisertitel übernahm und damit Gleichrangigkeit gegenüber den Chinesen demonstrierte.

Fakt ist, dass es bereits 1006 zu einem Friedensvertrag zwischen den Xixia und den Nördlichen Song kam, in dem der Song-Kaiser Zhenzong den Xixia-Herrscher zum »König, der den Westen befriedet« (Xipingwang, 西平王) ernannte und damit indirekt die Eigenständigkeit der Xixia anerkannte.

Mithilfe chinesischer Berater formten die Xixia in der folgenden Zeit Institutionen nach chinesischem Vorbild und es entwickelte sich ein Hof in Xingzhou (興州), das dem heutigen Yinchuan (銀川) in der westlichen chinesischen Provinz Ningxia entspricht. Hier entstand zudem ein bis heute noch zu sehendes Netz an Bewässerungsanlagen. Zudem waren Salzgewinnung, Eisen- und Keramikherstellung wirtschaftlich von Bedeutung. Die Xixia prägten außerdem eigene Münzen, führten 1036 eine tangutische Schrift ein und etablierten ein Postsystem mit Kurierpferden zur besseren Kommunikation. Die Gesellschaft der Xixia war geteilt in Freie mit unterschiedlichen Rängen und Unfreie. Alle erwachsenen Männer waren zu Arbeits- und Militärdienst verpflichtet. An sich galten Tanguten, Uighuren, Chinesen und Tibeter als gleichberechtigt, im Zweifelsfall hatte jedoch der Tangute den Vortritt.

Ähnlich wie im Herrschaftsbereich der Liao-Dynastie wurde der Buddhismus Staatsreligion und buddhistische sowie daoistische Geistliche genossen einen besonderen Status. Vor der Annahme des Buddhismus waren die Tanguten vielfach Anhänger der tibetischen Bon-Religion und verehrten verschiedene Naturgötter. Selbst nach Übernahme des Buddhismus spielten die Schamanen weiterhin eine große Rolle. Sie brachten Brandopfer (Pferde, Rinder und Schafe) dar und hatten Einfluss sowohl bei Hofe als auch im Volk. Oftmals dienten sie auch als Medizinfachleute. Nachdem 1038 der Buddhismus zur Staatsreligion erhoben worden war, sollte der buddhistische Kanon in die tangutische Sprache übersetzt werden. Viele der Texte wurden zwar auf der Grundlage chinesischer Übersetzungen angefertigt, ab der zweiten Hälfte des 12. Jh. übertrug man aber auch viel aus dem Tibetischen ins Chinesische. Daher trägt der tangutische Buddhismus eine Mischung chinesischer und tibetischer Züge. Die Texte wurden von professionellen Schreibern in Klöstern geschrieben und mittels Holzdruck vervielfältigt.

Zu einem neuerlichen bewaffneten Konflikt (1040–1044) mit der Song-Dynastie kam es, als 1038 der amtierende Xixia-Herrscher von diesen die Anerkennung als Kaiser forderte, was man ihm aber verweigerte. Im daraufhin geschlossenen Friedensvertrag verzichtete der Xixia-Herrscher zwar auf den Kaisertitel, aber die Song mussten jährlich große Mengen Seide, Silber, Tee und Leinen zahlen. Der Xixia-Herrscher galt den Chinesen zudem fortan als jüngerer Verwandter des Song-Kaisers. Die Song empfingen daher bei offiziellen Anlässen zuerst die Liao, dann die Xixia, dann Abgesandte Koreas und dann solche aus Vietnam.

1042 kam es zu einem Angriff der Khitan auf das Gebiet der Xixia, was eine Annäherung der Song an die Xixia bewirkte, da die Song Verbündete gegen die Khitan suchten. Es folgte jedoch eine Phase der inneren Schwäche der Xixia. Als mit Li Qianshun, 李乾順 (1086–1139), 1100 wieder ein starker Herrscher auf den Thron gelangte, erlitten die Khitan 1125 durch die Dschurdschen eine Niederlage, die inzwischen eine eigene Dynastie, die Jin, 金 (1115–1234), gegründet hatten. Da sich allerdings auch die Song gegenüber den Jin als machtlos erwiesen, sahen sich die Xixia gezwungen, die Annäherung an die Jin zu suchen.

1139 gelangte Li Renxiao (李仁孝) auf den Thron der Xixia. Er hatte eine chinesische Mutter und es begann eine Phase der »Sinisierung«. Trotz einer größeren Revolte gegen ihn im Jahre 1143 gilt seine Herrschaft als eine wirtschaftliche und kulturelle Blütezeit. Sie erließen einen eigenen Gesetzeskodex und der Buddhismus florierte.

Gegen Ende des 12. Jh.s etablierten sich die Mongolen als neue Vormacht und drangen auch in das Xixia-Reich ein. Trotz der neuerlichen Gefahr gelang es den Xixia und Jin nicht, eine gemeinsame Abwehr zu organisieren. 1209/10 gelang es zwar den Xixia, einer ersten Belagerung ihrer Hauptstadt durch das Heer Dschingis Khans standzuhalten, doch der sich anschließende Tributfriede bürdete dem Staat eine enorme Belastung auf. Darüber hinaus gelang es den in Expansion begriffenen Mongolen, einen von 1214 bis 1224 dauernden Krieg zwischen dem Xixia-Reich und der Jin-Dynastie anzuzetteln. Letztlich waren es natürlich vor allem die Mongolen, die aus dieser Situation Profit schlugen. 1226 kam es zu einer Rebellion auf Seiten der Tanguten. Die Mongolen schlugen die Aufständischen zunächst in offener Feldschlacht und eroberten im Anschluss an ihren Sieg das gesamte Territorium des Xixia-Reichs. Im 13. Jh. entstand unter den Mongolen dann ein tangutischer Verwaltungsbezirk und im 14. Jh. folgte unter dem mongolischen Prinzen Ananda eine intensive Islamisierung der vormals buddhistischen Tanguten. Unter den Kaisern der späteren Ming- und Qing-Dynastie wurde ein Teil des ehemaligen Xixia-Gebietes in »Befriedete Xia« (Ningxia, 寧夏) umbenannt. Heute trägt das Gebiet die Bezeichnung »Autonomes Gebiet Ningxia der Hui-Nationalität«. Gegenwärtig leben dort viele der Chinesisch sprechenden Muslime Chinas.

Die Jin-Dynastie der Dschurdschen

Als besonders starker Gegner für die Song-Dynastie erwiesen sich – bis zu ihrer eigenen Niederlage 1234 gegen die Mongolen – die Dschurdschen. Sie waren ursprünglich in der östlichen Mandschurei beheimatet, bevor sie nach Westen abgedrängt wurden. Ihre Wirtschaftsgrundlage waren die Jagd, der Fischfang und der Ackerbau. Der Aufstieg der Dschurdschen begann mit der Bildung einer Konföderation im Jahre 1110. Kurze Zeit spät rief der Führer Aguda (reg. 1113–1123) die »Goldene« Dynastie aus, welche den chinesischen Namen Jin (金) trug. Im Falle der Jin war der Dynastiename nicht Programm wie bei den späteren Qing, deren Name »hell« bedeutet, sondern bezog sich auf einen tatsächlich Gold führenden Nebenfluss des Sungari.

Die Jin verdrängten die Liao von ihrer bisherigen Vormachtstellung in Nordchina. Zuerst sahen die Song in den Jin mögliche Alliierte gegen die Liao, bis sie schließlich selbst die Dominanz der Jin anerkennen mussten. 1125 belagerten die Jin erstmals die Hauptstadt der Nördlichen Song, Kaifeng. 1127 kehrten sie zurück, nahmen Kaifeng ein und den Song-Kaiser Huizong sowie seinen Sohn Song Qinzong, 宋欽宗 (reg. 1126–1127), samt Hofstaat gefangen. Der Rest der Song floh daraufhin in den Süden, wo sie letztlich Hangzhou zur neuen Hauptstadt ihres verbliebenen Reichs machten.

Am 11. Oktober 1141 wurde nach langen Verhandlungen ein Friedensvertrag zwischen den Jin und den Südlichen Song geschlossen. Den Fluss Huai (淮河) legte man darin als Grenze fest. Die Song mussten sich als Vasallen der Jin bezeichnen und einen hohen jährlichen Tribut an Silber und Seide liefern. Als versöhnliche Geste wurde hingegen die Überführung des inzwischen verstorbenen Song Huizong betrachtet. Aus Sicht der Song war der Friede jedoch teuer erkauft und blieb zudem brüchig. Trotzdem entwickelte sich ein reger Handel zwischen beiden Reichen über konzessionierte Grenzmärkte.

Kapitel II

Als brutaler Mörder ging der Jin-Herrscher Hailingwang, 金海陵王 (reg. 1150–1161), in die Geschichte ein, da er für seine Machtinteressen skrupellos gemordet haben soll. Er versuchte, einen zentralistischen Staat nach chinesischem Muster aufzubauen. Beijing wurde zur südlichen Hauptstadt ernannt und bekam den Titel Dajing (大京). Seine Politik rief jedoch Widerstand bei den »traditionellen« Dschurdschen hervor. Unter dem Jin-Kaiser Shizong, 金世宗 (reg. 1161–1189), kam es dann nochmals zu einer Blüte der Jin-Herrschaft. Der Buddhismus spielte auch im Jin-Reich eine große Rolle und die bereits unter den Liao rege Bautätigkeit wurde unter der Jin-Herrschaft weitergeführt.

Die Folgezeit war jedoch durch wiederholte Kriege aufgrund des Song-Revanchismus und der gleichzeitig erstarkten Mongolen gekennzeichnet. Rebellionen in Shandong und der Verlust der Mandschurei bewirkten, dass die Jin zwischen 1215 und 1234 mehr und mehr an Macht verloren und sich schließlich den Mongolen unter Ögedei Khan geschlagen geben mussten.

Die Südlichen Song

Mit der Einnahme der vormaligen Hauptstadt Kaifeng 1127 im Norden durch die Dschurdschen und der Flucht in den Süden beginnt ein neues Kapitel der Geschichte der Song. Der daoistisch geprägte, sehr kunstsinnige und kunstfertige Song-Kaiser Huizong war zusammen mit seinem Sohn und dem gesamten Hofstaat in die Mandschurei verschleppt worden, wo er 1135 als einfacher Mann starb. Erst 1142 wurde, wie bereits erwähnt, als diplomatische Geste im Rahmen des Friedensvertrages der Leichnam des Kaisers Huizong an die nun Südlichen Song überführt.

Die Dschurdschen drangen nach dem Sieg über Kaifeng noch weiter über den Chang Jiang bis nach Nanjing und Hangzhou vor. Zur tragischen Gestalt wurde der General

Yue Fei, 岳飛 (1103–1142). Ihm gelang es, die strategische Festung Xiangyang (襄陽) am Chang Jiang zurückzuerobern und damit den Dschurdschen die Stirn zu bieten. Er trat für eine Rückeroberung Nordchinas ein, stand damit jedoch in Opposition zu Zhao Gou (趙構), dem neuen Kaiser der Südlichen Song, der kriegsmüde seine Position und das Reich durch einen Friedensvertrag mit den Dschurdschen sichern wollte. General Yue Fei stand ihm dabei mit seinen Forderungen allerdings im Weg und stellte wie auch andere Generäle mit ihren großen, ihnen loyalen Armeen an der Grenze zudem eine Bedrohung seiner Macht dar, derer er sich entledigen wollte. Der Kaiser ließ den General daher 1141 wegen Ungehorsam einsperren und ein Komplott am Hof soll zu seiner Hinrichtung geführt haben. Im Laufe der Zeit wurde der unschuldige Yue Fei zu einem Volkshelden. Die Kritik am Friedensvertrag mit seinen hohen Tributzahlungen, die den Dschurdschen den Staatshaushalt sicherten und die Song zu ihren Vasallen machten, verebbte nicht und Kontroversen über den Verlust des Nordens prägten zu Beginn der Südlichen Song die Debatten.

Beginnend mit Zhao Gou alias Song Gaozong (宋高宗), dem neunten Sohn des Huizong und jüngeren Bruder des Qinzong, dauerte die Song-Herrschaft im Süden noch weitere 52 Jahre bis zur Niederlage gegen die Mongolen an. Nach der Flucht aus dem Norden sollte zuerst Nanjing die neue Hauptstadt des Reiches werden. Als die Dschurdschen 1129 dieses jedoch eroberten und der Kaiserhof 1130 kurzzeitig sogar aufs offene Meer fliehen musste, entschied man sich 1138, vorerst im heutigen Hangzhou zu bleiben. Im legendären Bericht des venezianischen Händlers Marco Polo (ca. 1254–1324) über China ist von Quinsai die Rede, seine Umschreibung der Bezeichnung »zeitweilige Residenz« (Xingzai, 行在) für das neue Reichszentrum der Song. Von dem Wunsch nach Stabilität getragen war hingegen der offizielle Name »Naher Friede« (Lin'an, 臨安).

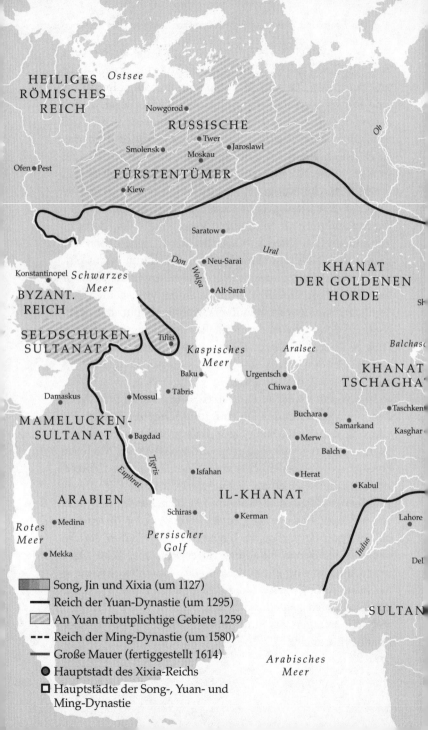

Kapitel II

Urbanität

Bereits Kaifeng (開封), die Hauptstadt der Nördlichen Song, war ein pulsierendes urbanes Zentrum gewesen und bis heute wird darüber gestritten, ob die berühmte Bildrolle mit dem Titel »Den Fluss entlang während des Frühlingsfestes« (Qingming shanghe tu, 清明上河圖) von Zhang Zeduan, 張擇端 (1085–1145), Kaifeng darstellt oder eine idealisierte Stadt. Unabhängig von dieser Diskussion erfahren wir aus der Bildrolle viel über das lebhafte städtische Treiben der Song-Zeit. Kaifeng war zwar noch von einer Stadtmauer umgeben, doch waren die einzelnen Viertel nicht mehr wie noch im tangzeitlichen Chang'an mit innerstädtischen Mauern voneinander getrennt. Zudem fiel im Jahre 1063 die nächtliche Ausgangssperre und fortan pulsierte das Leben ununterbrochen am Tag und in der Nacht.

Dies traf auf die neue Hauptstadt der Südlichen Song in noch weit größerem Maße zu. Dabei entsprach Hangzhou in ihrer Anlage in keiner Weise dem traditionellen Ideal einer quadratischen, strukturiert angelegten Hauptstadt. Ähnliches galt für den eher kleinen Palast und die engen Straßen, mit Häusern, die in die Höhe ausweichen mussten. Dennoch wurde Hangzhou zusammen mit Suzhou in der chinesischen Redewendung »*Im Himmel gibt es das Paradies, auf Erden Suzhou und Hangzhou*« zum Inbegriff der schönen Stadt. Gerade der Westsee, ursprünglich für Übungen der Marine geschaffen, wurde zur Song-Zeit zu einem beliebten Ausflugsziel der reichen Bewohner der Stadt und übt bis heute noch seinen Reiz aus. Hangzhou war nicht nur das politische Zentrum der Südlichen Song, sondern auch ein pulsierendes Handelszentrum mit einem Hafen am Qiantang-Fluss (錢塘江). Daran erinnert heute die wiederaufgebaute »Pagode der Sechs Harmonien« (*Liuhe ta*, 六和塔), die ursprünglich auch als Leuchtturm genutzt wurde.

Hier begegneten arabische Händler solchen aus Südostasien, Korea, Japan und den Ryukyu-Inseln. Während der Song-Dynastie übernahmen jedoch auch immer mehr chinesische Händler die Initiative und befuhren mit eigenen Schiffen das Meer. Zur Zeit der Südlichen Song begannen sich die südöstlichen Provinzen schließlich als Zentrum für Produktion, Handel, Bildung und Künste zu etablieren. Die lokale Ebene wurde zu einem wichtigen Bezugspunkt der neokonfuzianisch geprägten Elite. Sie verbanden sich über Heiratsallianzen, unterhielten eigene Schulen und stellten lokale Milizen auf. Die Beamtenelite rekrutierte sich überwiegend aus diesen südöstlichen Provinzen, während das Hinterland weniger repräsentiert war.

Mächtige Minister

Die Kaiser der Südlichen Song-Dynastie erscheinen rückwirkend schwach. Statt ihrer hatten oft einflussreiche Minister die Zügel in der Hand. Nachdem der Kanzler Han Tuozhou, 韓侂胄 (1152–1207), erfolglos einen Versuch der Rückeroberung des Nordens initiiert hatte und sein Kopf im Rahmen der Friedensverhandlungen den Dschurdschen übergeben worden war, bestimmten der Kanzler Shi Miyuan, 史彌遠 (1164–1233), und nach ihm der in der Geschichtsschreibung sehr negativ gezeichnete Kanzler Jia Sidao, 賈似道 (1213–1275), die Politik. Letzterer machte sich mit seinen drastischen Maßnahmen der Landreform zur Stärkung des Militärhaushalts gefährliche Feinde. Diese sah vor, den Landbesitz einzuschränken, sodass reiche Großgrundbesitzer gezwungen wurden, ihr überzähliges Land dem Staat zu verkaufen. Am Ende scheint er aber die Loyalität der Beamten und den Rückhalt im Militär verloren zu haben.

Derart geschwächt gelang es den Song nicht, viel Widerstand zu leisten, als die Mongolen nach Süden vordrangen. Nachdem Hangzhou 1276 kapitulierte, harrten einige Song-Anhänger noch bis 1279 aus. Selbst der Versuch der

Song, die Mongolen auf dem Wasser zu schlagen, blieb trotz ihrer zahlenmäßigen Überlegenheit erfolglos. Schließlich riss der Premierminister Lu Xiufu, 陸秀夫 (1232–1279), den letzten Thronanwärter der Song, ein Kind in den Tod, indem er mit ihm den Fluss sprang. Die Folgen dieser Niederlage waren jedoch weit schwerwiegender als das bloße Ende einer Dynastie. Lebte zu Beginn des 13. Jh. schätzungsweise noch die Hälfte der damaligen Weltbevölkerung auf chinesischem Territorium, dezimierten die Pest und die Kriege gegen die Mongolen die Bevölkerung Chinas in der zweiten Hälfte jenes Jahrhunderts auf dramatische Weise.

Exkurs: Der Neokonfuzianismus und die Vier Schriften

Gegen Ende der Tang-Zeit begann eine Bewegung, die unter der Song-Herrschaft zu einer Art Renaissance des Konfuzianismus wurde. Der in der ausgehenden Tang-Zeit lebende Gelehrte Han Yu, 韓愈 (768–824), schlussfolgerte aus der augenscheinlichen Schwäche der herrschenden Dynastie, die er unter anderem dem schädlichen Einfluss des seiner Ansicht nach fremden, von außen nach China gekommenen Buddhismus zuschrieb, dass man zu den Wurzeln der eigenen Kultur, d. h. zum Konfuzianismus, zurückkehren müsse. Zusammen mit anderen Gelehrten seiner Zeit glaubte er, im Konfuzianismus eine Kraft für die moralische Erneuerung der Gesellschaft finden zu können. Nach Han Yu gab es eine wahre Überlieferung der Lehre (*daotong*, 道統), die vom legendären Herrscher Yao über seinen Nachfolger Shun zum Dynastiegründer Yu der ersten Dynastie der Xia, dann weiter über den Dynastiegründer Tang (湯) der Shang zum Vater des Gründerkönigs der Zhou, zum Begründer der Zhou selbst, zum Zhougong und schließlich zu Konfuzius (551–479 v. Chr.) gelangte. Von Konfuzius soll sie dann Mengzi, 孟子 (tätig um 320 v. Chr.), übernommen haben, bevor die Überlieferung abbrach. Han Yu sah sich dann in der Rolle dessen, der an diese Überlieferung anknüpfen konnte.

Tatsächlich entwickelte sich in der Folge ein ganz neuer Konfuzianismus, der sich durch vielerlei Anleihen aus dem Buddhismus und dem

Daoismus auszeichnete. Nicht mehr allein ethische Fragen, sondern auch der Ursprung des Universums und der Platz des Menschen darin beschäftigten die Denker. Die Frühphase des Neokonfuzianismus prägten Gelehrte wie Zhou Dunyi, 周敦頤 (1017-1073), und Shao Yong, 邵雍 (1012-1077), die ausgehend vom »Buch der Wandlungen«, dem *Yijing*, nach kosmischen Zyklen und einer universellen Harmonie suchten. Die Metaphysik und vor allem der Grundstoff *qi* (氣) spielte für das Denken von Zhang Zai, 張載 (1020-1077), eine große Rolle, wobei unter *qi* eine Art Grundstoff wie auch Energie verstanden werden kann. Er sah sich aber auch der Gesellschaft gegenüber verpflichtet und glaubte an die gute Natur des Menschen. Der »Humanität« (*ren*, 仁) gemäß kam ihm die Funktion eines Bandes zwischen den Menschen und dem Weg des Himmel zu, wobei es das Ziel eines Weisen sein solle, eine Einheit mit dem Universum zu formen, ohne sich wie im Daoismus von der Welt zurückzuziehen oder sie gar zu überwinden wie im Buddhismus.

Die spätere Phase des Neokonfuzianismus wurde vor allem durch die Brüder Cheng Hao, 程顥 (1032-1085), und Cheng Yi, 程頤 (1033-1108), sowie Zhu Xi, 朱熹 (1130-1200), und deren Vorstellungen von einem alles durchziehenden »Ordnungsprinzip« (*li*, 理) geprägt. Dieses Ordnungsprinzip hatte damit kosmologische, ontologische, aber auch ethische Relevanz. Es tritt in Bezug zum *qi*, wodurch nach Cheng Yi der Erziehung und der Selbstkultivierung eine wichtige Funktion zukam, während für seinen Bruder die Erforschung der Dinge im Vordergrund stand, da es sie in ihrer Eigenart zu respektieren galt. Aus dieser Haltung speiste sich zudem eine der europäischen Renaissance nicht unähnliche Neugier vieler Gelehrtenbeamten der Song. Zhu Xi wird als Vertreter einer der Welt zugewandten, eher pragmatischen, rationalistischen Strömung des Neokonfuzianismus betrachtet, da er der Auffassung war, alle Dinge entstünden aus der Verbindung von dem »Ordnungsprinzip« und dem *qi*, dessen Quelle sowie Summe das »Oberste Äußerste« (*taji*, 太極) sei. Im Menschen könne das an sich gute »Ordnungsprinzip« (*li*) durch ein aus der Bahn geworfenes *qi* gestört werden, woraus die Aufgabe eines jeden resultiert, sich und damit auch sein *qi* in eine Balance zu bringen.

Unter den Ming wurde der Neokonfuzianismus zur Staatslehre und bewahrte unter den Qing seine hohe Stellung. Er entwickelte sich dabei fortwährend weiter und vollzog ab dem 17. Jh. eine Wandlung weg von einer sehr idealistischen Philosophie hin zu einer Geisteshaltung, die sich sehr konkret der Welt und den Dingen zuwandte. Mit dem Neokonfuzianismus entwickelten sich geradezu fachwissenschaftliche Methoden in vielen unterschiedlichen Bereichen, wie der Epigrafik oder der Textkritik, die dann neben dem Kategorisieren und Sammeln von einer systematischen Überprüfung und Beweisführung (*kaozheng*, 考證) getragen wurde. Ebenso beschäftigten sich neokonfuzianisch geprägte Gelehrte mit praktischen Bereichen wie dem Bergbau.

Den unterschiedlichen Strömungen Rechnung tragend gibt es verschiedene chinesische Bezeichnungen für den Neokonfuzianismus. So wird er nach seiner Entstehungszeit zum Teil als »Song-Lehre« (*songxue*, 宋學) benannt, aber auch den wichtigsten Begriffen folgend als »Li-Lehre« (*lixue*, 理學) oder »Li-Qi-Lehre« (*liqixue*, 理氣學) bezeichnet.

Die »Vier Schriften«

Der einflussreichste Neokonfuzianer war Zhu Xi, 朱熹 (1130–1200). Denn er war es, der die konfuzianischen »Analekten« (*Lunyu*, 論語), »Meister Meng« (*Mengzi*, 孟子), das »Große Lernen« (*Daxue*, 大學) und »Lehre von der Mitte (*Zhongyong*, 中庸) als Gruppe der »Vier Schriften« (*Sishu*, 四書) 1190 herausgab und ihnen durch seine Kommentare dauerhafte Bedeutung verlieh. Unter der Song-Herrschaft galten seine Lehren noch als unorthodox, da man damals den Fokus auf das »Buch der Wandlungen« legte. Die »Vier Schriften« wurden jedoch von den Yuan-Herrschern im Jahre 1313 zum offiziellen Curriculum der Staatsprüfungen erhoben und blieben es bis zur ihrer Abschaffung im Jahre 1905. Die Kommentare des Zhu Xi wurden ab 1415 Pflichtstoff der Prüfungen und prägten somit für fast ein halbes Jahrtausend die Beamtenschaft und damit die geistige Elite Chinas.

Die »Analekten«

Die »Analekten« stammen nicht aus der Hand des Konfuzius selbst, sondern wurden von seinen Schülern überliefert. Bis zur Han-Zeit kursierten mindestens drei unterschiedliche Fassungen. Neben der tradierten

Fassung mitsamt einer Vielzahl von Kommentaren stehen der Forschung heute auch ein Textfragment aus einem hanzeitlichen Grab und spätere Papierfragmente von Schülerabschriften aus dem Jahre 710 zur Verfügung. Der Text beinhaltet Aussprüche des Konfuzius sowie Gespräche zwischen ihm und seinen Schülern bzw. Gespräche von Schülern und Enkelschülern untereinander. Indirekt überliefern uns die »Analekten« so neben ethischen Prinzipien auch Hinweise auf das Leben des Konfuzius, das neben kurzer Amtstätigkeit in seinem Heimatstaat Lu (魯) von Reisen zu den Höfen verschiedener Lehnsfürsten und seiner Rolle als Lehrer seiner Anhänger geprägt war. In den »Analekten« wird deutlich, welche Maßstäbe Konfuzius an den Edlen (*junzi,* 君子), dem eine Vorbildfunktion in der Gesellschaft zukommen sollte, stellte. Diesem oblag es, die Tugend der »Humanität« (*ren,* 仁) zu verkörpern, sich dem Lernen zuzuwenden und ständig nach Vervollkommnung seiner Selbst zu streben. Aber auch die »Rechtschaffenheit« (*yi,* 義), die »Kindespietät« (*xiao,* 孝) und die »Riten« (*li,* 禮) sind von großer Wichtigkeit in den »Analekten«.

Mengzi

Die Schrift »Meister Meng«, die in ihrer chinesischen Form als kurz *Mengzi* bekannt ist, besteht aus Lehrgesprächen des Mengzi, die er an den Höfen verschiedener Lehnsfürsten führte. Rhetorisch äußerst versiert unterweist Mengzi darin die Fürsten in seinen Vorstellungen einer richtigen Regierungsführung, wobei Milde und Fürsorge für das Volk als elementar erläutert werden. Kernpunkt seiner Philosophie ist seine Überzeugung, dass das Wesen des Menschen von Natur aus gut sei. Seine Schrift war schon ab der Han-Zeit von Bedeutung, obwohl sie erst später kanonisiert wurde. Bis heute spielt sie in der Erziehung eine große Rolle.

Das Große Lernen

Das »Große Lernen« ist ein Teil der »Aufzeichnungen über die Riten«. Der Text besteht aus einem Kerntext, dessen Lehren Konfuzius zugeschrieben werden, und einem Kommentar in zehn Kapiteln, der dem

Konfuziusschüler Zengzi (曾子) zugeordnet wird. Sehr eindringlich proklamiert der Text die Bedeutung des Lernens für den Einzelnen und die ganze Welt. So heißt es:

> *»[…] Den Dingen auf den Grund gehen – daraus erfolgt Einsicht. Ist man zur Einsicht gelangt, gewinnt man echte und aufrichtige Absichten. Echte und aufrichtige Absichten – sie führen zur korrekten Ausrichtungen des Herzens. Ist das Herz korrekt ausgerichtet, dann entwickelt sich die eigene moralische Qualität. Ist die eigene moralische Qualität entwickelt, dann vermag Ordnung in der Familie zu sein. Ist Ordnung in der Familie, kann der Staat geordnet werden. Ist der Staat geordnet, dann kann die ganze Welt zu Ruhe und Frieden finden. […]«*[3]

Zhongyong

Die »Lehre von der Mitte« (*Zhongyong*) ist ein ebenfalls recht kurzer, traditionell dem Enkel des Konfuzius, Kong Ji (孔伋) alias Zisi (子思), zugeschriebener Text, wobei diese Zuschreibung zumindest für die Gesamtheit des Textes von der Forschung in Zweifel gezogen wurde. Auch er ist Teil der »Aufzeichnungen der Riten«. Der Kern des Textes hat die konfuzianische Morallehre zum Thema und beschäftigt sich mit der Natur des Menschen. Als Kardinaltugenden gelten der »Lehre von der Mitte« zufolge »Weisheit« (*zhi*, 智), »Humanität« (*ren*, 仁) und »Tapferkeit« (*yong*, 勇). Der Text lehrt den Menschen, Extreme zu meiden, um so zu einer Harmonie im Handeln zu gelangen, was wiederum die Basis einer harmonischen Gesellschaft bildet. Diese Handlungsmaxime bezieht sich auf alle Bereiche des Lebens, auf die sozialen Beziehungen wie auch auf die Emotionen. So gilt ein Übermaß an Trauer als genauso schädlich wie ein Übermaß an Freude. Stets ausgeglichen und im Umgang immer den rituellen Formen entsprechend, so zeigt sich der Edle (*junzi*, 君子), der damit den »rechten Weg« (*dao*, 道) verkörpert.

---

3 Moritz, Ralf (2003), S. 8 f.

Die Mongolenherrschaft

Auf den ersten Blick erscheint die Mongolenherrschaft wie ein Fremdkörper in der Geschichte des chinesischen Kaiserreichs. Dies liegt nicht nur daran, dass die Mongolen als Fremdherrscher regierten. Das hatten vor ihnen schon andere Steppennomaden getan und auch die Mandschu saßen während der Qing-Dynastie als Minderheit aus dem hohen Nordosten auf dem chinesischen Thron. Eine Besonderheit der mongolischen Yuan-Dynastie besteht vielmehr darin, dass sie aus einem Weltreich hervorging und auch nach ihrer Fokussierung auf China mit den anderen Herrschaftsbereichen der Mongolen in engem Kontakt stand. Ebenso wird diese Phase der chinesischen Geschichte bis heute dadurch geprägt, dass dessen Erbe geteilt in Anspruch genommen und bewahrt wird. So stehen sowohl die Volksrepublik China in der Nachfolge der Yuan-Dynastie als auch die seit dem Zusammenbruch der Qing von China gelöste Mongolei. Sie wird in älteren Werken auch als »Äußere Mongolei« bezeichnet, in Abgrenzung zum »Autonomen Gebiet Innere Mongolei«, das zur Volksrepublik China gehört.

Umstritten ist die mongolische Herrschaft Chinas zudem aufgrund ihrer negativen Bilanz bezüglich der Bevölkerungszahl, die sich gegen 1290 auf geschätzte 60 Millionen dezimierte, ein Prozess, der sich im Anschluss vermutlich noch verstärkte. Dieser Rückgang lässt sich jedoch nicht allein der gewaltsamen Invasion der Mongolen und ihren rigiden Herrschaftsmethoden anlasten. Auch Heimsuchungen wie die Pest, Ernteausfälle durch Heuschrecken sowie Laufänderungen des Huanghe in den Jahren 1289 und 1324 zusammen mit einer fast vier Jahrzehnte andauernden Kälteperiode zu Beginn des 14. Jh.s trugen zum Niedergang bei. Gleichwohl sind eben solche Katastrophen stets als Bewährungsprobe einer Dynastie und ihrer Organisationsstrukturen zur Bekämpfung der Notlagen gewertet worden und ein Versagen schien die Aussagekraft als Omina des Himmels mit folgendem Entzug des himmlischen Mandates zu bestätigen, während wir in der Moderne aus einer säkularen, rationalen Sicht von natürlichen Wetterphänomen sprechen und die Pest als bakteriell hervorgerufene Epidemie begreifen.

Klimatische Veränderungen wurden seit Langem ebenso als ein auslösender Faktor für den Mongolensturm des 13. Jh.s diskutiert. Während man ursprünglich schlussfolgerte, Kälte und damit verbundene Trockenheit hätten die Jagd- und Weidegründe der Mongolen dezimiert und so eine Wanderbewegung ausgelöst, lassen jüngste Forschungen vermuten, dass es ganz im Gegenteil günstige klimatische Bedingungen mit ausreichend Niederschlag waren, die den mongolischen Reiterheeren zu ihrer Schlagkraft verhalfen. Ein reiner Klimadeterminismus wäre aber verfehlt, denn Organisationsvermögen sowie ein ausgeprägter Eroberungswille, verbunden mit einer psychologischen Kriegsführung, die auf Abschreckung durch außergewöhnliche Brutalität und Terror setzte, waren weitere Erfolgsfaktoren in dieser zuerst Nord- und Mittelasien erfassenden, dann bis Europa und in Teile Arabiens reichenden Expansion.

Von Weidewirtschaft, Jagd und dem Pelzhandel lebend, waren die Mongolen ursprünglich in den Gebieten westlich des Großen Xinggan-Gebirges, das heute teils zur chinesischen Provinz Heilongjiang, teils zur Inneren Mongolei gehört, beheimatet, bevor sie sich dann – geführt von Dschingis Khan (ca. 1155–1227) – von ihren ehemaligen Tributherren, den Dschurdschen, lösten und von ihrer Residenz Karakorum zu einem Eroberungssturm ansetzten. Zwar zerfiel das Großreich in relativ kurzer Zeit unter der Herrschaft seiner Nachfolger in mehrere Khanate, doch setzten diese die Eroberungswelle fort und pflegten auf großen Ratsversammlungen und über ein ausgedehntes System von Poststationen weiterhin engen Austausch miteinander.

Die »Goldene Horde« drang 1240 bis Kiew vor und zog dann nach Böhmen, Ungarn, Österreich bis auf den Balkan weiter. Das Il-Khanat eroberte Bagdad und beendete dort die Herrschaft der abbasidischen Kalifen, bevor es sich 1259 bis in den Iran ausdehnte. Das zentralasiatische Khanat des Tschagatai stieß im Süden bis an das Sultanat von Delhi. Ögödei (reg. 1229–1241), dritter Sohn des Dschingis Khan, sowie seine Nachfolger Güyük (reg. 1246–1248) und Möngke (reg. 1251–1259) richteten sich zuerst gegen die unter dem Dynastienamen Jin noch Nordchina beherrschenden Dschurdschen und besiegten diese 1234. Danach griffen sie die Südlichen Song an und stießen weiter nach Südwesten bis Sichuan und Yunnan vor.

Tibet und die Mongolen gingen eine enge Bindung ein, da sich ein besonderes Priester-Patron-Verhältnis zwischen den mongolischen Herrschern und den religiösen Führern Tibets entwickelte. 1247 vollzogen der tibetische Abt Sakya Pandita (1182–1251) und die Mongolen eine Vereinbarung, die den Abt unter mongolischer Schutzherrschaft zum Regenten Tibets machte. Damit wurde Tibet Teil des mongolischen Reiches, während der tibetische Lamaismus zur Staatsreligion im chinesischen Khanat avancierte. Fortan unterhielten die mongolischen Herrscher Chinas sehr enge Beziehungen zu ihren religiösen Lehrern, wobei sie anderen Religionen tolerant gegenüberstanden.

Die Yuan-Dynastie

Khubilai Khan (reg. 1260–1294), ein Bruder des Möngke, rief schließlich 1279 die Große Yuan-Dynastie aus und reihte sich damit in die Abfolge der Herrscherhäuser Chinas ein. Der Dynastiename »Großer Uranfang« knüpft an das »Buch der Wandlungen« (*Yijing*), ein hochgeschätztes Werk des alten China, an. Zwar ließ unter seiner Herrschaft das Expansionsstreben nicht nach und Khubilai Khan versuchte, mit einem Flottenverband aus über 4 000 Schiffen 1274 und

1281 Japan zu erobern, was nur durch Taifune – »göttliche Winde« (*kamikaze*, 神風) – verhindert wurde, doch die wahre Herausforderung stellte die Etablierung einer seinem Herrschaftsgebiet angepassten Verwaltung dar. Dabei griff er auch auf den Erfahrungsschatz zurück, den bereits vor ihm andere Fremdherrscher aus der Steppe wie die Liao, Xixia oder Jin gemacht hatten. So hatte sich einst sein Großvater Dschingis Khan durch die Ratschläge seines aus dem Khitan-Adel stammenden Beraters Yelü Chucai (1189–1243) von der vollständigen Umwandlung Nordchinas in Weideland abbringen lassen, als dieser ihm erläuterte, um wie viel profitabler das Steueraufkommen der Region für den Khan sein würde.

Khubilai Khan verlagerte seinen Regierungsschwerpunkt von der mongolischen Sommerresidenz Shangdu alias Xanadu nach Beijing, welches zur »Großen Hauptstadt« (Dadu, 大都) bzw. Khanbaliq wurde, und bediente sich zudem chinesischer Verwaltungspraktiken mit einem sechsgliedrigen Ministerialapparat wie auch einer Zentralkanzlei. Das Land wurde in Provinzen aufgeteilt und Kopf- und Bodensteuern festgesetzt sowie Staatsmonopole etabliert. Viel weitgehender als zuvor war unter den Mongolen jedoch die Einbindung von Männern aus anderen Bereichen des mongolischen Weltreichs und sogar Europas in den Staatsdienst. Besondere Bedeutung erlangten Händler aus Zentral- und Vorderasien – häufig iranischen Ursprungs –, die vertraut mit dem Finanzwesen der islamischen Welt waren und häufig damit beauftragt wurden, Steuern einzutreiben. Sie stießen dadurch häufig auf Ablehnung im chinesischen Volk, während sie gleichzeitig gute Geschäfte mit Darlehen an den mongolischen Adel machten.

Steuern waren in Getreide und Seide zu entrichten. Finanztransaktionen innerhalb Chinas mussten mit Papiergeld abgewickelt werden und so kam es – eingebunden in einen überregionalen Handel – insgesamt zu einem Silberabfluss während der Yuan-Herrschaft in China. Die Gesellschaft der Yuan war insgesamt alles andere als eine offene Gesellschaft.

Die Mongolenherrschaft

Vielmehr kann der Begriff Apartheid andeuten, in welcher Weise die verschiedenen Teile der Bevölkerung getrennt und je nach Status auch benachteiligt und unterdrückt wurden. Die Spitze der Gesellschaftspyramide bildeten die Mongolen, darunter standen die »Personen mit Spezialstatus« (*semuren*, 色目人). Bei ihnen handelte es sich um Angehörige verbündeter Gruppen aus Zentral- und Vorderasien, z. B. die iranischen Händler. Deutlich darunter rangierten die »Nordchinesen« (*hanren*, 漢人), worunter die Bewohner der ehemaligen Liao- und Jin-Dynastie sowie Koreaner zu verstehen waren. Am Boden der Pyramide fanden sich die »Menschen aus dem Süden« (*nanren*, 南人), womit die Bewohner der besiegten Südlichen Song-Dynastie gemeint waren, die inoffiziell auch abwertend als »frisch Angegliederte« (*xinfuren*, 新附人) bzw. »Südbarbaren« (*manzi*, 蠻子) bezeichnet wurden. Tötete ein solcher Bewohner aus dem Süden des Reichs einen Mongolen, so musste er mit der Todesstrafe rechnen, während der Mongole im umgekehrten Fall auf eine Geldstrafe hoffen durfte. Zudem sollten die Bewohner des Südens keine der anderen Sprachen des mongolischen Reiches lernen, um so von Einfluss und Partizipation ferngehalten zu werden.

Viele Mitglieder der alten Elite des Südens zogen sich auf ihre Landgüter zurück. Dort konnten sie verhältnismäßig unbehelligt Zuflucht in der Malerei und in der Literatur suchen, da ihnen die Yuan ihre Güter nicht genommen hatten. Lediglich die Ländereien, die unter dem Kanzler Jia Sidao, 賈似道 (1213–1275), der Song bereits verstaatlicht worden waren, waren von den Mongolen konfisziert worden. Der Weg zurück zu Amt und Würden blieb jedoch weiterhin nahezu verschlossen. Daran konnte selbst die Wiedereinführung der chinesischen Beamtenprüfungen im Jahre 1315 nicht viel ändern. Denn hier galten feste Quoten, die andere, oftmals kaum gebildete Kandidaten an ihnen vorbeiziehen ließen. Mit dem Wegfall der Vormachtstellung der traditionellen chinesischen Beamtengelehrten kam es zu einer größeren Verbreitung und Akzeptanz der chinesischen Umgangssprache und solcher Kulturformen, die auf breitere Bevölkerungsschichten ausgelegt waren, wie dem Drama oder auch der Unterhaltungsliteratur.

Das Ende der mongolischen Herrschaft, aber nicht das Ende der Mongolen

Das Ende der mongolischen Herrschaft über China ist von Nachfolgestreitigkeiten am Hof, häufig unfähigen Herrschern, Korruption und einer wachsenden Entfremdung zwischen dem Kaiserhof und der eigenen mongolischen Gefolgschaft gekennzeichnet, was zu Rivalitäten unter den Mongolen führte. Aber auch unter der einfachen chinesischen Bevölkerung im Norden und Süden gärte es. Die Bauern trugen eine hohe Steuerlast, zu der ebenso umfangreiche Arbeitsdienste gehörten. Besonders hart erging es den Handwerkern, die zu Beginn der Mongolenherrschaft teilweise zwangsumgesiedelt worden waren. Als erblicher Stand und auf bewachte Quartiere festgelegt, war ihr Handlungsradius äußerst klein. Widerstand erwuchs den Mongolen im Südosten besonders bei den Salzarbeitern in Jiangsu und Zhejiang, denen sich wiederum Bootsleute und Seeleute anschlossen.

Besonders folgenschwer jedoch war das staatliche Versagen bei der Bekämpfung von Naturkatastrophen, darunter die Verlagerung des Gelben Flusses 1324. Flüchtlinge, aber auch die zur Eindämmung der Flutschäden eingesetzten Zwangsverpflichteten waren sehr empfänglich für Visionen einer besseren Herrschaft. Immer mehr Menschen schlossen sich zum Teil bereits unter den Südlichen Song entstandenen Geheimgesellschaften an, die ihre Anhänger auf die baldige Ankunft eines heilsbringenden Maitreya, einem Buddha der Zukunft, hoffen ließen. Schließlich erreichte es Zhu Yuanzhang (朱元璋), ein aus einfachen Verhältnissen stammender

Südchinese, diese von vielen Chinesen als traumatisch empfundene Zeit der Fremdherrschaft mit der Proklamation der Ming-Dynastie 1368 zu beenden.

Den Mongolen wiederum gelang es, ihre eigene Identität zu bewahren, und sie zogen sich in ihre angestammten Gebiete zurück, wo sie neue eigenständige Strukturen entwickelten. Ihren Nachfolgern, den Ming-Kaisern, erwuchsen sie wieder zu einer Bedrohung, während sie unter den mandschurischen Herrschern der Qing zu einem Teil des Kaiserreichs wurden und dort eigene Banner, d. h. eigene Verwaltungseinheiten, bildeten. Mit dem Niedergang der Qing begann ein Prozess der Loslösung der sogenannten »Äußeren Mongolei«, wo 1924 mit sowjetischer Unterstützung die Mongolische Volksrepublik mit der Hauptstadt Ulaanbaatar begründet wurde. Sie erlangte nach dem Zerfall der UdSSR 1992 eine demokratische Verfassung. Das Gebiet der sogenannten »Inneren Mongolei«, der südliche und östliche Teil der Mongolei, war bereits unter den Qing enger in die Verwaltungsstrukturen des Reiches eingebunden. Teile davon gerieten 1933 unter japanische Herrschaft. Nach der Gründung der Volksrepublik China entstand das »Autonome Gebiet Innere Mongolei« mit dem politischen Zentrum Hohhot.

Exkurs: Islam in China

Die frühesten chinesischen Kontakte mit der islamischen Welt gehen bis in die Tang-Zeit zurück. Mit der Schlacht am Talas 751, in der Grenzregion des heutigen Kirgisistan und Kasachstan, erlitten die chinesischen Truppen eine entscheidende Niederlage durch das Abbasiden-Kalifat und fortan ersetzte der Islam in den Gebieten Zentralasiens entlang der Seidenstraße den bisher herrschenden Einfluss des Buddhismus und des Manichäismus.

In der tangzeitlichen Hauptstadt Chang'an lebten Ausländer vielerlei Religionen zusammen, darunter auch Muslime. In der Stadt Xi'an, die

Kapitel II

sich heute im Gebiet der alten Hauptstadtregion Chang'an befindet, leben bis heute noch viele Muslime. Dort steht die »Große Moschee von Xi'an«, eine der ältesten und bekanntesten Moscheen Chinas, die in ihrem Baustil allerdings traditionell chinesisch geprägt ist. Die Moschee umgibt ein muslimisch geprägtes Viertel, das dem westlichen Besucher besonders durch seine kulinarischen Spezialitäten auffällt und auch als solches touristisch vermarket wird.

Arabische und persische Kaufleute, darunter solche muslimischen Glaubens, bildeten seit der Tang-Zeit eine wichtige Gruppe in der an der südostchinesischen Küste gelegenen Hafenstadt Kanton (Guangzhou). Schon früh nutzten sie die regelmäßigen Monsunwinde, um mit ihren als Dau bezeichneten Segelschiffen Handelsgüter zu transportieren. Durch die Abhängigkeit von den Monsunwinden waren die Seefahrer dieser Zeit gezwungen, längere Wartezeiten in den Hafenstädten entlang ihrer Handelsrouten in Kauf zu nehmen. Hierdurch bildeten sich Ausländergemeinden mit einem eigenen religiösen und kulturellen Leben. Diese Entwicklung wurde dadurch verstärkt, dass sie während der Tang- und Song-Zeit einem extraterritorialen Status unterworfen waren.

Probleme entstanden in der Zeit des Niedergangs der Tang, als sich Rebellen fremdenfeindliche, von sozialem Neid gespeiste Ressentiments der Bevölkerung zunutze machten und so im Jahre 760 in der Handelsstadt Yangzhou (揚州) eine hohe Zahl arabischer und persischer Kaufleute massakrierten. Als noch gewalttätiger erwies sich die Rebellion des Huang Chao (875–884), nach der das Kaiserreich der Tang endgültig zusammenbrach. Im Verlauf der Rebellion wurde insbesondere Kanton verwüstet und ein Blutbad unter den schätzungsweise 120000 dortigen ausländischen muslimischen, jüdischen, christlichen und zoroastrischen Händlern angerichtet, was in den Berichten des arabischen Schriftstellers Abū Zaid aus dem Jahre 916 dokumentiert ist.

Unter der Song-Dynastie verwurzelten sich muslimische Bevölkerungsgruppen stärker in China, was durch die Annahme des chinesischen Familiennamens Pu (蒲) durch muslimische Familien, aber auch durch die Errichtung von Moscheen und muslimischen Friedhöfen belegt werden kann.

Die Mongolenherrschaft

Als besonders folgenreich für die Verbreitung des Islam in China erwies sich die Mongolenherrschaft unter den Yuan. Während dieser Zeit kamen viele Arabisch oder Persisch sprechende Muslime nach ganz China. Nicht nur als Soldaten, sondern insbesondere als Fachkräfte für Verwaltung, Finanzwesen sowie als Techniker setzten die Yuan-Herrscher sie im chinesischen Reich ein, wo sie sich schnell akkulturierten. Gegen Ende der Yuan-Dynastie auf der Flucht vor den Ming-Truppen zog sich eine größere Gruppe von Muslimen in das Gebiet der heute südwestlichen Provinz Yunnan zurück. Von dort gelangte auch Zheng He, ein muslimischer Junge, der von den Ming-Truppen gefangen und kastriert wurde, an den Hof des dritten Ming-Kaisers und wurde zum größten Seefahrer der chinesischen Geschichte. Solche Karrieren waren aber eher die Ausnahme, und mit der Politik zunehmender Isolation unter den Ming kamen einerseits weniger muslimische Händler nach China, während sich die dort lebenden Muslime mehr und mehr in ihrem äußeren Erscheinungsbild und ihren Gepflogenheiten der Bevölkerungsmehrheit anglichen, gleichwohl aber große Freiheiten bezüglich der Religionsausübung genossen. Gegen Ende der Qing-Herrschaft gab es in Westchina mehrere muslimische Aufstände, so von 1855 bis 1872 unter Du Wenxiu (杜文秀) und von 1862 bis 1876 unter Ma Hualong (馬化龍), die im Zusammenhang mit dem Niedergang der Qing und sozialen und wirtschaftlichen Spannungen zu interpretieren sind.

Während heute die als Hui (回) bezeichnete muslimische Bevölkerungsgruppe in vielen Regionen Chinas kaum für Schlagzeilen sorgt und sie als Angehörige einer staatlich anerkannten Religion ihren Glauben pflegen können, mischen sich bei Konflikten zwischen den muslimischen Uighuren und der in Xinjiang stetig anwachsenden Gruppe der Han-Chinesen soziale Probleme auch mit internationalen Konflikten. Dabei ist es für Außenstehende nicht leicht zu erkennen, wo Auseinandersetzungen ihren Ursprung nehmen und inwiefern diese zudem medial instrumentalisiert werden, zumal auch in China die Angst vor Terror im Namen des Islam zu einer bitteren Realität geworden ist. Offen bleibt die Frage, ob und wie sich fundamentalistische Bewegungen aus Ägypten, Pakistan und Saudi-Arabien auf Dauer auswirken werden.

Die Ming

Nachdem Marco Polo Europa im 14. Jh. mit seinen Schilderungen über das China der Yuan-Zeit bereits in Erstaunen versetzt hatte, erschien die Ming-Herrschaft in den Berichten der Jesuitenmissionare als ein wohlgeordnetes, von Beamten regiertes Reich, das in vielerlei Hinsicht dem Westen überlegen war. Diese Bewunderung für das chinesische Kaiserreich steigerte sich in Europa dann gegen Ende der Ming und zu Beginn der Qing zu einer Phase der Chinabegeisterung, in der China von Gottfried Wilhelm Leibniz (1646–1716) zu einem Idealreich stilisiert wurde und vor allem in Gestalt der Chinoiserie Lack- und Porzellanwaren die Residenzen des Adels schmückten. Bis heute gilt die Ming-Vase als das prägende Produkt dieser Zeit in Europa. Betrachtet man jedoch den Werdegang der Ming-Herrschaft, so zeigt sich eine auf den ersten Blick schwer verständliche Diskrepanz zwischen einem Reich, das zunächst Seeflotten bis Afrika und zur Arabischen Halbinsel entsandte, nur um sich danach mit einer Großen Mauer zu umgeben. Geschwächt durch die mongolische Herrschaft der Yuan-Dynastie, erstarkte unter der Ming-Dynastie eine Wirtschaft, die in manchen Bereichen bereits protoindustrielle Züge besaß, wobei jedoch ihre Einbindung in den globalen Handel mit Silber am Ende zu einer Wirtschaftskrise führte. Agrarprodukte wie die Erdnuss aus der neuen Welt veränderten die Landwirtschaft und eine vom Dynastiegründer stark reglementierte und in erbliche Klassen gezwängte Gesellschaft sprengte schließlich ihre Fesseln.

Zhu Yuanzhang – ein Mann aus dem Volke wird Kaiser

Der Beginn der Ming liest sich wie ein Heldenroman. Zhu Yuanzhang (朱元璋), der spätere Kaiser der Ära Hongwu, 洪武 (reg. 1368–1398), stammte aus einfachen Verhältnissen aus der Region Nanjing. Neben Liu Bang (劉邦), dem Begründer der Han-Dynastie, tritt damit zum zweiten Mal ein Mann aus dem Volke die Herrschaft über das chinesische Kaiserreich an, wobei Zhu Yuanzhang zudem als derjenige in die Geschichte einging, der China von der als Schmach empfundenen mongolischen Fremdherrschaft befreite. Verwaist ging er zunächst in ein buddhistisches Kloster, bevor er sich dann der Rebellenbewegung der Roten Turbane anschloss. Die Roten Turbane hatten sich gegen Ende der Yuan im Verlauf verheerender Notstände nach der Verlagerung des Gelben Flusses 1324 als eine gegen soziale Missstände gerichtete Bewegung gebildet und wurden von messianisch-religiösen Vorstellungen getragen.

Zhu Yuanzhang stieg rasch in die Führungsriege der Rebellenbewegung auf und heiratete schließlich die Adoptivtochter des Rebellenführers. Allerdings setzte er sich mehr und mehr vom ursprünglichen Gedankengut der Bewegung ab und rief schließlich 1368 die Herrschaft der »Großen Helligkeit« (*Da Ming,* 大明) aus. Nach einigen Überlegungen entschied er sich schließlich für Nanjing als Hauptstadt. Damit lag die politische Zentrale des Reiches auch in seinem wirtschaftlichen Zentrum. Wie kaum eine andere ist die Ming-Dynastie von der Person ihres Begründers geprägt, der ihr durch seinen autokratischen Herrschaftsstil und eine straffe, zentralisierte Bürokratie seinen Stempel aufdrückte.

Selbst kein Spross der klassisch gebildeten Elite, stand Zhu Yuanzhang zeit seines Lebens den Beamten voller Misstrauen gegenüber. Er schaffte 1380 sogar das Amt des Kanzlers ab und übernahm weitgehend in eigener Person die Verantwortung für die Beamten der sechs Ministerien für Personal, Finanzen, öffentliche Arbeiten, Riten, Justiz und Militär. Absoluter Gehorsam war ihm wichtig. Seine Beamten hatten vor ihm niederzuknien und er zögerte nicht, die Beamten der entehrenden Prügelstrafe zu unterziehen, falls sie sich in seinen Augen schuldig gemacht hatten. Seine Verwaltung war auf Sparsamkeit ausgerichtet und die gesamte Bevölkerung ließ er in Steuerregistern erfassen. Brachliegende Flächen wurden wieder urbar gemacht und so im Verlauf der Zeit über die Steuerabgaben und die damit verbundenen Arbeitsdienste für den Staat profitabel. Von den Yuan übernahm er das System der Erblichkeit im Bereich des Handwerks. Kaufleuten erlegte er hohe Steuern auf. Die Armee sollte sich hingegen über ihnen zugewiesene Landflächen weitgehend selbst versorgen. Auf dem Land führte er eine Art lokaler Selbstverwaltung ein. Einigen Familien wurde die Pflicht auferlegt, kleinere Streitigkeiten zu klären, lokale Ordnungsfunktionen zu übernehmen sowie Steuern einzutreiben und Arbeitsdienste zu organisieren.

Sein Ideal war das einer harmonischen und konfuzianischen Moralvorstellungen entsprechenden, fleißig arbeitenden Dorfgemeinschaft. Zu diesem Zweck schuf er eine Art moralischer Propaganda in der Form von sechs Unterweisungen, die den Bewohnern noch so ferner Dörfer mehrfach im Monat kundgetan werden sollten. Darin wurden Ehrfurcht und Pietät gegenüber den Eltern, Respekt gegenüber Älteren und Höherrangigen, Harmonie und Eintracht im Dorf, Unterweisung der Kinder und Kindeskinder und Zufriedenheit mit dem jeweiligen Gewerbe gefordert. Zudem mahnte man an, kein Unrecht zu begehen. Die mit großer Gewalt durchgeführten Säuberungswellen, mit denen Zhu Yuanzhang zwischen 1376 und 1396 an die hunderttausend Beamte, Militärs, reiche wie arme Menschen töten ließ, lassen ihn allerdings nicht als einen der gesellschaftlichen Harmonie verpflichteten, weisen konfuzianischen Herrscher erscheinen, sondern erinnern mehr an einen von der Wirkkraft von Strafen überzeugten legalistischen Gewaltherrscher.

Der Kaiser der Yongle-Ära und die Verlagerung nach Beijing

Schon wenige Jahre nach dem Tod des ersten Ming-Kaisers zeigte sich, dass sein Erbe nicht derart hochgehalten wurde, wie er dies eingefordert hatte. Zwar folgte dem Gründungskaiser der 15-jährige Sohn seines inzwischen verstorbenen ältesten Sohnes auf den Thron, doch dessen Onkel Zhu Di (朱棣) putschte gegen ihn und ließ sich in der Folge als Kaiser der Ära Yongle, 永樂 (reg. 1402–1424), inthronisieren. Da er seine Basis im Norden im Bereich um das heutige Beijing hatte, stufte er Nanjing zur zweiten Hauptstadt herab und fortan wurde Beijing das politische Zentrum Chinas, was es, abgesehen von einer kurzen Unterbrechung während der Republikzeit, bis heute geblieben ist.

Ein Heer von Handwerkern erschuf Beijing einem schachbrettartigen Plan entsprechend mit der Verbotenen Stadt – dem eigentlichen Palast – sowie der vorgelagerten Kaiserstadt, dem Verwaltungsbezirk Beijings. Dazu kam später noch die äußere Stadt im Süden hinzu, in der sich kleine ummauerte Wohnbereiche fanden. Wichtige Kultstätten, wie der Himmelstempel in Beijing, stammen ebenfalls aus der Ming-Zeit. Die Lage der »Nördlichen Hauptstadt«, wie die Übersetzung Beijings lautet, brachte allerdings auch große Nachteile mit sich. So lag sie fern von der Reiskammer im Süden Chinas, was dazu führte, dass man wieder in extremer Weise auf den Kaiserkanal angewiesen war. Bei Hangzhou südlich des Mündungsdeltas des Chang Jiang beginnend wurde der Kanal bereits von den Yuan bis zu ihrer Hauptstadt Dadu im Gebiet Beijings verlängert, um so eine leistungsfähige Alternative zum schwierigen Überlandtransport und zur gefährlichen Küstenroute zu haben. Nach dem Niedergang der Yuan war der Kaiserkanal jedoch verfallen und musste daher von 1411 bis 1415 unter dem Kaiser der Ära Yongle wieder aufwendig instand gesetzt werden.

Hohe Kosten dürften dem Staat aber zudem durch die Seefahrten entstanden sein, die ebenfalls während der Yongle-Herrschaft unter der Leitung des Eunuchen Zheng He (鄭和) stattfanden. Mit den dafür geschaffenen großen Expeditionsflotten demonstrierte der Kaiser der Ära Yongle seinen Status als »Sohn des Himmels« bis in so weit entfernte Gebiete wie Arabien, Afrika und den südasiatischen Raum. Gleichzeitig erhielt er durch die Gesandtschaften mit ihren Tributen – darunter auch eine Giraffe, welche wir bis heute auf einem Gemälde bewundern können – sichtbare Zeichen seiner Legitimation auf dem Thron.

Im Gegensatz zu seinem Vater, der den Gelehrten stets skeptisch gegenübergestanden hatte, band der Kaiser der Ära Yongle die geistige Elite geschickt in ein Großprojekt ein. Er ließ eine große Zahl von ihnen an den Hof kommen, um sie über einen Zeitraum von fünf Jahren eine allumfassende Enzyklopädie, den sogenannten »Großkanon der Ära Yongle« (*Yongle dadian,* 永樂大典), ein Werk mit über 10 000 Bänden, anfertigen zu lassen. Damit erlangte er nicht nur Loyalität unter der Gelehrtenelite, sondern demonstrierte auch seinen Status als Erbe und Hüter der chinesischen Kultur. Gleichzeitig stützte sich der Kaiser aber in besonderem Maße auf Eunuchen. Sicher ist der Eunuch Zheng He heute der bekannteste dieser von den Gelehrtenbeamten meist geschmähten und manchmal gefürchteten Gruppe. Aber auch andere Eunuchen erlangten während der Ming-Zeit hohe Posten und sehr viel politischen Einfluss. Unter dem Kaiser der Ära Yongle erlangten einige Eunuchen Bildung, worauf ihnen wichtige Bereiche der Hofverwaltung unterstellt wurden. Dass er mit ihnen eine Art geheime Kontrollagentur schuf, mit der Beamten bespitzelt wurden, dürfte das traditionell angespannte Verhältnis zwischen diesen beiden einflussreichen Gruppen bei Hof nicht verbessert haben. Die Spannungen zwischen den Eunuchen und den Beamten am Hof verstärkten sich in der Folgezeit immer mehr und es kam auch zu gewalttätigen Auseinandersetzungen.

Die Große Mauer

Auch unter der Ming-Herrschaft blieben die Mongolen eine Bedrohung. Dies zeigte sich besonders deutlich beim sogenannten Tumu-Zwischenfall, als 1449 der oiratische Mongolenführer Esen Taiji nach Datong in der nordchinesischen Provinz Shanxi eindrang. Der erst 22 jährige Kaiser der Ära Zhentong (正統) ließ sich von seinem ehemaligen Erzieher, dem einflussreichen Eunuchen Wang Zhen (王振), überzeugen, den Feldzug persönlich anzuführen, was jedoch aufgrund widriger Wetterumstände, der schlechten Verfassung der nur zahlenmäßig überlegenen Truppen der Ming sowie schwerwiegender taktischer Fehler in einem Debakel endete. Es geschah, was nicht hätte geschehen dürfen. Der Ming-Kaiser der Ära Zhentong geriet in die Gefangenschaft der Mongolen. Die Erniedrigung für den Kaiser wurde aber noch größer, nachdem die Ming, die unterdessen seinen Halbbruder Zhu Qiyu (朱祁鈺) als Kaiser Jingtai (景泰) eingesetzt hatten, sich weigerten, das geforderte Lösegeld für ihn zu bezahlen. Schließlich entließ man ihn nach vier Jahren aus der Gefangenschaft. Er kehrte an den Hof zurück und bestieg nach dem Tod seines Bruders sogar noch ein zweites Mal den Thron.

Dieser Zwischenfall hatte allzu deutlich gemacht, wie verletzlich das Ming-Reich angesichts der weiterhin bestehenden Bedrohung durch die Mongolen war, und so wurden die Stimmen derer immer lauter, die zur Sicherung der Grenze für die Errichtung einer Großen Mauer plädierten. Inzwischen hatten die Mongolen ihren Machtbereich erneut bis in das Ordos-Plateau ausgeweitet und drangen von dort immer wieder in das chinesisch besiedelte Gebiet vor. Anfangs votierten auch viele am Hof gegen eine Mauer. Der Mauerbau würde sehr teuer sein und man hoffte immer noch, die Mongolen mit einer Strafexpedition vertreiben zu können. Schließlich kam es zu einer kombinierten Vorgehensweise, bei der die

Mongolen zuerst aus dem Ordos-Gebiet vertrieben wurden, um dieses dann mit einer Mauer zu schützen.

Damit begann eine intensive Phase von Mauerbauten an verschiedenen Stellen, die am Ende mehr ein Mauersystem als eine einzige Große Mauer bildeten. So gab es Gebiete mit zwei oder gar drei Mauerlinien und auch nordsüdliche Mauerzüge wurden errichtet. Im Gegensatz zu den früheren Mauern der Qin- und Han-Dynastie bestanden nun viele Mauerabschnitte aus Stein und wurden mit Ziegeln ummantelt. Dazu kamen noch mehrere Hundert Signal- und Wehrtürme. Es war ein Großprojekt und die Generäle, die die Arbeiten befehligten, glichen Managern, da sie sich nicht nur um die Arbeiter, sondern auch um das Baumaterial und die gesamte Logistik zu kümmern hatten. Zudem war es ein mehrere Generationen überspannendes Projekt. So beanspruchte der Mauerbau von Gansu im fernen Westen Chinas über Shaanxi und Shanxi mehr als 170 Jahre. Mit der Errichtung des Mauerabschnitts in Liaoning, im Nordosten Chinas, gegen Ende der Ära Wanli (萬曆) um 1614 war die Große Ming-Mauer fertiggestellt. Sie reichte damit von Jiayuguan (嘉峪關) im äußersten Westen Chinas bis Shanhaiguan (山海關) am Meer im Osten Chinas. Die Mauer wurde zu einem wichtigen Symbol Chinas. Während sie für einige europäische Betrachter in der Vergangenheit eher ein Symbol der Abschließung Chinas war, ist die Mauer heute zu einem Symbol chinesischen Nationalstolzes und damit ein Touristenmagnet geworden. 1987 wurde die Mauer zum UNESCO-Weltkulturerbe ernannt.

Höhepunkt und Ende

Im Verlauf der Ming-Zeit nahm die persönliche Macht des Kaisers, auf die der Gründungskaiser so sehr gesetzt hatte, wieder ab und die Bürokratie wie auch Gilden und Zünfte schränkten zusammen mit anderen Mitgliedern der Elite die Kaisermacht zunehmend ein. Eher durch Behinderung der Abläufe als durch eigenständige Politikgestaltung traten Kaiser in der Mitte der Ming in Erscheinung. Zudem erlangten gerade unter schwachen Kaisern die Eunuchen wieder großen Einfluss, obwohl gerade dies der Dynastiegründer hatte verhindern wollen. Ebenso schwächten Auseinandersetzungen verschiedener Faktionen und Cliquen bei Hof immer wieder den Staat. Dabei waren es nicht immer konkrete wirtschaftliche und außenpolitische Probleme, die Anlass für solche Auseinandersetzungen gaben. So kam es beispielsweise unter dem Kaiser der Ära Jiajing (嘉靖) zu einem großen Konflikt, als er seine eigene väterliche Linie verehren ließ, was, da er nicht der Sohn, sondern der Neffe seines Vorgängers war, gegen die bisherige kaiserliche Ahnenreihe verstieß. Seit jeher war die Wahl des Thronfolgers umkämpft, so unter dem Kaiser der Ära Wanli, der den ältesten Sohn seiner Lieblingskonkubine zum Nachfolger ernennen wollte, was ebenfalls zu Turbulenzen führte und schließlich nicht durchsetzbar war.

Trotzdem gilt die Ära Wanli als die eigentliche Blütezeit der Ming-Dynastie. Die 48 Jahre andauernde Regierung ihres Kaisers sorgte für eine Kontinuität, die unter anderen, teilweise nur für wenige Jahre herrschenden Kaisern nicht gegeben war. Allerdings gebührt das Lob der Nachwelt wohl nicht dem Kaiser allein – er war bei der Thronbesteigung erst 8 Jahre alt –, sondern auch seinen Beamten, darunter Zhang Juzheng, 張居正 (1525–1582), auf den die Reformen der Ära Wanli zurückzuführen sind. Schon unter dem Vorgänger des Kaisers der Ära Wanli hatte sich Zhang Juzheng darauf konzentriert, Steuerbefreiungen und Privilegien hoher Beamter einzudämmen und die Macht der Zentrale zu stärken. Andere Maßnahmen richteten sich gegen die Korruption. 1580 setzte Zhang Juzheng eine auf längere Sicht folgenreiche Steuerreform im ganzen Reich durch, sodass fortan Landabgaben, Kopfsteuern, aber auch Arbeitsdienste sowie Abgaben der regionalen Beamten in Form einer einzigen Silbersteuer nach Maßgabe der Bevölkerungszahl und der Menge kultivierten Landes je Provinz zu zahlen war. Unmittelbar erwuchsen dem Staat dadurch mehr Mittel und die Wirtschaft erblühte.

Da als Zahlungsmittel Silber festgesetzt wurde, geriet China damit jedoch in den globalen Handel des Edelmetalls und es strömte Silber aus Japan und über die Spanier auch aus Südamerika ins chinesische Reich. Gegen Ende der Ära Wanli führte dies zu einer Inflation, die von Handelsspekulationen und Unruhen im Reich begleitet wurde. Als gegen Ende der Ming die Holländer und Engländer mehr und mehr die Spanier und Portugiesen im Seehandel verdrängten, gelangte immer weniger Silber nach China. Hierauf begann man in China, Silber zu horten, und es kam zu einem Verfall der Kupfer-Silber-Parität. Leidtragende waren vor allem die Bauern, die ihre Feldfrüchte gegen Kupfer verkauften, aber für das Kupfergeld immer weniger Silber bekamen, das sie aber für die weiterhin in Silber zu entrichtenden Steuern brauchten.

Unruhen unter den Bauern, Überschwemmungen, teilweise befördert durch ein kaiserliches Versagen bei der Flutkontrolle, die Pest und andere Epidemien schufen wie bereits bei vorausgehenden Dynastien den Nährboden für Rebellionen gegen Ende der Ming. Die Ming-Dynastie endete am 25. April 1644 mit dem Selbstmord des Kaisers der Ära Chongzhen (崇禎) auf dem sogenannten Kohlehügel nördlich der Verbotenen Stadt, nachdem der Rebell Li Zicheng (李自成) in Beijing eingedrungen war. Bis 1662 hielten allerdings noch sechs Angehörige der kaiserlichen Familie der Ming an dem Versuch fest, die Ming zu restaurieren.

Exkurs: Christliche Missionare in China

Die Geschichte der christlichen Missionare in China ist sehr wechselhaft und von Konflikten gekennzeichnet. Bis heute ist der Anteil von Christen in der chinesischen Gesamtbevölkerung sehr gering. Dies mag verwundern, denn schon früh kamen Christen nach China, christliche Missionare taten als Astronomen Dienst am Hof und sogar ein »christliches Reich« wurde in China gegründet. Missverständnisse auf beiden Seiten, aber besonders die Missionstätigkeit infolge der erzwungenen Öffnung während des Imperialismus mündeten in eine zum Teil gewaltsame Xenophobie. Mit dem Sieg des Kommunismus schließlich verloren vorerst alle Religionen an Raum und bis heute stehen der Allianz des Christentums mit westlichen Werten oft chinesische Werte und die in China viel tiefer verwurzelte Religion des Buddhismus gegenüber.

Schon vor den christlichen Missionaren des 13. Jh.s lebten unter der Tang-Herrschaft Nestorianer, eine auf den im 5. Jh. wirkenden Patriarchen Nestorius von Konstantinopel zurückgehende christliche Sekte, in Klostergemeinschaften in China. Dies belegt die sogenannte Nestorianer-Stele von 781 durch ihren syrisch-chinesisch Text, die 1623 in Xi'an wiederentdeckt wurde. Die Spur der Nestorianer ist jedoch nach der zuvorderst gegen den Buddhismus gerichteten Säkularisierungswelle von 844, die auch die frühen christlichen Klostergemeinschaften traf, nur schwer zu verfolgen. Zudem scheint keine weiterführende Missionierungstätigkeit von den Nestorianern ausgegangen zu sein.

Kontaktaufnahmen christlicher Missionare im 13. Jh. mit den mongolischen Herrschern in China waren hingegen in erster Linie politisch motiviert und beruhten auf dem Wunsch nach einer Waffenruhe aus Angst vor einem weiteren Vorstoß der Mongolen, insbesondere der Goldenen Horde, nach Europa. In diesem Zusammenhang blieb nicht zuletzt die verheerende Niederlage Heinrichs II. von Schlesien 1241 bei Liegnitz – auch Schlacht von Wahlstatt genannt – (im heutigen Polen) gegen die mongolischen Reiter im europäischen Gedächtnis verhaftet. Zudem mag die vergebliche Hoffnung bestanden haben, in China Verbündete gegen den Islam – der insbesondere in Spanien seit dem 8. Jh. zur herrschenden Macht geworden war – und zur Sicherung der Kreuzfahrerstaaten in der Levante zu gewinnen.

Als einer der ersten Missionare machte sich unter Papst Innozenz IV. (1195–1254) der Franziskaner Giovanni da Piani del Carpini (1180–1252) von Frankreich aus auf den langen Weg, bis er tatsächlich im Jurtenlager des gerade inthronisierten Güyük Khan am Fluss Orchon im Gebiet der heutigen Mongolei eine Audienz erlangte. Ganz im Widerspruch zu seinem Auftrag bekam Carpini eine diplomatische Note mit auf den Rückweg, welche den Papst und die anderen Könige aufforderte, sich dem Khan zu unterwerfen. Zwar war die diplomatische Mission gescheitert, aber sein Bericht *Ystoria Mongolarum* brachte wertvolle Informationen über die Sitten und die Kultur der Mongolen nach Westeuropa. 1289 machte sich unter Papst Nikolaus IV. (1288–1292) wieder eine Gruppe von Missionaren, unter ihnen der Franziskaner Giovanni di Montecorvino (1246–1328) und der Dominikaner Niccolò da Pistoia, auf den Weg. Nach einer fünfjährigen Reise erreichten sie Khanbaliq bzw. Dadu (大都) im Gebiet des heutigen Beijing, wo gerade Timur Khan, der Enkel des Khubilai Khan, zur Herrschaft gelangt war. Sein Großvater hatte den Lamaismus, einen Buddhismus tibetischer Prägung, zur Staatsreligion gemacht. Ein Interesse für das Christentum war daher nicht zu wecken. Genauso wenig gelang es den Missionaren, noch in China lebende Nestorianer zu einer Wiedervereinigung mit der katholischen Kirche, von der sie seit dem zweiten Konzil von Konstantinopel 533 getrennt waren, zu gewinnen. Den päpstlichen Gesandten wurde allerdings die Erlaubnis erteilt, ihrer Missionstätigkeit nachzugehen. Dennoch blieben die von der Kirche eingerichteten Bischofssitze in Beijing und Quanzhou (泉州) bezüglich ihres Missionierungsauftrags auf längere Sicht weitgehend wirkungslos.

Die katholischen Geistlichen konzentrierten sich weiter auf den Kaiserhof und die Elite der Gesellschaft. Ebenfalls zeigten sich Bemühungen jesuitischer Missionare im Zuge der Niederlassung in Macau als nicht sehr zielführend, gleichwohl sich die Jesuiten einen guten Namen als Vermittler europäischer Kultur machten. Ihr Erfolgsrezept bestand darin, mit eigener Bildung zu überzeugen und mit der Akkommodation des christlichen Glaubens der chinesischen Kultur Respekt zu zollen.

Die Ming

So beeindruckte der Missionar Matteo Ricci (1552–1610) nicht nur mit Fachwissen in der der chinesischen damals überlegenen europäischen Mathematik, sondern auch mit ausgewiesenen Kenntnissen der chinesischen Kultur. Die Zahl der Konvertiten blieb aber gering und die chinesischen Gelehrtenbeamten sahen die Jesuiten wohl weniger als Missionare denn als ausländische Spezialisten. Geistliche wie Adam Schall von Bell (1591–1666) oder Ferdinand Verbiest (1617–1688) errangen hohe Positionen am Kaiserhof und wurden als Astronomen und Vermittler europäischer Naturwissenschaften sowie der Malerei geschätzt. Eine weitere wichtige Funktion übten sie als Dolmetscher aus, so beim Vertrag von Nertschinsk (1689) zwischen dem russischen Zaren und den Qing, in dessen Folge auch Priester der russisch-orthodoxen Kirche nach China kamen.

Diese frühe, durch Anpassung an die chinesische Kultur und durch Akzeptanz der Ahnenverehrung gekennzeichnete Phase der christlichen Mission kam zu einem jähen Ende, als sich im Ritenstreit (1693–1705) des Vatikans in Rom die Gegner dieser toleranten Praxis durchsetzten. 1721 sprach der Kaiser der Ära Kangxi einen Bann gegenüber jenen christlichen Missionaren aus, die sich nicht von dieser Position distanzierten, und wenig später, im Jahre 1724, verbot der Kaiser der Ära Yongzheng, 雍正 (reg. 1723–1735), die christliche Mission.

Im Zuge des Imperialismus kamen dann trotz des von den Qing erlassenen Missionsverbotes in größerer Zahl protestantisch ausgerichtete Missionare von Hongkong aus ins Land. Im Gegensatz zu den häufig sehr umfassend gebildeten katholischen Ordensleuten zielten diese Missionare auf eine Bekehrung des einfachen Volkes und bedienten sich dabei auch der Unterstützung chinesischer Konvertiten. Da diese aber oft aus den unteren sozialen Schichten der Gesellschaft stammten, genossen sie wenig Ansehen und wurden teils mit Neid oder großem Misstrauen betrachtet. Die Konfliktlage verstärkte sich weiter infolge der durch die chinesische Niederlage in den Opiumkriegen erzwungene Öffnung Chinas, in deren Folge immer mehr christliche Missionare nach China kamen. Zudem diskreditierte das pseudochristliche Reich der Taiping (1851–1864) unter Hong Xiuquan (洪秀全) durch Zerstörung, Gewalt und sehr eigenwillige religiöse Visionen die christliche Lehre in China, obwohl sich westliche Christen rasch davon distanzierten. Höhepunkt des Misstrauens gegenüber christlichen Missionaren verbunden mit einer allgemeinen Xenophobie war der Boxeraufstand von 1889 bis 1901.

Schließlich waren es mehr allgemeine soziale und bildungspolitische Aktivitäten in den großen Städten, wie die Errichtung von Schulen, Krankenhäusern, aber auch modernen Presseorganen, die längerfristige Erfolge zeigten und so teils direkt und teils indirekt für den christlichen Glauben warben. Gerade die Missionare, die sich nicht auf die Mission beschränkten, sondern die chinesische Sprache und ihre Kultur erschlossen, legten mit ihren Wörterbüchern und anderen Arbeiten den Grundstein der modernen Sinologie.

Das letzte Kaiserreich unter den Qing

Die Qing-Dynastie herrschte zu ihrer Blütezeit über ein Territorium, das doppelt so groß war wie das ihrer Vorgänger und Heimat für mehr als das Dreifache an Menschen war – 1850 ca. 414 Millionen. An der Spitze des Qing-Reichs aber stand mit den Mandschuren eine zahlenmäßig kleine Gruppe. Neben ihnen und den in vielen Texten sehr unscharf als Han-Chinesen bezeichneten, schon lange in China sesshaften und Chinesisch sprechenden Gruppen lebten auch Mongolen, Tibeter, Uighuren, Hmong, Yi (Yizu, 彝族) und viele weitere Ethnien in ihrem Herrschaftsgebiet und an dessen Grenzen. Der Anteil der Muslime an der Bevölkerung wuchs mit der Ausdehnung nach Westen weiter an, während in der zweiten Hälfte der Qing-Herrschaft das Christentum in ganz unterschiedlichen Formen Einfluss auf die Gesellschaft nahm.

Mitte des 18. Jh.s herrschte in China ein Lebensstandard, der dem von Europa zu jener Zeit ebenbürtig, wenn nicht überlegen war. Der Beginn der Qing-Herrschaft vermittelt ein Bild relativer Stabilität und Kontinuität, war er doch insbesondere zwischen 1661 und 1795 von nur drei Herrschern, den drei Kaisern der Ära Kangxi, 康熙 (reg. 1661–1722),

Yongzheng, 雍正 (reg. 1722–1735), und Qianlong 乾隆 (reg. 1736–1795) geprägt. Unter dem Kaiser der Ära Jiaqing, 嘉慶 (reg. 1796–1820), änderte sich dies grundlegend. Fortan prägten soziale Unruhen im Inneren, aber auch das Vordringen des westlichen Imperialismus das Qing-Reich. Während sich die Mandschu-Herrschaft zu Beginn immer weiter nach Westen ausgedehnt hatte, war sie in der späteren Entwicklung von den Küsten aus zunehmend dem Druck der westlichen Mächte ausgesetzt und gerieten sogar in einen halb kolonialen Zustand, bis die Qing-Dynastie 1911 schließlich ihr Ende fand.

Der Aufstieg der Mandschu

Der Aufstieg der Mandschu, die schließlich das letzte Kaiserreich der chinesischen Geschichte formten, vollzog sich über einen längeren Zeitraum außerhalb der Grenzen des Ming-Reiches im Nordosten. Teile der Dschurdschen hatten sich nach ihrer Niederlage gegen die Mongolen in die Mandschurei zurückgezogen. Mit Nurhaci, 努爾哈赤 (1559–1626), trat um 1586 aus ihrer Mitte ein bedeutender Stammesfürst hervor. Er stammte aus der Grenzregion zu Korea am Changbai-Gebirge, wo die Bewohner teils vom Ackerbau und teils von der Jagd lebten. Auch der Handel mit Ginseng spielte eine große Rolle. Wie auch andere Stammesfürsten stand Nurhaci zu Beginn in einem Vasallenverhältnis zu den Ming und gelangte auf diese Art mehrfach im Rahmen einer Tributgesandtschaft nach Beijing. 1616 jedoch erklärte er sich zum Großen Khan der Späteren Jin, 後金 (1616–1636), womit er sich bewusst an die zeitgleich mit den Song von Dschurdschen geführte Dynastie Jin, 金 (1115–1234), anlehnte.

Unter seiner Vorherrschaft wandelte sich die bisherige lose Stammeskonföderation in ein von staatlicher Bürokratie gelenktes Reich. Bereits 1599 ließ er ein Schriftsystem für seine Sprache, die später Mandschurisch heißen sollte, erschaffen.

Kapitel II

Seine Truppen, darunter auch Mongolenstämme, organisierte er in farbigen Bannereinheiten, die als Erkennungszeichen in der Schlacht, aber auch zur Erfassung der Bevölkerung allgemein genutzt wurden. In Konflikt mit den Ming geriet er, als er sein Machtgebiet weiter Richtung Süden, insbesondere in das Gebiet östlich des Liao-Flusses, ausdehnte, wo sesshaft gewordene Dschurdschen mit chinesischen Auswanderern handelten. Mit Versprechungen, Beamtenposten für gebildete Chinesen, die sich ihm unterstellten, sowie mit militärischer Stärke festigte er seine Position in diesem Grenzgebiet der Ming. Diejenigen Männer, die sich ihm untergaben, mussten sich den vorderen Teil des Schädels rasieren und das restliche Haar lang in einem Zopf tragen. Ab 1645 sollte diese Anordnung schließlich für das ganze im Entstehen begriffene Qing-Reich gelten. Mukden, das heutige Shenyang (瀋陽) in der Provinz Liaoning, wurde zur Hauptstadt seines Reiches. Sein Sohn Abahai alias Hong Taiji (洪台極) bzw. Huang Taiji, 皇太極 (reg. 1626–1643), war es, der verfügte, fortan möge man sich statt als Dschurdschen als Mandschu (Manzu, 滿族) bezeichnen, da dem Begriff Dschurdschen in ihren Augen eine negative Konnotation anhaftete. Bis heute herrscht Uneinigkeit darüber, wie genau dieser Name entstand.

Das Ming-Reich war unterdessen von Rebellionen geschwächt, und so konnten die Mandschu, wie sie sich nun nannten, in das chinesische Reich eindringen. Eine besondere Rolle kommt dabei dem Ming-General Wu Sangui, 吳三桂 (1612–1678), zu, der sein Heer bei Shanhaiguan in der heutigen Provinz Hebei an der dort verlaufenden Mauer stationiert hatte. 1644 öffnete er die Große Mauer und ebnete damit den Mandschu den Weg. Möglicherweise hatte er die Hoffnung, sich der Mandschu bedienen zu können, um den Rebellen Li Zicheng (李自成) aus Beijing zu vertreiben. Die Mandschu aber ergriffen die Macht in China. Da sich Wu Sangui später gegen die Mandschu wandte, wurde er in den Augen der Geschichtsschreiber zu einem doppelten Verräter, erst gegenüber den

Ming, dann gegenüber der »Großen klar Strahlenden« (Da Qing, 大清), wie die Mandschu ihre Dynastie nannten.

Bemühen um Konsolidierung

Die ersten Jahrzehnte der Qing-Herrschaft sind durch die Bemühung um die Konsolidierung ihrer Macht geprägt. Neben Wu Sangui hatten sich auch Shang Kexi, 尚可喜 (1604–1676), und Geng Jimao, 耿繼茂 (gest. 1671), früh den Qing angeschlossen und für diese gegen Widerstände im Süden gekämpft. Dafür waren sie von den Qing dort mit weitreichenden Befugnissen ausgestattet und sogar mit Töchtern aus dem Mandschu-Adel verheiratet worden. Als die Generäle Shang und Geng ihre Position auf ihre Söhne übertrugen, schritt der Kaiser der Ära Kangxi ein und machte deutlich, dass die Kontrolle über den Süden Chinas vom Qing-Hof ausgehen sollte. Wu Sangui rief daraufhin eine eigene Dynastie aus, der er den geschichtsträchtigen Namen Zhou, 周, gab. Zusammen mit den Söhnen Shangs und Gengs kam es zum sogenannten Aufstand der drei Feudalfürsten, der von 1673 bis 1681 dauerte. Dadurch wurden die Bewohner des Südens, die sich erst wenige Jahre zuvor zwischen dort verbliebenen Ming-Loyalisten und den Mandschu hatten entscheiden müssen, in einen erneuten Konflikt gezogen.

Der Kaiser der Ära Kangxi ging siegreich aus dieser Konfrontation hervor und stärkte seine Position. Der Süden aber blieb ein mit Unsicherheit behaftetes Randgebiet und als der Kaiser sich im Jahre 1684 und 1689 auf den Weg zu einer Inspektionsreise in den sogenannten Süden aufmachte, führte ihn dieser nicht wesentlich weiter als über die Grenzen des Chang Jiang zu den prosperierenden Städten Nanjing und Suzhou. Vom Kaiserhaus in Auftrag gegebene Bildrollen vermitteln bis heute einen lebendigen Eindruck von diesen urbanen Zentren.

Auf dem Land jedoch versäumte es der Kaiser der Ära Kangxi tief greifende Reformen durchzuführen. Da es keine besoldete Polizeitruppe gab, trieben Räuberbanden ihr Unwesen. Lokale Beamte mussten den Großteil der von den Bauern in Silber zu zahlenden Steuern an den Hof weiterleiten, sodass für die Ausgaben vor Ort schätzungsweise weniger als 6 % blieb, Gerichtsstreitigkeiten liegen blieben und ein Nährboden für Korruption entstand.

Folgenreich für seine Nachfolger war überdies die Entscheidung, an den 1581 noch unter den Ming letztmalig erhobenen Daten für den Grundbesitz festzuhalten und 1712 die Zahl der zu besteuernden arbeitsfähigen Männer ungeachtet des Bevölkerungswachstums einzufrieren, sodass keine verlässlichen Steuerdaten erhoben werden konnten. Nur aufgrund von Einnahmen durch Monopole des Staates, z. B. im Salzhandel und auch durch Besteuerungen des Handels, war die finanzielle Lage des Hofes trotzdem noch günstig.

Einbindung der Gelehrten

Allen Widerständen zum Trotz gelang den Mandschu zu Beginn ihrer Herrschaft, woran andere Fremdherrscher in China oft gescheitert waren: Einerseits hielten sie an ihrer Mandschu-Identität fest, indem sie ihre Sprache, Sitten, militärischen Werte, das Bannersystem und den Lamaismus pflegten. Andererseits bedienten sie sich jedoch auch des Konfuzianismus und seiner strengen Hierarchien als Herrschaftslegitimation. Der Kaiser der Ära Kangxi verfasste selbst in Anlehnung an die sechs Maxime, die bereits der erste Ming-Kaiser zur moralischen Unterweisung des Volkes formuliert hatte, das »Heilige Edikt« (*Shengyu,* 聖諭) in 16 Lehrsätzen, die im Volk propagiert wurden. Zudem befleißigten sich die frühen Mandschu-Kaiser als Förderer der chinesischen Literatur und Kunst, darunter besonders der Malerei.

Große Bedeutung kam auch den von den Qing-Kaisern in Auftrag gegebenen monumentalen Schriftensammlungen zu, mit denen sie sich als Förderer und Bewahrer der chinesischen Kultur inszenierten und um Loyalität unter den Gelehrtenbeamten warben.

Unter der Herrschaft der Kaiser der Ära Kangxi und der Ära Yongzheng entstand in diesem Zusammenhang ein beeindruckendes enzyklopädisches Werk. Die »Vollständige Sammlung von Tafeln und Schriften aus alter und neuer Zeit« (*Gujin tushu jicheng*, 古今圖書集成) umfasst über 130 Millionen Schriftzeichen auf 852 408 Seiten und ist in sechs große Oberthemen – vom Himmel und der Erde über den Menschen, Dinge bis hin zu die Staatsführung betreffende Bereiche – aufgeteilt. Diese sind wiederum in 32 Unterrubriken mit insgesamt 6 117 Einträgen geordnet. Das Monumentalwerk wurde mit beweglichen Kupferlettern gesetzt. Mit der »Vollständigen Bibliothek der Vier Schatzkammern« (*Siku quanshu*, 四庫全書) strebte der Kaiser der Ära Qianlong an, das Großprojekt des *Yongle dadian* der Ming zu übertreffen. Eine Gruppe aus 361 Gelehrten arbeitete von 1773 bis 1782 an dieser Zusammenstellung chinesischer Geisteskultur mit 3 461 Werken. Allerdings sollte nicht übersehen werden, dass damit eine strenge Zensur einherging, denn immerhin standen denen für würdig befundenen Werken 2 855 Schriften gegenüber, die aus politischen Gründen oder, weil sie als sittenlos galten, auf den Index kamen und verbrannt wurden. Zum Glück tauchten manche dieser Werke u. a. in japanischen Bibliotheken wieder auf. Vieles ging jedoch endgültig verloren. Die Qing-Kaiser waren keine uneigennützigen, der Kultur generell verpflichteten Herrscher. Sie handelten mit Kalkül. So ließ bereits der Kaiser der Ära Shunzhi, 順治 (reg. 1643–1661), die konfuzianischen Beamtenprüfungen wieder abhalten. Denn nur mit ihrer Hilfe konnte der Staat eine ihm loyale, auf konfuzianische Werte eingeschworene Beamtenschaft rekrutieren, die es den Qing erlaubte, ihr Riesenreich zu verwalten.

Kapitel II

Reformen unter dem Kaiser der Ära Yongzheng

Der Kaiser der Ära Yongzheng kam anders als sein Vater als gestandener Mann im Alter von 45 Jahren 1722 auf den Thron. Da seine Thronbesteigung davon überschattet war, dass ihn sein Vater erst auf dem Sterbebett zum Nachfolger bestimmte, scheint er besonders bemüht gewesen zu sein, als sehr fleißiger Regent in die Geschichte einzugehen. Es war ihm ein besonderes Anliegen, die Volksmoral und Loyalität zu heben, weshalb er zum »Heiligen Edikt« des Kaisers der Ära Kangxi umfangreiche Kommentare verfasste, die von den Beamten auswendig gelernt werden mussten und mit denen das Volk indoktriniert wurde, indem zweimal im Monat in den Dörfern dazu Vorträge gehalten werden sollten.

Der Kaiser setzte aber auch auf behutsame Reformen. Unter seiner Herrschaft entstand ein inoffizielles Gremium, in dem über Finanz- und Militärfragen beraten wurde, das unter seinem Nachfolger, dem Kaiser der Ära Qianlong, dann als der Staatsrat berühmt wurde. Damit sollte eine im Vorfeld geheime und effektive Planung von strategischen Maßnahmen ermöglicht werden. Der Kaiser der Ära Yongzheng zählte neben seinem jüngeren Bruder in diesem Gremium ebenso auf zwei hohe chinesische Beamte aus dem Delta des Chang Jiang. Sie unternahmen den Versuch, das defizitäre Steuersystem zu reformieren. Da es dazu der Unterstützung der Beamten bedurfte, ermutigte der Kaiser sie, Vorschläge zu machen. Zudem ersetzte er aber auch einige Provinzgouverneure und Finanzkommissare, bevor er eine Erhöhung der Grund- und der Kopfsteuer bei gleichzeitigem Verbot der Erhebung von Extrasteuern, z. B. für Geschenke, an den Hof anordnete. Die Steuereinnahmen wurden dann nach einem neuen Schlüssel verteilt, um damit die lokale Beamtenschaft besser zu entlohnen und so der Korruption den Boden zu entziehen. Auch Arbeiten an der Infrastruktur, z. B. Wasserbauarbeiten, sollten damit realisiert werden.

Die Reformen griffen jedoch nur in den nördlichen, dicht besiedelten Gebieten, da hier eine Vielzahl steuerpflichtiger Bauern lebte und die lokalen Steuereinnahmen stark stiegen. Aufgrund der dünneren Besiedlung zeigte sich im Süden und Südwesten ein nur mäßiger Erfolg, während sich die Land besitzende Elite in den zentralen Bereichen des Chang Jiang teilweise weigerte, ihren Boden registrieren zu lassen, und daher gezielt Revisoren in die Region entsandt werden mussten, um den Widerstand zu brechen.

Der Versuch der Konsolidierung der Finanzen, die Festigung des Machtanspruchs im Südwesten und die Klärung des Grenzverlaufs mit Russland im Hinblick auf Einheit und die Sicherung der Autokratie im Reich können als wesentliche Merkmale der nur relativ kurzen Herrschaft des Kaisers der Ära Yongzheng betrachtet werden.

Die Ära Qianlong

Unter der Herrschaft des Kaisers der Ära Qianlong stieg die Bevölkerung auf über 300 Millionen an. Dem war eine Politik vorangegangen, bei der zuvor brachgefallene Gebiete Nordchinas und Sichuans wieder besiedelt wurden. Dazu kam die Migration chinesischer Siedler nach Südwesten und unter Qianlong auch in die südliche Mandschurei, indem sie sich über das ursprünglich dort geltende Siedlungsverbot der Mandschu für chinesische Bauern hinwegsetzten. Der Anbau von Feldfrüchten, die aus der neuen Welt stammten – wie der Süßkartoffel, der Kartoffel oder dem Mais – half, die immer größere Zahl armer Menschen auf nicht immer optimalen Böden zu ernähren. Gleichzeitig wurden aber bedingt durch die Erbteilung die Ackerflächen immer kleiner. Zwar versuchten die Menschen durch Rodungen gebirgiger Bereiche neue Anbauflächen zu schaffen, aber oft waren Erosion und andere ökologische Probleme das längerfristige Resultat einer nur kurzzeitigen Fruchtbarkeit der Flächen. Zudem ließ die Verdrängung lokaler Minderheiten in entlegenere Bergregionen auch einen Nährboden für soziale Spannungen entstehen.

Die Herrschaft des Kaisers der Ära Qianlong war trotz dieser Probleme eine Phase der Expansion. Feldzüge gegen die Dsungaren (Oiraten) 1759 im Westen verdoppelten die Fläche des Qing-Reiches. Durch diese Expansion wurden China und Russland im Gebiet des heutigen Xinjiang zudem direkte Nachbarn. Mit den militärischen Unternehmungen waren allerdings auch hohe Kosten verbunden. Im Gegensatz zu seinen Vorgängern, die sich durch eine sehr persönliche Staatsführung – sichtbar anhand vieler zinnoberroter ausführlicher Kommentare an den Palastdenkschriften – ausgezeichnet hatten, räumte dieser Kaiser seinen Staatsräten eine größere Entscheidungsbefugnis ein. Gleichzeitig verloren die zuvor energisch betriebenen Reformbemühungen an Schwung. Machtmissbrauch und eine ineffiziente Bürokratisierung fingen an, eine lähmende Wirkung auf den Staat auszuüben. Während die Unzufriedenheit der Prüfungskandidaten angesichts der nicht mit der Bevölkerung proportional gewachsenen Quoten und des extrem formalen Prüfungswesens wuchs, blühte die bereits zu Beginn der Qing entstandene Form der *kaozheng* (考證, Gelehrsamkeit) auf, die sich in geradezu wissenschaftlicher Form unter Anwendung textkritischer Methoden mit den geheiligten Schriften des Altertums auseinandersetzte.

Die Ära Jiaqing

Der Beginn der Herrschaft des Kaisers der Ära Jiaqing, 嘉慶 (reg. 1796–1820), lag im Schatten seines nur aus Altersgründen zurückgetretenen Vaters. Dieser hatte aus Hochachtung nicht länger als sein Vater, der Kaiser der Ära Kangxi, regieren wollen, der immerhin über 60 Jahre die Staatsführung in Händen gehalten hatte. Während der ersten Jahre auf dem

Thron übten daher der ehemalige Kaiser der Ära Qianlong und sein Günstling Heshen (和珅) weiterhin großen Einfluss aus und setzten ihr extravagantes Regime fort. Als sein Vater 1799 schließlich starb, entledigte sich der Kaiser der Ära Jiaqing rasch Heshens und startete angesichts der sozialen und politischen Krise des Reichs sein auf Sparsamkeit, Korruptionsbekämpfung, Volksnähe und mehr religiöse Toleranz ausgerichtetes Programm.

Unter anderem verbot er die bislang übliche Praxis, bei der Beamte, vor allem solche aus Grenzregionen, zu Neujahr oder zu Geburtstagen luxuriöse Tribute, das heißt oft über korrupte Handlungsweisen erlangte Geschenke, an den Hof entsandt hatten. Ebenso stellte er die äußerst aufwendigen und für die betroffenen Regionen belastenden Inspektionsreisen in den Süden ein. Um den Anliegen des Volkes mehr Gehör zu schenken und um Machtmissbrauch zu bekämpfen, setzte er Schritt für Schritt das vorher oft inkonsequent umgesetzte Mittel der Klage bei Hof für auf unteren Ebenen gescheiterte Verfahren um. Dadurch erlangte er ungefilterte Informationen zur Lage der Bevölkerung in den unterschiedlichen Regionen.

Ein Problem der Zeit stellte die aufrührerische Sekte des Weißen Lotus dar. Bereits sein Vater hatte mit enormem militärischen Aufwand und sehr repressiven Maßnahmen versucht, gegen diese vorzugehen. Allerdings hatten korrupte Beamte mit der Forderung an die Bevölkerung, entweder zu zahlen oder eben als rebellische Anhänger der Sekte belangt zu werden, eher für ein Anwachsen der Bewegung gesorgt. Der Kaiser der Ära Jiaqing versuchte daher die Situation zu deeskalieren, indem er zwischen einfachen Gläubigen und Aufständischen unterschied. Diese Differenzierung war wahrscheinlich nicht immer leicht. Unser heutiges Bild von der Sekte des Weißen Lotus ist sicher dadurch geprägt, dass es in erster Linie auf offiziellen Geschichtsquellen beruht. Unterschiedliche Gruppierungen wurden womöglich unter einer Bezeichnung zusammengefasst, was eine vermeintliche

Kontinuität über einen langen Zeitraum suggeriert. Bei dieser Sekte mag es sich ursprünglich um ein volksreligiöses Phänomen gehandelt haben, das sich aus buddhistischen Laienorganisationen des 11. Jh.s entwickelte, in welchen sich daoistische, buddhistische sowie manichäistische Elemente verbanden. Gegen Ende der Qianlong-Ära erwuchs daraus eine sozialreligiöse antimandschurische Rebellionsbewegung in den gebirgigen Regionen Zentralchinas. Es dauerte bis 1804, bis man den Aufstand der Sekte des Weißen Lotus weitgehend befrieden konnte.

Die Macartney-Mission

Lord George Macartney (1737–1806) war vom englischen König George III. (1738–1820) damit beauftragt worden, den chinesischen Kaiser für eine Öffnung Chinas gegenüber den ausländischen Händlern zu gewinnen. Die von der Britischen Ostindien-Kompanie finanzierte Mission erreichte 1793 Kanton, dessen Hafen zu dieser Zeit als einziger für Europäer geöffnet war, nachdem die Qing den Handel über Zhoushan (舟山) und Xiamen (廈門) 1760 eingeschränkt hatten und der Handel über Macau alias Aomen (澳門) in den Händen der Portugiesen lag.

Bereits seit 1569 hatten sich aber auch die Briten bemüht, einen Seehandel mit China zu eröffnen. Die erste Expedition unter der Führung von Benjamin Wood erreichte China jedoch nie. 1637 gelangte Kapitän Weddell im Auftrag der bereits 1600 gegründeten Britischen Ostindien-Kompanie zwar nach Kanton, fand aber bei den chinesischen Behörden der im Niedergang begriffenen Ming kein Gehör. Obendrein erlitt er zudem Schiffbruch auf seiner Rückfahrt. Nachdem die Niederländer durch chinesische Truppen von Taiwan vertrieben worden waren, setzte sich dort die Britische Ostindien-Kompanie 1672 fest, um Handel mit dem Festland zu treiben. In der Folgezeit verlagerte sie ihr geschäftliches

Das letzte Kaiserreich unter den Qing

Treiben mehr und mehr nach Kanton, wo sich Ausländer jedoch nur zwischen Oktober und März aufhalten durften.

Mit dem Vorwand, zu Ehren des Geburtstages des Qianlong-Kaisers angereist zu sein, gelang es der Macartney-Mission, bis nach Tianjin weiterreisen zu dürfen, um schließlich bis zum Sommerpalast in Jehol (热河) alias Chengde (承德), ca. 250 Kilometer von Beijing entfernt, nördlich der Großen Mauer, zu gelangen. Macartney fühlte sich gut vorbereitet, war man doch mit zwei der modernsten Schiffe und Gastgeschenken gekommen, die dem chinesischen Kaiserhof den hohen Entwicklungsstand britischer Technologie und Waren verdeutlichen sollte.

Zwar avancierte der elfjährige, Chinesisch sprechende Sohn von Sir George Staunton (1737–1801), dem Sekretär von Macartney, zum Star bei Hofe, angesichts der Uhren, Planetarien, Fernrohre und auch anderer Güter der britischen Glas- und Stahlproduktion blieb der Kaiser jedoch unbeeindruckt. Wohl zudem verärgert darüber, dass ihm Macartney den von tributpflichtigen Gesandten zu vollziehenden Kotau verweigerte, ließ er dem englischen König würdevoll übermitteln, dass man weder raffinierte Gerätschaften je geschätzt habe noch den geringsten Bedarf an den Erzeugnissen aus britischen Landen habe. Dessen ungeachtet sei es durchaus ein Zeichen von Achtung, dass die vom britischen König geschickten Tributgaben von so weit her gesandt worden seien. Obwohl sein Reich keinerlei Bedarf an Importgütern habe, so erklärte der Kaiser weiter, habe man aus dem Wissen heraus, dass Tee, Seide und Porzellan für die Europäer wie auch für die Chinesen Notwendigkeiten seien, die Gunst erwiesen, in Kanton unter der Aufsicht des Handelskommissars über 13 Faktoreien Warenaustausch zu gestatten, wo doch zuvor der europäische Handel über Macau abgewickelt worden sei.

Unmissverständlich wurde Macartney so klargemacht, dass alle Versuche, außerhalb Kantons Handel zu treiben, eine Bestrafung und Ausweisung zur Folge haben würden. Macartney durfte sich selbst noch vom Luxus und Glanz der

Qing bei einer Besichtigungsrunde in der ausgedehnten Parkanlage des Sommerpalastes überzeugen, bevor er ergebnislos wieder den Heimweg antreten musste. Ein zweiter Versuch der Briten, für sich den chinesischen Markt zu erschließen, scheiterte im Rahmen der sogenannten Amherst-Mission 1816 ebenfalls kläglich.

Die britische Ostindien-Kompanie hatte zur Zeit der Macartney-Mission bereits eine dominante Rolle im Fernhandel gegenüber ihren europäischen Konkurrenten gewonnen und wurde zur treibenden Kraft der kolonialistischen Bestrebungen des britischen Empire. Indien stand zu großen Teilen unter ihrer Kontrolle. Gleichzeitig machten sich aber auch vermehrt Probleme in der Verwaltung der riesigen Gebiete bemerkbar. Die finanzielle Lage verschlechterte sich zunehmend. Zudem kam es 1773 zur Boston Tea Party, in deren Folge Amerika unabhängig wurde, was die Lage der britischen Ostindien-Kompanie, die das Handelsmonopol mit den Kolonien besaß, noch weiter verschärfte. Die britische Regierung wiederum konnte sich den Bankrott der Ostindien-Kompanie nicht leisten, da diese für die Finanzierung der Kolonialtruppen in Indien aufkam. Aber auch die Handelsbilanz mit China war negativ und so begannen die Briten verstärkt Opium aus Indien in den chinesischen Markt einzuspeisen.

Die Opiumkriege

Die medizinische Verwendung von Opium in kleinen Dosierungen hat in China eine lange Tradition, die bis in das 11. Jh. zurückreicht. Zu einer Alltagsdroge wurde Opium erst durch die Technik des Rauchens, nachdem sich das Tabakrauchen im 17. Jh. durch europäische Seefahrer infolge der Entdeckung Amerikas über die ganze Welt verbreitetet hatte. Versuche des Kaiserhauses, 1729 die Verwendung von Opium wieder auf medizinische Indikationen zu beschränken, blieben erfolglos.

Das letzte Kaiserreich unter den Qing

Bis 1820 stand die Handelsbilanz für die Chinesen günstig. Dann jedoch kippte die Situation, denn die Briten überschwemmten mit dem in Bengalen (heute Indien und Bangladesch) angebauten Opium China. Aus China floss nun Silber in großen Maßen ab und wurde knapp, was das Kaiserreich in zusätzliche wirtschaftliche Schwierigkeiten brachte. Darüber hinaus wurden immer mehr Menschen drogenabhängig, wobei es nicht nur Vermögende waren, die in Opiumhöhlen dahindämmerten. Gerade die Armen kratzten ihr letztes Geld zusammen, um dem Elend zu entfliehen und ihr Hungergefühl zu dämpfen. Chinesen waren aber nicht nur Opfer, sondern ebenso Mittäter, da große Teile des Opiums über chinesische Schmugglerboote an Land gebracht wurden. Angesichts des Elends, das durch das Opium hervorgerufen wurde, bemühte sich der vom Kaiser der Ära Daoguang, 道光 (reg. 1821–1850), beauftragte Sonderkommissar von Kanton Lin Zexu (林則徐) durch Aufklärung, aber auch strenge Bestrafung von Dealern und die Aufforderung zur Anzeige von Konsumenten, den Drogenkonsum zu begrenzen. Da er die Wurzel des Problems jedoch in der ungebremsten Einfuhr von Opium durch die Briten sah, wandte er sich am 18. März 1839 in einem offenen Brief an die britische Königin Viktoria und appellierte an ihr Gewissen. Er habe gehört, dass in ihrem Land das Rauchen von Opium streng verboten sei, da der Schaden, den das Rauchen von Opium verursache, klar erkannt sei. Wenn dem so sei, solle sie das Opium umso weniger zum Schaden anderer Länder weitergeben lassen. Er bekam keine Antwort und die Chinesen handelten. Es erging ein Dekret, das den Handel mit Opium unter Androhung der Todesstrafe verbot und auf einer Herausgabe des gelagerten Opiums bestand.

Als Lin Zexu die britischen Händler aufforderte, das im Hafen von Kanton lagernde Opium herauszugeben, weigerten sich diese zuerst. Er erließ daraufhin gegen Lancelot Dent, einen der führenden Opiumhändler, einen Haftbefehl, doch die Briten lieferten ihn nicht aus. Es folgte die Abriegelung der ausländischen Niederlassungen in Kanton und ein Verbot der Kontaktaufnahme zwischen ihnen und den chinesischen Händlern. Schließlich gab der britische Handelsbevollmächtigte Charles Elliot nach. Das Opium wurde ausgeliefert, sodass schließlich 1,4 Millionen Kilogramm Rohopium unbrauchbar gemacht wurden und die verbrannten Überreste ihren Weg ins Meer fanden.

Während Lin Zexu weiter daran arbeitete, den Opiumhandel, in den nun auch die Amerikaner eingestiegen waren, zu unterbinden und die Zufahrt nach Kanton militärisch zu sichern, ließen sich einige Briten um Charles Elliot auf der Felseninsel Hongkong nieder, die damals noch nahezu unbewohnt war. Im Oktober 1839 kam es dann zu Zusammenstößen britischer und chinesischer Kriegsschiffe vor Hongkong und Kanton. Unter der Führung von George Elliot, dem Vetter Charles Elliots, erfolgte die direkte Konfrontation. Erst wurde lediglich die Hafeneinfahrt von Kanton blockiert. Dann aber segelte der militärisch überlegene Verband der Briten weiter die Küste entlang nach Norden, um dort ebenfalls wichtige Häfen im Delta des Chang Jiang zu blockieren und schließlich bis zu den Forts der Hafenstadt Tianjin in der Nähe Beijings vorzudringen. In den Verhandlungen, die 1840 zwischen einem Großsekretär des Kaisers und den Briten stattfanden, wurden Vereinbarungen getroffen, die unter anderem die Abtretung Hongkongs und die Zahlung einer hohen Kriegsentschädigung an die Briten beinhalteten. Doch weder der chinesische Kaiser noch der britische Außenminister Lord Palmerston (1784–1865) waren mit dieser Regelung einverstanden. Als neuer Generalbevollmächtigter der Briten wurde daher Sir Henry Pottinger (1789–1856) nach China entsandt, der beauftragt wurde, die Kriegshandlungen fortzusetzen. Die Lage eskalierte daraufhin weiter und am Ende standen die militärisch überlegenen Briten, denen neben Segelschiffen erstmals auch ein Dampfschiff zur Verfügung stand, 1842 kurz vor Nanjing, worauf die Qing kapitulierten.

Am 29. August 1842 wurde an Bord eines britischen Kriegsschiffes vor Nanjing der erste der sogenannten Ungleichen Verträge unterzeichnet und später in Hongkong ratifiziert.

Die Ungleichen Verträge

Die Niederlage im Ersten Opiumkrieg markiert ein chinesisches Trauma, das sich in den Ungleichen Verträgen manifestierte. Um den Opiumhandel selbst ging es im Ersten Opiumkrieg nur noch indirekt. Hongkong fiel an Großbritannien. Neben hohen Geldzahlungen musste China die fünf Häfen Kanton, Fuzhou (福州), Xiamen, Ningbo (寧波) und Shanghai (上海) öffnen. Zudem zwang man die Chinesen, den Briten in Shanghai ein kontinuierliches Aufenthaltsrecht zu gewähren, ein Zugeständnis, welches den Keim für die späteren Konzessionen anderer Staaten und damit das 1868 dort eingerichtete International Settlement legte.

Neben den Briten meldeten nun zudem auch andere Staaten ihre Wünsche an. Es folgten die USA, die sich überdies von den Chinesen das Recht einräumen ließen, in den Vertragshäfen Grundstücke zur Errichtung von Kirchen, Krankenhäusern und Friedhöfen zu pachten, wodurch protestantische Missionare aus den USA eine strukturelle Basis erhielten. Überdies war ihnen fortan nicht mehr verboten, Chinesisch zu lernen. Bezüglich der Rechtsprechung erlangten sie zudem Extraterritorialität, d. h., ihre diplomatischen Vertreter und Repräsentanten waren weder der chinesischen Rechtsprechung oder der hiesigen Polizeigewalt unterworfen. Vor allem zu Beginn der zweiten Hälfte des 19. Jahrhunderts traten zudem die Franzosen auf den Plan. Den Briten konnten dabei alle Zugeständnisse, die weitere Staaten den Chinesen abrangen, nur recht sein, denn in einem Zusatzvertrag von 1843 hatten sie sich mit der Meistbegünstigungsklausel aller neuer Privilegien ebenfalls versichert.

Während die Qing durch innere Aufstände weiter geschwächt wurden, kam es zum zweiten Opium- bzw. Arrow-Krieg gegen Großbritannien und Frankreich von 1856 bis 1860. Im Rahmen der Auseinandersetzung rückten britische und französische Truppen unter dem britischen Chefunterhändler Lord Elgin (1811–1863) bis nach Beijing vor und zerstörten dort auch den Yuanmingyuan (圓明園), den sogenannten »Alten Sommerpalast«. Nach der Niederlage mussten die Chinesen im Vertrag von Tianjin elf weitere Häfen öffnen, darüber hinaus sollte in Beijing ständig ein britischer Botschafter residieren dürfen. Folgenreich waren zudem die Gewährung der Missionierungsfreiheit sowie die Erlaubnis für Ausländer, sich frei in China bewegen zu dürfen. Der Einbruch des Westens infolge der Niederlage in den Opiumkriegen wird in China bis zur Gegenwart als eine Demütigung empfunden.

Exkurs: Taiping Tianguo

Bis heute zeigt sich in der Beurteilung des »Himmlischen Reiches des Großen Friedens«, wie der Begriff Taiping Tianguo (太平天國) ins Deutsche übersetzt werden kann, eine große Bandbreite. Während sich das Programm der Bewegung als pseudochristliche Utopie lesen lässt, wurde sie von den herrschenden Qing als Rebellion wahrgenommen und Historiker der Volksrepublik China reihten sie in die Gruppe revolutionärer Bauernbewegungen ein, die als Ausdruck gesellschaftlicher Umwälzungen das Ende von Dynastien einleiteten. In der globalgeschichtlichen Beurteilung müssen aber sicher auch den Auswirkungen des Imperialismus und dem Einfluss der auf ein baldiges Jüngstes Gericht ausgerichteten christlichen Erweckungsbewegung der ersten Hälfte des 19. Jh.s Rechnung getragen werden.

Unabhängig von der abschließenden Bewertung ist unbestritten, dass die Bewegung zur größten humanitären Katastrophe des 19. Jh.s wurde. Sie dauerte von 1851–1864 und zerstörte weite Teile Süd- und Zentralchinas.

Das letzte Kaiserreich unter den Qing

Ihr Initiator war ein Südchinese namens Hong Xiuquan (洪秀全). Er gehörte der Minorität der Hakka (客家), einer marginalisierten aus dem Norden zugewanderten Bevölkerungsgruppe, an. Da er eine Beamtenlaufbahn anstrebte, unterzog er sich jahrelangen Vorbereitungen. Als er 1837 durch die Provinzprüfung fiel, hatte er eine Vision, in der er in den Himmel gerufen wurde, wo ihn Gott beauftragte, die durch Konfuzius verleiteten chinesischen Brüder und Schwestern auf den rechten Weg zu führen und sie als König eines himmlischen Reiches zum großen Frieden zu führen. Zeichen sollten diese Vision bestätigen. Als diese vorerst ausblieben, wurde er Lehrer und bereitete sich noch einmal auf einen weiteren Prüfungsdurchgang vor. 1843 scheiterte er jedoch abermals und wurde nun zufällig auf ein kleines Büchlein aufmerksam, in dem der südchinesische Konvertit Liang Fa (梁发) zum Zwecke der Missionierung Bibelstellen zusammengestellt hatte. Dieses studierte Hong Xiuquan und zog daraus den Schluss, er sei der jüngere Bruder Jesu und beauftragt, das »Himmlische Reich des Großen Friedens« zu begründen.

Neben Anhängern aus seiner eigenen Volksgruppe der Hakka scharte Hong auch Angehörige anderer lokaler Minderheiten wie der Zhuang (壯) und der Yao (瑤) um sich, konnte aber ebenso regionale Großgrundbesitzer für seine christlich-sozialrevolutionäre Vision gewinnen. Mit Yang Xiuqing (楊秀清), der nach einem langen Koma behauptete, dass Gott selbst durch ihn spräche, und Xiao Chaogui (蕭朝貴), der sich als Sprachrohr Jesu sah, kam es zu einer zunehmenden Politisierung der Bewegung. Nun waren nicht mehr allein konfuzianische, daoistische und buddhistische Tempel die ausgemachten Gegner, sondern die Vertreibung der als teuflisch diskreditierten Mandschu wurde zum eigentlich Ziel erhoben. Durch erste militärische Erfolge bestätigt, rief Hong Anfang 1851 das »Himmlische Reich des Großen Friedens« aus. Mit einer schnell wachsenden Heerschar zog die Taiping-Bewegung – in den Augen Hongs dem Marsch der Kinder Israels durch die Wüste vergleichbar – auf relativ wenig Gegenwehr der Mandschu-Truppen treffend bilderstürmend durch Südchina nach Nanjing, wo sie die Hauptstadt ihres Königreichs errichteten. Zuvor hatten die Aufständischen bei der Einnahme von Nanjing jedoch ein Blutbad unter der mandschurischen Bevölkerung der Stadt angerichtet. Ihre militärische Schlagkraft war derart groß und die herrschenden Qing hatten dem so wenig entgegenzusetzen, dass die Taiping 1853 unter der Führung von Li Xiucheng, 李秀成 (1823–1864), sogar kurz vor Beijing standen. Der Kaiserhof sah sich zur Flucht gezwungen, wobei die Taiping überraschend wieder abzogen, da LI XIucheng, wie er erklärte, keinen Befehl Gottes vernommen hätte, Beijing einzunehmen.

Die Taiping schufen eine straff strukturierte Organisation mit Gemeinschaftseigentum, in der Drogen wie der Alkohol oder das damals sehr verbreitete Opium strikt verboten waren. Frauen sollten sich nicht mehr die Füße binden – eine Praxis der Fußdeformation, die sich seit dem Ende der Tang als gesellschaftliches Schönheitsideal etabliert hatte – und waren zwar von den Männern getrennt organisiert, aber weitgehend gleichgestellt. Biblische Texte und Weisungen der beiden Medien, durch die Gott und Jesus angeblich sprachen, bildeten die Basis ihres pseudochristlichen Staates und wie die Missionare der Erweckungsbewegung predigten und warben sie neue Mitglieder an.

Von großem Einfluss war Hong Rengan, 洪仁玕 (1822–1864), ein Vetter des Hong Xiuquan, der in Hongkong getauft und dort mit verschiedenen evangelischen Missionaren zusammengearbeitet hatte. Angeregt durch seine dortigen Erfahrungen legte er 1859 eine weitreichende Reformagenda vor. Bei dieser standen neben einer bereits zuvor thematisierten, aber kaum umgesetzten Landreform vor allem die Schaffung einer modernen Infrastruktur mit Eisenbahnen und Schifffahrtslinien, öffentlicher Schulen und Krankenhäuser, eines westlich orientierten Rechtssystems sowie die Einführung eines Postwesens, von Banken und Zeitungen auf dem Plan. Mithilfe eigener Examina sollten auch Mitglieder der lokalen Eliten in die neue Staatsverwaltung der Taiping integriert werden. Innere Streitigkeiten, Machtmissbrauch und zunehmender Druck von außen verhinderten jedoch die Umsetzung dieser ambitionierten Pläne.

Trotz ihres als christlich proklamierten Programms kam es nicht zu einer Zusammenarbeit mit westlichen Kräften. Zwar hatten sich die Taiping seit Beginn ihrer Bewegung sehr bemüht gezeigt, mit westlichen Christen nicht in Konflikt zu geraten, und damit durchaus das Interesse einiger Missionare der Erweckungsbewegung gewonnen. Doch die Mehrheit der eher merkantilistisch eingestellten Händler aus dem Westen, insbesondere die am Opiumhandel verdienenden Briten, sahen in den Taiping eher eine

Das letzte Kaiserreich unter den Qing

Störung ihrer Handelsinteressen wie auch ihrer Sicherheit und wandten sich zum Schutze Shanghais sogar mit Waffengewalt gegen die Taiping.

Nachdem den westlichen Ausländern im Vertrag von Tianjin 1858 nach dem Ende des Zweiten Opiumkriegs weitreichende Zugeständnisse gemacht worden waren, unterstützten sie die Qing mit einer unter ihrem Kommando stehenden Söldnerarmee und moderner Technologie in Gestalt von Dampfbooten. Als Nanjing am 19. Juli 1864 fiel, war Hong Xiuquan bereits im belagerten Nanjing an einer Nahrungsmittelvergiftung gestorben. Die dreitägige Schlacht um Nanjing geriet nichtsdestotrotz zu einem Gemetzel, bei dem zahllose Menschen den Tod fanden. Noch höher war allerdings die Zahl derer, die über die Jahre in den zahlreichen anderen Gefechten und insbesondere durch Hunger und Krankheiten infolge der Wirren gestorben waren. Über die Zahl der Opfer wird gestritten, aber vermutlich verloren an die 30 Millionen Menschen während der 14-jährigen Taiping-Herrschaft, bei der 17 Provinzen in Mitleidenschaft gezogen wurden, ihr Leben.

Wirksam, aber folgenreich war der Entschluss des Kaiserhofes gewesen, lokalen hanchinesischen Gouverneuren die Befugnis zu übertragen, militärisch gegen die Taiping vorzugehen. Zeng Guofan, 曾國藩 (1811–1872), war ein solcher Mann, der sich auf loyale Truppen stützend im Kampf gegen die Taiping einen Namen machte. Damit hatte sich der Qing-Hof aber auch die Schwäche seiner Mandschu-Truppen eingestanden und eine Verschiebung der Machtbalance weg vom Kaiserhof hin zu regionalen Machthabern war vollzogen.

Kein Ende der Aufstände

Zeitgleich mit dem »Himmlischen Reich des Großen Friedens« schlossen sich in den östlichen und zentralchinesischen Provinzen von Shandong, Henan, Jiangsu und Anhui verarmte Bauern, Deserteure und Salzschmuggler unter der Führung von Zhang Lexing, 張樂行 (1810–1863), zur sogenannten Nian (捻)-Rebellion (ca. 1853–1868) zusammen. Ihre Bewegung speiste sich aus dem gleichen Milieu wie die erst wenige

Jahre zuvor niedergeschlagene Sekte des Weißen Lotus. Als der Gelbe Fluss 1855 seine Dämme erneut durchbrach und sich schließlich nördlich der Halbinsel Shandong ein neues Bett suchte, führte dies zu einem weiteren Zustrom an entwurzelten und ihrer Existenz beraubten Menschen. Die Nian-Rebellion wurde zudem dadurch begünstigt, dass viele Kräfte der Qing durch die Bekämpfung der Taiping gebunden waren. Schnell wuchs die Zahl ihrer Kämpfer auf 30 000 bis 50 000, die in fünf Bataillone aufgeteilt zu Plünderungszügen in die Nachbarregionen aufbrachen. Eine feste Ideologie verfolgten sie jedoch nicht. Als 1863 ihre Kommandozentrale in der Provinz Anhui fiel und Zhang Lexing getötet wurde, reorganisierten sie sich rasch, unter anderem auch mithilfe von Kämpfern der Taiping, die der Niederlage von Nanjing 1864 entgangen waren. Den nun nicht mehr durch die Niederschlagung der Taiping gebundenen Qing gelang es allerdings nach und nach, durch die Entsendung von Zeng Guofan und Li Hongzhang (李鴻章) den Nian Einhalt zu gebieten.

Selbststärkung

Die Phase der Selbststärkung Chinas ist eng mit der Person des Prinzen Gong alias Gong Qinwang, 恭親王 (1833–1898), verbunden. Er führte auf der chinesischen Seite die Verhandlungen mit den Briten, Franzosen und Russen nach dem Zweiten Opiumkrieg 1860 und regierte als Prinzregent von 1861–65, da mit dem Kaiser der Ära Tongzhi, 同治 (1861–1875), ein fünfjähriges Kind auf den Thron gekommen war. Aber auch die Kaiserinwitwe Cixi, 慈禧 (1835–1908), hatte während dieser Zeit großen Einfluss. 1858 wurde das Zongli Yamen (總理衙門), eine Art Außenministerium, eingerichtet, das bis 1901 statt des bisherigen traditionellen Riten-Ministeriums für den Austausch mit den westlichen Mächten zuständig war. Neben dem Prinzen Gong führten vor allem Generäle und hohe Beamte wie Li

Hongzhang und Zeng Guofan, die die Überlegenheit westlicher Technologie, insbesondere im Militär, erkannt hatten und im Zuge der Niederschlagung der Taiping zu Macht gekommen waren, diese Bewegung der Selbststärkung an.

In einer ersten Phase von 1861 bis 1871 setzte man nach der erzwungenen Öffnung der Häfen auf den Import neuer Technologien und Training durch westliche Spezialisten. Die Leitung der Seezollbehörde wurde mit Horatio Nelson Lay (1832–1898) sogar einem Briten übertragen, der jedoch 1863 von Sir Robert Hart (1835–1911) im Amt abgelöst wurde, das dieser bis 1911 ausfüllte. Diese Behörde verschaffte den Qing finanzielle Mittel, die zu großen Teilen in die Modernisierung der Armee, insbesondere der Marine investiert wurden. Die zweite Phase (1872–1885) initiierte vornehmlich Li Hongzhang und diese hatte ihren Schwerpunkt auf merkantilen Projekten, die die Infrastruktur Chinas modernisieren sollten, wie der Einführung eines modernen Telegrafenwesens oder dem Aufbau einer zivilen Dampfbootflotte. Von 1885 bis 1895 offenbarte sich ein Nachlassen der Aktivitäten, wobei die industrielle Textilindustrie weiterhin stark gefördert wurde. Korruption und Veruntreuung von Geldern führten insbesondere in der Armee und Marine zu Problemen in der Logistik, Führung und auch der Moral der Soldaten. Gleichzeitig wurde am Hof vermehrt Kritik laut und es zeigten sich Ängste bezüglich der durch die Reforminitiativen weiter gewachsenen Macht der regionalen Gouverneure.

Der Chinesisch-Japanische Krieg

Japan hingegen hatte sich unterdessen sehr zielstrebig modernisiert und verfügte über eine gut ausgebildete und hochgerüstete Armee. Wie stark die japanische Flotte war, zeigte sich für China auf bittere Weise, als es ausgelöst durch Interessenskonflikte um Korea am 1. August 1894 zum militärischen Konflikt zwischen dem chinesischen Kaiserreich und Japan kam. Obwohl auch nach Einschätzungen westlicher Beobachter die chinesische Flotte als überlegen galt, gelang es den Japanern acht von zwölf der chinesischen Kriegsschiffe zu versenken. Im Friedensvertrag von Shimonoseki von 1895 mussten die Qing den Japanern zahlreiche Zugeständnisse einräumen. Die militärische Schwäche Chinas war mit der Niederlage im diesem Chinesisch-Japanischen Krieg sehr deutlich geworden.

Die Hundert-Tage-Reform

Die Hundert-Tage-Reform bezeichnet einen weiteren, und zwar gescheiterten Versuch des Kaisers der Ära Guangxu, 光緒 (1875–1908), im Jahre 1898 das Kaiserreich zu reformieren. Vorbild war dabei die erfolgreiche Modernisierung Japans. Federführend zeigten sich in China die beiden Reformer Kang Youwei, 康有為 (1858–1927), und Liang Qichao, 梁啟超 (1873–1929). Kang Youwei hatte einen theoretischen Ansatz entwickelt, der auf einer modernen Umdeutung des Konfuzianismus basierte und die Monarchie nicht grundsätzlich infrage stellte. Im Zuge der Reform sollte unter anderem die Bürokratie abgebaut und das Prüfungswesen reformiert werden. Gerade dies stieß aber auf erbitterten Widerstand der Beamten.

Als die Kaiserinwitwe Cixi erkannte, dass die Reform ins Leere lief, entschied sie sich zu einem Staatsstreich, stellte den Guangxu-Kaiser im neuen Sommerpalast unter Hausarrest und übernahm erneut selbst mit Unterstützung wichtiger Armeeverbände die Rolle der Regentin, die sie zuvor während der Minderjährigkeit des Kaisers schon innegehabt hatte. Von den Reformen blieb nur die Errichtung einer modernen Universität in der Hauptstadt, während die Reformer das Reich fluchtartig verlassen mussten.

Der Boxeraufstand

Die im Westen gebräuchliche Bezeichnung »Boxer« rührt von der Selbstbezeichnung »Fäuste für Gerechtigkeit und Einheit« (*Yihejuan*, 義和拳), dieser ebenso unter dem Namen »Vereinigung für Gerechtigkeit und Einheit« (*Yihetuan*, 義和團) bekannten volkstümlichen, antiimperialistischen und xenophoben Bewegung.

Die Fremdenfeindlichkeit, die sich im Boxeraufstand manifestierte, hatte verschiedene Ursprünge. Die Erfahrung der Unterlegenheit gegenüber den imperialen Mächten war elementar und wurde dadurch, dass sich nach den Opiumkriegen immer mehr eine Verschiebung der Macht zugunsten der Ausländer, verbunden mit einem massiven Vordringen im ganzen Land, zeigte, zum Nährboden für Ressentiments bis hin zu extremen Verleumdungen.

Eine Ursache für die zunehmende Fremdenfeindlichkeit lag in der gegen Ende des 18. Jh.s eingeführten Sonderbehandlung der Ausländer vor dem chinesischen Gesetz. Nachdem diese ursprünglich bei Straftaten auf chinesischem Boden in gleicher Weise wie Chinesen zu bestrafen waren, wurde ihnen 1743 eine Sonderbehandlung in Bezug auf das Erwirken von Geständnissen – bei denen Schläge und andere Formen von Gewalt ansonsten durchaus üblich waren – sowie im Hinblick auf die Haftbedingungen eingeräumt. Zu Beginn des 19. Jh.s verstärkten sich die chinesischen Proteste, nachdem es wiederholt Zwischenfälle gegeben hatte, bei denen Chinesen durch Mitglieder ausländischer Schiffsbesatzungen zu Schaden gekommen und die Täter in den Augen der chinesischen Bevölkerung zu milde bestraft worden waren. Nach den Opiumkriegen schlug das Pendel weiter zugunsten der Ausländer aus, da ihnen Extraterritorialität zugesichert werden musste, womit sie grundsätzlich der Gerichtsbarkeit Chinas entzogen waren.

Die Niederlagen in den Opiumkriegen ebneten den Weg für eine vertraglich zugestandene freie Missionstätigkeit.

Kapitel II

Den Missionaren, die den Siegern in die Hafenstädte und ins Landesinnere folgten, und ihren oft aus niedrigen Schichten stammenden chinesischen Konvertiten schlugen Ablehnung und Gewalt entgegen. Verachtung, sozialer Neid sowie der implizite Vorwurf des Verrats der eigenen traditionellen Kultur mögen bei den Ausschreitungen gegenüber christlichen Chinesen eine Rolle gespielt haben, während sich in die Ablehnung der weißen Missionare auch eine allgemeine Fremdenfeindlichkeit gegenüber den »Barbaren« mischte, die ursprünglich als kulturell unterlegen betrachtet worden waren. Missverständnisse ließen zudem Gerüchte über perverse sexuelle Praktiken und über mutmaßliche Gewalt und die Zerstückelung von Kindern aufkommen.

Die Erfahrungen mit den Taiping, die für sich reklamiert hatten, im Namen des christlichen Gottes ein neues Reich zu etablieren, haben wohl in diesem Zusammenhang ebenfalls zu einem sehr negativen Bild des Christentums beigetragen.

Die Boxerbewegung nahm ihren Ausgang in dem von Dürren und Überschwemmungen heimgesuchten Shandong. Die Qing hatten ihre Rolle als Ordnungsmacht zunehmend verloren und die Kriminalität nahm ständig zu, was ab 1896 zur Gründung lokaler Schutzverbände, der »Boxer«, führte, die sich rasch auch gegen die westlichen Mächte und die christlichen Missionare richteten. Unter der Parole »Helft der Qing-Dynastie, vernichtet die Fremden« brach 1899 ein regelrechter Aufstand los, der sich schnell nach Beijing und Tianjin bewegte. Ausländer und viele chinesische Konvertiten wurden getötet, Telegrafenlinien zerstört.

Die Reaktion des Kaiserhofes auf die Gewalt und Zerstörung war ambivalent. Die Gegner der Reformen am Kaiserhaus um die Kaiserinwitwe zeigten durchaus Wohlwollen für die »Boxer«, da sie in ihnen ein Mittel sahen, sich der imperialen Mächte zu entledigen. Im Folgejahr erreichten die »Boxer« Beijing. Dadurch spannte sich die Lage zwischen den dort im Gesandtschaftsviertel lebenden ausländischen

Mächten und den Qing weiter an. Am 19. Juni 1900 forderte die Qing-Regierung die ausländischen Gesandten auf, Beijing zu verlassen. Als am nächsten Tag der deutsche Gesandte von Ketteler von den Boxern ermordet wurde, schien ein militärischer Konflikt zwischen den Qing und den Kolonialmächten in China nicht mehr abwendbar.

Am 21. Juni 1900 erfolgte die Kriegserklärung an die Kolonialmächte England, Frankreich, Russland, Japan, Österreich, Italien, die USA und das Deutsche Kaiserreich durch die Qing. Insbesondere das Attentat auf von Ketteler schien nun dem deutschen Kaiser Wilhelm II. die Rechtfertigung zu geben, sich als Führer einer kolonialen Großmacht in Szene zu setzen, was er mit der sogenannten »Hunnen-Rede« bei der Verabschiedung der deutschen Soldaten des internationalen Expeditionskorps unter der Leitung des deutschen Generalfeldmarschalls Alfred Graf von Waldersee wortgewaltig tat. Allerdings waren es letztlich die bereits in China stationierten Truppen, die am 14. Juli 1900 Tianjin und dann auch Beijing eroberten. Im Dezember des gleichen Jahres folgten Friedensverhandlungen, die ihren Abschluss im Folgejahr mit der Unterzeichnung des »Boxerprotokolls« fanden, in denen das Kaiserhaus den Alliierten erneut zahlreiche Zugeständnisse machen musste, darunter die Erlaubnis der militärischen Präsenz ausländischer Truppen an strategisch wichtigen Wegen und Eisenbahnlinien sowie die Zahlung von 450 Millionen Silbertael Kriegsentschädigung über einen Zeitraum von 39 Jahren. Diese Summe übertraf bei Weitem die finanziellen Möglichkeiten des Kaiserhauses, wodurch China in Schuldabhängigkeit und einen quasi halb kolonialen Zustand geriet.

Exkurs: Chinesische Kampfkunst

Vielfältig sind die Formen chinesischer Kampfkunst, die sich sowohl in China wie auch im Westen gegenwärtig großer Beliebtheit erfreuen. Erste Darstellungen von Übungen, die dem Qigong (氣功) ähneln, finden sich bereits in Gräbern der Han-Zeit. In der traditionellen chinesischen Kampfkunst sind neben dem Aspekt der Selbstverteidigung die Gesundheitspflege und Mediationstechniken, die häufig in buddhistische oder auch daoistische Lehren eingebettet sind, elementar. Die Kunst des Kungfu (*gongfu*, 功夫) soll zuerst von buddhistischen Mönchen des Shaolin (少林)-Klosters am Song Berg (嵩山) in Henan praktiziert worden sein. Zusammen mit den japanischen Kampfkünsten Judo (柔道) sowie Karate (空手) zählt Kungfu zur Gruppe der »äußeren Stile«. Dagegen wird der heutige chinesische Volkssport des »Schattenboxens« (*taijiquan*, 太極拳) oder auch das Qigong zu den inneren Stilen gerechnet, deren Praktiken auf die daoistischen Mönche der Wudang-Berge (武當山) in der Provinz Hubei zurückgeführt werden.

Das Ende des Kaiserreichs in China

Der Beginn des 20. Jh.s war von tief greifenden sozialen und politischen Umwälzungen auf der ganzen Welt geprägt, deren Wurzeln ins Ende des 18. Jh. zurückführen und das sogenannte lange 19. Jh. prägten. Mit der Aufklärung und der ihr folgenden Französischen Revolution von 1789 bis 1799 hatte in Europa ein Prozess eingesetzt, der ein rationales Denken begründete und in der Folge in Europa sowohl zu einer Entmachtung des Adels führte sowie im Zuge der Säkularisierung das Verhältnis zwischen Staat und christlicher Kirche neu ordnete. Während auf dem europäischen und nordamerikanischen Kontinent die Industrialisierung neue gesellschaftliche Klassen entstehen ließ, wurde die außereuropäische Welt durch Kolonialismus und Imperialismus verändert.

Das letzte Kaiserreich unter den Qing

Diese Veränderungen betrafen auch China. Der Blütephase der frühen Qing-Herrscher folgten innere Krisen und die traumatische Auseinandersetzung mit dem westlichen Imperialismus sowie eine sich abzeichnende Schwäche gegenüber dem modernisierten und zunehmend nationalistisch geprägten Japan. Mit der Schwäche des Kaiserhauses ging der Niedergang der Zentralmacht einher und es drohte der Zerfall in verschiedene Regionen. Den Versuchen engagierter Gelehrter und Politiker, China von innen heraus zu reformieren, standen Aggressionen von außen und strukturelle Probleme im Inneren gegenüber. Das Misslingen der Reformbemühungen entzog den Mandschu die Herrschaftslegitimation. Rufe nach einem grundlegenden Wandel wurden immer lauter und es bildeten sich revolutionäre Gruppierungen, die insbesondere auch von vielen Auslandschinesen unterstützt wurden.

Unter den Revolutionären stach besonders Sun Yatsen, 孫逸仙 (1866–1925), mit seiner Konzeption der »Drei Volksprinzipien« (*san min zhuyi*, 三民主義) hervor. Diese waren die »Volksgemeinschaft« (*minzu zhuyi*, 民族主義) – was heute teilweise auch mit Nationalismus übersetzt wird, aber unter Sun Yatsen vor allem die Gemeinschaftsbildung der verschiedenen in China lebenden Völker zum Schutz gegen ausländische Interessen beinhaltete –, das »Volksrecht« (*minquan zhuyi*, 民權主義) und das »Volkswohl« (*minsheng zhuyi*, 民生主義). Nachdem zuvor mehrere Erhebungen gescheitert waren, führten Aufstände von Bahnarbeitern in Wuchang (武昌) in der Provinz Hubei schließlich zur »Xinhai-Revolution« (*Xinhai geming*, 辛亥革命) von 1911, in deren Folge sich 15 Provinzen vom Kaiserhaus lösten, sodass sich der Kaiserhof gezwungen sah, eine Verfassung anzukündigen. Doch für Staatsreformen war es zu diesem Zeitpunkt bereits zu spät. Nachdem am 1. Januar 1912 der Reformer Sun Yatsen die Republik China ausgerufen hatte, blieb dem letzten Kaiser Puyi, 溥儀 (1906-1967), nur noch die Abdankung.

Kapitel II

Ausblick

Während es in den Folgejahren zum Ersten Weltkrieg (1914–1918) kam und in Russland mit der Oktoberrevolution von 1917 das Zarenreich von der Herrschaft der Kommunisten abgelöst wurde, durchlebte China eine sehr instabile Phase als Republik. Sie war anfangs von der Herrschaft regionaler Warlords gekennzeichnet und offenbarte dann mehr und mehr den Konflikt der Nationalisten mit der jungen Bewegung chinesischer Kommunisten, der lediglich durch die massive Aggression Japans in China zeitweilig gestoppt wurde. Mit der japanischen Niederlage im Zweiten Weltkrieg 1945 begann dann der Chinesische Bürgerkrieg, der mit der Flucht der Nationalisten unter der Führung von Chiang Kaishek, 蔣介石 (1887–1957), nach Taiwan endete. Am 1. Oktober 1949 läutete die Proklamation der Volksrepublik China durch Mao Zedong, 毛澤東 (1893–1976), eine neue Phase der Geschichte Chinas ein.

Kapitel III

Land der Mitte

Der heute für China gebräuchliche Begriff *Zhongguo* (中國, »Land der Mitte«) bezog sich ursprünglich gar nicht auf das ganze Reich, sondern bezeichnete nur die »Mittellande« innerhalb der Staatengemeinschaft unter den Zhou-Königen. Hingegen umschloss der Begriff »Alles unter dem Himmel« (*tianxia*, 天下) das ganze Herrschaftsgebiet. Dieser war durchaus als politischer Begriff zu verstehen und konnte auch die ganze damals wahrgenommene Welt umfassen – ganz ähnlich dem Begriff der Oikumene als Sammelbegriff für die damals bekannte, bewohnte Welt. Einen vermeintlichen geografischen Bezug stellt die antike Eigenbezeichnung Chinas »Innerhalb der vier Meere« (*sihai zhi nei*, 四海之內) her, obwohl mit den vier Meeren damals wohl keine tatsächlich bekannten Gewässer identifiziert wurden. Recht bescheiden hingegen wirkt China in der Theorie des Zou Yan (騶衍), eines Philosophen der Zeit der Streitenden Reiche. Ihm zufolge bildeten die im »Buch der Dokumente« aufgeführten neun Provinzen des antiken China eines von insgesamt neun Arealen, die wie ein Kontinent von einem Meer umgeben waren, das wiederum weitere acht Kontinente beherbergte. Sicher kein Zufall ist hier die Verwendung der Zahl Neun, die in China seit der Antike in der Zahlenmystik eine wichtige Rolle spielt.

Eine Konzeption der »Fünf Zonen« (*wufu*, 五服), die mehr auf die politische und kulturelle Überlegenheit des Zentrums anspielt, geht bereits auf den »Tribut des Yu« (*Yugong*, 禹貢) zurück, eine Art frühe Geografie, die ein Kapitel des kanonischen »Buchs der Dokumente« *(Shujing)* bildet. Demnach umgaben die zentrale »königliche Zone« in konzentrischen Ringen vier weitere Zonen. Direkt an das Zentrum grenzte die »Zone der Vasallen«, an die die »befriedete Zone« folgte. Sie wurde von einer »kontrollierten Zone« umgeben, die dann in die »wilde Zone« überging. Dieses Konzept verdeutlicht, wie die kulturelle Strahlkraft mit zunehmender Entfernung schwächer wird und in einen Bereich übergeht, der als unzivilisiert und gefährlich empfunden wird.

Bereits aus der chinesischen Antike stammte die Überzeugung der eigenen kulturellen Überlegenheit gegenüber den sogenannten »Barbaren«. Mit diesem eigentlich aus der griechischen Antike stammenden Begriff werden in der westlichen Literatur die verschiedenen Gruppen von Fremden bezeichnet, von denen sich die Hua (華) bzw. Xia (夏), wie sich die Bewohner der Zentralgebiete nannten, abgrenzten, da sie sie als unzivilisiert ansahen. Während im Griechischen in erster Linie die Sprache als kulturelles Unterscheidungsmerkmal diente und diejenigen als »Barbaren« bezeichnet wurden, die kein Griechisch sprachen, tragen viele der chinesischen Schriftzeichen für die »Barbaren« Zeichenbestandteile, die auf Hunde und Insekten hinweisen, was eine deutliche Herabsetzung darstellte. Die postulierte Dichotomie zwischen denjenigen, die sich im Zentrum der Zivilisation sahen und den Yi (夷), den nördlichen »Barbaren«, diente somit ebenso der Selbstidentifikation. Der Kontrast zwischen sich und den anderen wurde verschärft wahrgenommen oder auch bewusst dargestellt während der Konfrontation mit den militärisch schlagkräftigen Reiternomaden, die im Verlauf der Qin- und Han-Zeit unter der Bezeichnung Xiongnu die Rolle der Fremden übernahmen. Im Kontrast zu ihnen versuchte man nicht nur seine eigene Überlegenheit darzustellen, sondern man schrieb den Xiongnu eine andere Natur zu. Von ihnen hieß es, dass sie schon als Kinder reiten könnten und in Notzeiten auf Raub und Überfall zurückgriffen, weil dies ihrem Wesen vom Himmel so bestimmt sei. Damit wurde ein Feindbild geprägt, das für lange Zeit bezüglich der berittenen Steppennomaden Bestand haben sollte.

Tatsächlich wusste man zur Han-Zeit (206 v. Chr. – 220 n. Chr.) schon sehr viel über fremde Länder und hatte Kenntnis vom Römischen Reich, das man in Analogie zur Bezeichnung Qin des ersten Kaiserreichs als »Großes Qin« (*Da Qin*, 大秦) bezeichnete. Man war sich also bewusst, nur eines der Zentren der Welt zur damaligen Zeit zu sein, allerdings eines, das weit ausstrahlte. Dies trifft umso mehr auf die Tang-Dynastie (618–907) zu, unter der die Hauptstadt Chang'an zum Muster einer vollendeten Hauptstadt für ganz Ostasien wurde. Insbesondere in Japan übernahm man die Schriftzeichen, den Buddhismus und vieles mehr aus China, womit sich das Tang-Reich berechtigt als Zentrum Ostasiens betrachten konnte.

DAS TRIBUTSYSTEM

Das Tributsystem, über das diplomatischer Austausch, aber auch ein Warenaustausch erfolgte, wird häufig als Begründung für die Annahme genannt, dass sich China als Zentrum der Welt sah oder sich zumindest so nach innen und außen darstellen wollte. Unter den Kaisern der Ming-Dynastie erlangte diese Form des Tributsystems seine Blüte.

In der Theorie schickten die umgebenden Länder Gesandte, die dem Herrscher Chinas landestypischen Tribut darbrachten, wodurch sie die Oberherrschaft Chinas anerkannten und selbst als Vasallen mit einem Siegel und einem Exemplar des chinesischen Kalenders ausgezeichnet in ihre Heimat zurückkehrten. Während ihres Aufenthalts wurden sie als Ehrengäste vom Hof um- und versorgt. Die Übergabe der Gaben erfolgte nach einem streng festgelegten Ritus, bei dem auch der Kotau vollzogen wurde. Der Kotau war eine Geste der Ehrerbietung dem Kaiser gegenüber in Gestalt dreier Kniefälle, bei der der Boden mit der Stirn zu berühren war. Als Zeichen seiner Gnade beschenkte der chinesische Kaiser die Gesandtschaften dann mit Luxusgütern wie Seide, später zudem Gold und Silber.

In der Praxis war das reale Kräfteverhältnis zwischen den Herrschern und ihren Vasallen durchaus öfter zugunsten Letzterer verschoben und Gesandtschaften kehrten teils reicher beschenkt in ihre Heimat zurück, als sie gekommen waren. Auch standen manche Staaten zudem in einem Tributverhältnis zu einer weiteren Macht, sodass von wirklicher Oberherrschaft nicht immer die Rede sein konnte. Trotzdem bildete das Tributsystem bis in die Qing-Zeit einen weitgehend funktionsfähigen diplomatischen Rahmen, in dessen Umfeld auch von den Gesandtschaftsmitgliedern selbst oder über sie begleitende Händler ein reger Warenaustausch stattfand. Zwar übernahmen die Mandschu-Herrscher der Qing dieses System, dem sie unter ihren Vorgängern selbst unterworfen waren, doch richteten sie 1638 zur Ergänzung des vom Riten-Ministerium gesteuerten Tributsystems das neue *Lifan yuan* (理藩院) ein, dessen mandschurischer Titel mit »Ministerium zur Verwaltung der Außenprovinzen« übersetzt werden kann. Es hatte seinen Ursprung in einem speziellen Amt für die Mongolen und sollte der Abwicklung privilegierter innerasiatischer Beziehungen dienen, die die Qing als Mandschu und nicht in erster Linie als chinesische Kaiser unterhalten wollten.

Kritik am Tributsystem wurde vor allem von westlicher Seite nach dem Scheitern des Treffens des britischen Gesandten Macartney mit dem Qing-Kaiser Qianlong 1793 erhoben, da man es als hochmütig und rückständig empfand. Wie bereits erwähnt, hatte Macartney den Auftrag des britischen Königs George III., für die Aufhebung der Einschränkungen im Handel durch die Qing zu werben und um die Erlaubnis der Errichtung einer britischen Botschaft in Beijing zu bitten. Dazu muss erwähnt werden, dass solche Rechte zu jenem Zeitpunkt kein anderer Staat besaß und etwas Derartiges zudem dem Selbstverständnis Chinas zuwiderlief. Macartney verweigerte darüber hinaus seinerseits den Kotau, was aus

Sicht des chinesischen Kaisers einer offenen Provokation gleichkam. Gegenüber dem Wunsch nach Erweiterung des Handels ließ der Qianlong-Kaiser nicht zuletzt deshalb sein klares Desinteresse an britischen Gütern erkennen.

Der Vorfall verdeutlicht, dass hier zwei ganz unterschiedliche Vorstellungen von Souveränität zweier damals imperialer Mächte aufeinanderprallten. Ebenso zeigten sich große Gegensätze bezüglich der Form des zwischenstaatlichen Warenaustausches, die schließlich ein halbes Jahrhundert später in den Opiumkriegen eskalierten, was zur einer gewaltsamen Öffnung Chinas und 1858 zur Einrichtung des Zongli yamen führte. Dieses löste als Außenministerium das Riten-Ministerium in der Beziehung zu nun als gleichwertig anerkannten Staaten ab.

Heiratspolitik

Die Ehe als Ergebnis romantischer Liebe zweier sich frei wählender Individuen, das ist selbst im Westen eine historisch junge Entwicklung. Während bei Eheschließungen im Volk oft wirtschaftliche Gesichtspunkte ausschlaggebend waren oder Ehen auch als Mittel des sozialen Aufstiegs genutzt wurden, spielten politische Erwägungen eine entscheidende Rolle bei den Ehen des Adels. Das war in China gleichfalls so. Ein frühes Beispiel gezielter Heiratspolitik ist das sogenannte Sororat während der Zeit der Frühlings- und Herbstannalen. Damals unterhielten die Staaten der Zhou-Ökumene Heiratsbeziehungen, bei denen oft neben der eigentlichen Braut noch deren Schwestern oder Nichten in den neuen Haushalt folgten. Der Vorteil liegt auf der Hand. Da es sich bei der Ehe um ein Bündnis der zwei Häuser handelte, konnte im Falle der Kinderlosigkeit oder des Todes der Hauptfrau eine weitere Tochter der Brautfamilie deren Funktion übernehmen und so die Allianz schützen.

Eine andere Form der Heiratspolitik entstand während der Frühen Han-Zeit und lebte unter den Tang-Herrschern wieder auf. Sie ging unter dem Begriff »Harmonie und Verwandtschaft« (*heqin*, 和親) in die Geschichte ein. Im Rahmen dieser Friedensarrangements, bei denen auch Tribute geliefert wurden, schickte man chinesische Prinzessinnen oder solche, die man dafür ausgab, ausländischen Herrschern zur Eheschließung. Die zugrunde liegende Idee bei dieser Praxis war es, mit der Verheiratung eine Art Familienverhältnis zu etablieren, bei dem man sich entweder als Brüder betrachtete oder auch als Onkel und Neffe oder Schwiegervater und Schwiegersohn. Da es bei vielen Steppenvölkern durchaus üblich war, dass die Witwe eines Herrschers dessen Nachfolger heiratete, überdauerten diese Bündnisse teilweise die anfangs geschlossenen Arrangements. Zudem hatten Gemahlinnen der Stammesführer bei vielen Steppenvölkern relativ großen politischen Einfluss, was sie umso wertvoller für das chinesische Kaiserhaus machte.

Allerdings konnten sie bei Konflikten leicht zu politischen Geiseln werden und ebenso häufig wurden sie gegen Gemahlinnen aus anderen Völkern ausgespielt. Erzwungene Selbstmorde sowie die Forderung, dem toten Steppenherrscher ins Grab zu folgen, werden in den chinesischen Aufzeichnungen ebenfalls erwähnt. Prinzessinnen wurden von chinesischer Seite zumeist geschickt als Belohnung für erwiesene Loyalität eingesetzt. Ferner dienten sie als Lockmittel, konnten aber auch als Botschafterinnen eingesetzt werden. Meist begleitete sie eine größere Delegation ebenso wie eine Vielzahl von Gütern. Der Kontakt zum Hof und der eigenen Familie riss im Regelfall nicht ab. Einige kehrten nach Jahren in der Steppe schließlich sogar wieder nach China zurück.

Als der Gründerkaiser Han Gaodi um 200 v. Chr. eine Niederlage gegen den Xiongnu-Khan Maodun (冒頓單于) hinnehmen musste, überzeugte ihn sein Berater Lou Jing (婁敬), mit Maodun eine solche Heiratsallianz zu etablieren. Allerdings fing hier bereits der Schwindel mit den Prinzessinnen an, denn Kaiserin Lü (呂太后) weigerte sich, eine ihrer Töchter an die Steppennomaden zu senden, sodass ein anderes Mädchen aus der kaiserlichen Familie gehen musste. Han Wudi (reg. 141–87 v. Chr.) beendete schließlich die Heiratsallianzen mit den Xiongnu und wählte stattdessen die militärische Konfrontation. Um die Xiongnu zu isolieren, knüpften die Han nun Heiratsallianzen mit den nomadischen Wusun (烏孫) im Ili-Tal, nachdem sich diese von der Vorherrschaft der Xiongnu befreit hatten. Als Reaktion entsandten nun aber die Xiongnu ihrerseits eine Prinzessin an die Wusun, welcher die Wusun aus Angst vor den Xiongnu eine höhere Stellung einräumten. Von der chinesischen Prinzessin wird berichtet, dass sie in Begleitung eines eigenen Hofstaates getrennt vom Khan lebte. Trotzdem wollte sie wieder nach China, eine Bitte, die jedoch vom Han-Kaiser abgelehnt wurde. Obendrein musste sie sich dem Wunsch des Khans beugen, der sie seinem Enkelsohn zur Frau gab. Sie starb jung und ihre Geschichte wurde zum Stoff literarischer Arbeiten, die in ihr die einsame Märtyrerin sahen.

Ganz anders erging es der Prinzessin Jieyou (解憂), die wie ihre Vorgängerin aus einer in Ungnade gefallenen Linie des Kaiserhauses stammte. Sie lebte fast 50 Jahre bei den Wusun und heiratete in der Folge drei Khane der Wusun. Von dieser Position aus stärkte sie das Bündnis der Han mit den Wusun gegen die Xiongnu und half weitere Bündnisse mit Oasenstaaten zu formen. Es gab aber auch Gegner dieser Heiratspolitik, die sie als moralisch verwerflich, zu kostspielig und letztlich ineffektiv betrachteten.

Strategische Ehebündnisse wurden ebenso zu Zeiten zentraler Schwäche von regionalen Militärmachthabern mit Herrschern von Nachbarstaaten geschlossen. Während der Zeit der Drei Reiche versuchte Sun Quan, der Begründer des Staates Wu, ein Bündnis mit Liu Bei, dem späteren Herrscher des Staates Shu, einzugehen, indem er ihn mit seiner Schwester verheiratete. Bei den nördlichen Regimen, die während der Zeit der Teilung zwischen Han und Tang den Norden regierten, waren Eheallianzen besonders häufig, hier allerdings zumeist auf Augenhöhe.

Kapitel III

Als China unter den Sui wieder geeint wurde, setzen diese gezielt die Heiratspolitik mit den Turkstämmen, die unterdessen im Westen Chinas an Einfluss gewonnen hatten, fort. Jenseits der Grenzen verheiratete Prinzessinnen dienten zudem als Informantinnen und sollen ihrem Elternhaus bei militärischen Auseinandersetzungen durch gezielte Fehlinformationen durchaus geholfen haben. Die Sui selbst gingen jedoch keine Ehen über die Grenzen hinweg ein.

Als die Tang die Macht übernahmen, bedienten auch sie sich der Heiratsallianzen, wobei sie in den Anfangsjahren mit Warlords an den Grenzen konkurrierten, die auf diese Weise Bündnisse mit den mächtigen Osttürken anstrebten. Nachdem die Osttürken 630 von den Tang besiegt worden waren, erlangten andere Steppennomaden und insbesondere die Tibeter mehr und mehr Macht. Nach einer angespannten Phase der Konfrontation wurde dem tibetischen König Songtsan Gampo 641 die Tang-Prinzessin Wencheng (文成公主) gesandt und ein Verhältnis zwischen Onkel und Neffe etabliert, das bis 660 Frieden brachte. Tibet stand dabei aber immer in der Konkurrenz mit den Tuyuhun (吐谷渾), die nördlich von Tibet ihren Einzugsbereich hatten und ebenfalls über Heiratsallianzen mit den Tang verbunden waren. Obendrein restaurierten 683 die Osttürken ihre Konföderation und boten den Tang eine ihrer Töchter an, was diese jedoch ablehnten. Im 8. Jh. wandte sich die Heiratspolitik der Tang eher dem Nordosten, dem Gebiet der Khitan, zu.

Als dann in der zweiten Hälfte des 8. Jh.s der Aufstand des An Lushan die Macht des Kaiserhofes der Tang untergrub, bemühten diese sich um eine Allianz mit den Uighuren, die im Gebiet von Dunhuang herrschten. Nicht immer waren dabei die Geschlechterrollen gleich verteilt. Als die Macht der Tang-Dynastie zunehmend im Schwinden begriffen war, wurde als Ausnahme ein Tang-Prinz an eine uighurische Prinzessin verheiratet. Später gab man dann auch kaiserliche Töchter in die Ehe zu den Uighuren, womit man von der bisher üblichen Praxis abwich, eher entfernt verwandte Prinzessinnen zu entsenden. Noch zur Zeit der frühen Qing wurden Prinzessinnen mit ehemaligen Ming-Generälen verheiratet, die sich den Mandschu-Herrschern unterworfen hatten, um sich so deren Loyalität zu sichern.

Die Heiratspolitik war bis in die Zeit der Qing-Dynastie ein wichtiges Element, insbesondere der politischen Kultur der Steppenvölker, und wurde in Verbindung mit ihnen zu einem phasenweise intensiv genutzten Element der chinesischen »Außenpolitik«. Die Herrscher nicht chinesischer Völker band man dabei dem Ideal nach als jüngere Familienmitglieder in die universale Ordnung Chinas ein.

Der Austausch von Geiseln

Der Austausch von Geiseln, zumeist Söhne von Herrschern oder Stammesführern, war ein anderes diplomatisches Mittel, das in China vom 8. Jh. v. Chr. bis ins 17. Jh. praktiziert wurde. Dabei muss unterschieden werden zwischen einem bilateralen Austausch, bei dem es darum ging, sich gegenseitiger Loyalität zu versichern, und solchen Geiseln, die nach einer Niederlage gezwungenermaßen in den Siegerstaat – bzw. bei einem Ungleichgewicht der Machtverhältnisse in den stärkeren Staat – als Zeichen der Unterlegenheit entsandt wurden. Die letztere Form der Geiselhaft war die weitaus häufigere. Der wechselseitige Austausch von Geiseln ist in China hingegen in erster Linie für die Zeit der Frühlings- und Herbstannalen belegt, in der unter der formalen Oberherrschaft die Lehnsstaaten ein quasi multilaterales System bildeten. Darüber hinaus wurden zu verschiedenen Zeiten ebenso innerhalb chinesischer Kaiserreiche Familienangehörige von mächtigen Generälen wie auch zivilen Würdenträgern als Geiseln eingefordert, um sich gegen Abtrünnigkeit zu versichern, wenn diese an den

Grenzen stationiert oder auf Expeditionen entsandt wurden. Eine Variante dieser Praxis sah die Verheiratung des Sohnes eines solchen wichtigen Generals mit einer kaiserlichen Prinzessin vor, auf dass dieser in der Hauptstadt des Reiches zu verweilen hatte.

Viele der Steppenvölker bedienten sich ebenfalls der Praxis des Geiselaustausches. So forderten auch die Xiongnu von Staatsverbänden, die ihnen unterlegen waren, Geiseln. Insbesondere während der sehr stark von den Steppennomaden geprägten Zeit der Teilung zwischen Han und Tang vom 3. bis zum 6. Jh. war der Geiselaustausch ein häufiges diplomatisches Mittel.

Besonders intensiv nutzten die Herrscher der Han und der Tang die Praxis des unilateralen Geiselaustausches. Im Verlauf der chinesischen Geschichte kam es jedoch auch vor, dass Geiseln abgelehnt wurden und man damit verdeutlichte, nicht in ein Tributverhältnis eintreten zu wollen, das China durchaus Lasten wie z. B. die Entsendung von Schutztruppen abverlangen oder in einen Konflikt mit anderen Staaten stürzen konnte. Während der Song-Herrschaft kam es 1126 dazu, dass der chinesische Hof Geiseln als Unterpfand während der Friedensverhandlungen mit den Dschurdschen entsenden musste. So konnte auch der Begründer der Südlichen Song-Dynastie auf Erfahrungen als Geisel bei diesen zurückblicken. Die Ming-Kaiser hingegen lehnten die Praxis des Geiselaustausches ab, während die mongolischen Yuan-Herrscher diese Praxis sogar noch erweiterten. Die Geiseln, die dem Yuan-Reich in zahlenmäßiger Relation zur Größe des untergebenen Volkes gesandt werden mussten, wurden sehr effektiv, z. B. in Poststationen und als Hilfstruppen, eingesetzt. Vor ihrer Machtergreifung in China spielten bei den Mandschu Geiseln des koreanischen Herrscherhauses und Söhne hochrangiger Offiziere Koreas eine wichtige Rolle. Sie dienten auch als Unterhändler beim Erwerb koreanischer Waren.

Bedeutende königliche Geiseln wurden zumeist sehr freundlich behandelt und als Wachen oder Hofdiener eingesetzt. Allerdings genossen sie anders als heute Diplomaten keine Immunität. Im Fall eines Konfliktes über ein Pfand in Gestalt des ältesten Sohnes des Herrschers eines untergebenen Staates zu verfügen, war nur ein Aspekt dieser Praxis. Längerfristig war der Einfluss, der über einen solchen Geiselgast ausgeübt werden konnte, vielleicht sogar noch bedeutsamer. Zwar wiesen kritische Stimmen auf die Gefahr hin, dass Geiselgäste wie Spione Geheimnisse des Hofes auskundschaften könnten. Dadurch, dass die Herrschersöhne fremder Staaten in der Hofkultur der Chinesen sozialisiert wurden, standen sie dieser folglich allerdings zumeist auch sehr positiv gegenüber. Gingen sie im Falle des Herrscherwechsels in ihren Heimatstaat zurück, konnten sie oft auf Unterstützung des chinesischen Kaisers bei der Frage der Nachfolge zählen. Auf der anderen Seite entfremdeten sie sich bei einem längeren Aufenthalt am kaiserlichen Hof nicht selten von ihrer Heimatkultur und standen dort manchmal ihnen feindlich eingestellten Netzwerken gegenüber.

Exkurs: Die Seidenstraße

Unter dem Slogan »One Belt and One Road« (*Yidai Yilu*, 一带一路) verknüpft die chinesische Regierung seit 2013 geschickt ihre Strategie zur Schaffung eines interkontinentalen Handels- und Infrastrukturnetzes mit dem Mythos der historischen »Seidenstraße«. Mit der Bezeichnung »Neue Seidenstraßen« (*Xin Sichouzhilu*, 新絲綢之路) wird die Initiative zu einem Nachfolger der historischen Seidenstraße stilisiert, einem Symbols des friedlichen Austauschs, des Abenteuergeistes und der Vermittlung von Gütern und neuen Ideen. Dabei existierte auch in der Vergangenheit nie eine einzige und tatsächliche Seidenstraße. Stattdessen gab es verschiedene Land- und auch Seewege, die maritimen Seidenstraßen. Eine der Landrouten der Seidenstraße aus China führte im Osten von der Hauptstadt Chang'an, im Bereich des heutigen Xi'an, nach Westen über den Gansu-Korridor bis in die Oasenstadt Dunhuang, von wo aus eine nördliche Route oder eine südliche Route am Rand der Taklamakan-Wüste entlang bis Kashgar, einer der Knotenpunkte der Handelsnetze, genommen werden konnte. Von hier aus gab es Routen nach Samarkand über Herat im heutigen Afghanistan nach Bagdad im heutigen Irak, Palmyra im heutigen Syrien bis an die Mittelmeerküste. Aber auch weiter nördlich verliefen Routen am Aralsee und am Kaspischen Meer nördlich des Schwarzen Meeres entlang bis nach Europa. Von Dunhuang aus führte eine andere Route über die Oasenstadt Khotan weiter über den Karakorum nach Taxila im heutigen Pakistan, wiederum nach Herat und dann schließlich nach Westen.

Auf diesen Routen und ihren Städten und Oasen begegneten sich Menschen verschiedener Kulturen mit ihren Religionen und gelangten nach China, darunter nestorianische Christen, Juden, Anhänger des Manichäismus und Zoroastrismus. Eine herausragende Bedeutung erlangte der Buddhismus, der von Indien über Zentralasien ins »Reich der Mitte« fand. Während der Phase des Fernhandels unter den mongolischen Herrschern gewann dann der Islam in China vermehrt an Einfluss. Gleichzeitig nahmen auch einige der ersten christlichen Missionare den Landweg nach China.

Insgesamt reicht die Geschichte der euroasiatischen Handelswege und des Kontaktes verschiedener Völkergruppen weit in die Vergangenheit zurück. Die sogenannten Tarim-Mumien, die auf die Zeit zwischen 1800 v. Chr. und dem 3. Jh. v. Chr. zurückgehen und in größerer Zahl sehr gut erhalten am östlichen Ende des Tarim-Beckens in der heutigen Provinz Xinjiang im äußersten Westen Chinas gefunden wurden, bestätigen das frühe Miteinander von unterschiedlichen Völkern, die teils auf den indoeuropäischen, teils auf den ostasiatischen Raum zurückgeführt werden können. Glaubt man dem griechischen Historiker Herodot aus dem 5 Jh. v. Chr., so gehen erste Straßennetze im Westen auf den persischen König Dareios I. (549–486 v. Chr.) zurück und verbanden die östliche Mittelmeerwelt mit Persepolis im heutigen Iran. Kurze Zeit später dehnte Alexander der Große (356–323 v. Chr.) sein kurzlebiges Reich bis auf den Indischen Subkontinent aus.

Zwei Jahrhunderte später betrieb der chinesische Kaiser Han Wudi (reg. 141–87 v. Chr.) dann eine offensive Expansionspolitik, schickte den Gesandten Zhang Qian nach Westen bis in das Gebiet des heutigen Tadschikistan und strebte nach der Kontrolle der Routen entlang des Gansu-Korridors bis nach Zentralasien. Die Han-Zeit gilt daher als die erste Hochphase der Seidenstraße. Wobei am Hof der Han vor allem die militärische Sicherheit des Reiches im Westen diskutiert wurde und der Hof der Han nicht federführend im Fernhandel war. So gelangte das Hauptexportgut Chinas, die Seide, wohl zuerst über die Xiongnu und zentralasiatische Händler in verschiedenen Etappen bis ins alte Rom. Ferdinand von Richthofen wählte in seinem Werk wohl bewusst dieses Prestigegut als Namensträgerin, denn die Seide erfreute sich bereits im alten Rom großer Beliebtheit. China, das Ursprungsland dieses wunderbaren, aber lange geheimnisvollen Stoffes, nannte man daher »Serica« (Seide). Über die Seidenstraße bzw. Seidenstraßen wurde jedoch sehr viel mehr als nur Seide transportiert. Insbesondere zwischen dem 5. und 9. Jh. gelangten aus dem Westen Luxusgüter wie Gold, Silber, Edelsteine und auch Glas nach China. Der Adel der Tang-Herrschaft schätzte die vollblütigen, schnellen Pferde des Westens, aber auch exotische Tiere wie Löwen oder Pfauen trugen zum Prestige bei. Nicht zuletzt trafen Weintrauben und allerlei Gewürze sowie Weihrauch, neue Musik und fremde Instrumente den Geschmack der chinesischen Elite und verfeinerten ihren aristokratischen Lebensstil.

Nach dem Zerfall des mongolischen Großreiches und dem Niedergang der Yuan-Dynastie verloren die Landwege immer mehr gegenüber den Seewegen. Die geänderte und oftmals unsichere politische Lage, aber auch das Wüten der Pest beförderten den Niedergang des Fernhandels über die Seidenstraße.

Im 19. Jh. wurde die Seidenstraße dann quasi wiederentdeckt. Forscher und Abenteurer wie Ferdinand von Richthofen, Sir Aurel Stein (1862–1943) und Sven Hedin (1865–1952) und andere trugen durch ihre Reiseberichte zur Bildung des Mythos der Seidenstraße als einem Ort des Abenteuers und spektakulärer Funde bei. Dazu gehören auch Briefe sogdischer Händler aus dem 3.–8. Jh., deren Fernhandelsnetze von Samarkand bis China reichten. Sie nahmen lange eine führende

Position im Handel ein, sodass Sogdisch zu einer Art Verkehrssprache auf der Seidenstraße wurde. Durch ihre privaten Briefe erhalten wir Einblicke in die oftmals raue und wechselhafte Lebenswelt der Händler. Diese und andere archäologische Funde zu Beginn des 20. Jh.s legten den Grundstein für eine fortan lebendige internationale Forschung über die Geschichte der Seidenstraße. Seitdem lässt die Seidenstraße an untergegangene zentralasiatische Königreiche und alte Oasenstädte denken und erinnert durch buddhistische Höhlentempel auf ihren Wegen auch daran, wie groß einst die Bedeutung des Buddhismus vor dem Siegeszug des Islam in Zentralasien war. Die Tatsache, dass viele der Textfunde sowie ganze Fresken aus buddhistischen Höhlentempeln von Europäern entnommen und in westliche Museen und Sammlungen verbracht wurden, gab zwar einerseits der westlichen Forschung über die Seidenstraße und China wertvolle Impulse, gleichwohl muss dieses Vorgehen heute im Kontext der Diskussionen über Beutekunst kritisch beurteilt werden. Die Seidenstraßenforschung hat inzwischen auch in China einen hohen Stellenwert. Die Inszenierung ihrer Ergebnisse durch viele neue und prächtige Museumsbauten entlang der historischen Seidenstraßen im Westen betont einerseits die faszinierende Geschichte der »historischen Seidenstraße«, die Prestigebauten und dort ausgestellten Funde können aber auch als Symbole des Nationalstolzes und Botschafter der »Neuen Seidenstraßen« wahrgenommen werden.

CHINA UND DAS MEER

Obwohl heute chinesische Schiffe auf allen Meeren fahren und China sogar Häfen in verschiedenen Teilen der Welt besitzt, gilt China nicht unbedingt als eine Nation von Seefahrern. Dabei erlebte die chinesische Hochseeschifffahrt unter Zheng He (鄭和) zwischen den Jahren 1405–1433 und damit etwa ein Jahrhundert vor dem Zeitalter europäischer Entdecker wie Christoph Kolumbus (1451–1506) und Vasco da Gama (1469–1524) eine Blüte. Mit der Ankunft der Europäer in China verfestigte sich aber das Bild eines sich dem Seehandel verweigernden Reiches, das sich obendrein seine militärische Unterlegenheit gegenüber europäischen und später auch japanischen Kriegsschiffen eingestehen musste. Es gilt daher zu ergründen, woher die Ablehnung eines offenen Handels über das Meer rührt, sowie die Frage zu beantworten, weshalb es nach den Seefahrten des Zheng He zur Abwendung vom Meer und einer Art Abschottung kam.

Das Südchinesische, aber auch das Ostchinesische und das Gelbe Meer fungierten in der Geschichte Chinas nicht allein als natürliche Barrieren, sondern ebenso als Kontaktzonen. Chinesen trafen hier auf Ausländer oder begaben sich selbst auf Reisen in andere Teile der Welt. Spätestens für die Qin-Zeit sind lebhafte Kontakte über das Meer nach Korea und Japan anzunehmen, sei es von Shandong aus oder von den Küsten Fujians, Zhejiangs und Jiangsu. Bereits zur Han-Zeit wurden an der Südchinesischen Küste Perlen, Muscheln und Früchte, die über das Meer kamen, gehandelt.

Oft übersieht man, welche Bedeutung die »Seidenstraßen« des Meeres spätestens seit der Tang-Zeit für China hatten. Damals starteten von Kanton und Yangzhou aus Schiffe nach Südostasien und Waren gelangten über Zwischenhändler nach Indien, Arabien und von dort auch bis nach Europa. Andere Seerouten verliefen entlang der Küste des heutigen Vietnam oder führten zu den heutigen Philippinen, bevor sie durch die Straße von Malakka in den Indischen Ozean gelangten.

Die Seefahrt in diesem Teil der Welt hing stets von den Monsunwinden ab, und so mussten die Schiffe samt den Besatzungen saisonale Aufenthalte in den Häfen Chinas einlegen. Mit den Waren reisten auch Ideen und Kenntnisse. Insbesondere buddhistische Mönche, die den Weg über das Meer auf sich nahmen und neben buddhistischen Schriften zudem Kunde über die bereisten Länder mitbrachten, übten einen nachhaltigen Einfluss auf ganz Asien aus. Über die Seerouten entstanden Kontakte nach Java, zur Inselgruppe des heutigen Malaysia, Sumatra, Sri Lanka bis hin nach Persien. Während die islamischen Abbasiden den Tang bei der Schlacht am Talas 751 in Zentralasien eine Niederlage einbrachten, die zu einem Niedergang des chinesischen Einflusses in Zentralasien und auf die Seidenstraße führte, verlagerte sich der Fernhandel, getragen vom Aufschwung der arabischen Seefahrt, immer mehr auf das Meer. Die Kommerzialisierung der Seefahrt verstärkte sich noch weiter unter den regionalen Herrschern während der Zeit der Fünf Dynastien nach dem Niedergang der Tang 907, die den Profit aus dem Seehandel zur Sicherung ihrer Positionen zu nutzen wussten. Damit vollzog sich zudem eine Wende fort von der Rolle Chinas als Gastgeber für Seefahrer von außen hin zu mehr aktivem Engagement chinesischer Seefahrer.

Im 10. Jh. waren die Song dann von vielen Landrouten abgeschnitten. Umgeben von Nachbarn, denen sie umfangreiche Zahlungen zur Bewahrung des Friedens leisten mussten, waren sie auf den Seehandel als Wirtschaftsfaktor angewiesen und versuchten ihn wieder unter kaiserliche Kontrolle zu bringen. Sie verboten daher 973 den privaten Seehandel und begrenzten den Handel auf bestimmte Häfen, in denen dann die Handelsgüter in kaiserlichen Kontoren gestapelt werden mussten. 1090 wurde chinesischen Händlern erlaubt, selbst die Initiative zu ergreifen und in fremden Ländern Waren zu kaufen, wie z. B. Parfums, Baumwolle und Perlen. Das passive Warten darauf, dass ihnen fremde Schiffe die gewünschten Waren brachten, fand damit ein Ende. Während es zuvor häufig Hochseeschiffe anderer Länder waren, die in den Häfen Chinas vor Anker gingen, um dort Porzellan, Seide und andere Luxusgüter zu erwerben, erzielten die Chinesen unter der Herrschaft der Song und der Yuan wesentliche Fortschritte auch im Hochseeschiffsbau. So belegt das Schiffswrack von Quanzhou aus der Song-Zeit bereits die Verwendung von Schottwänden. Große kaiserliche Werften entstanden in Kanton und in Hangzhou, wodurch der technologische Grundstein für die Flotten der mongolischen Herrscher der Yuan wie auch des Flottenverbandes der frühen Ming unter Zheng He gelegt wurde.

Zheng He

Die Fahrten des Zheng He waren in China selbst lange nahezu vergessen, bis sie im Zuge der Stärkung des chinesischen Nationalbewusstseins nach der Niederlage gegen Japan 1895 vom chinesischen Reformer Liang Qichao, 梁啟超 (1873–1929), wieder in Erinnerung gebracht wurden. Heute wird Zheng He in der Volksrepublik China als Nationalheld gesehen, der als friedlicher Botschafter die Überlegenheit Chinas auf den Meeren demonstrierte.

Zheng He (1371–1433) entstammte einer muslimischen Familie aus der heutigen Provinz Yunnan und wurde bei den Eroberungsfeldzügen der Ming zum Kriegsgefangenen. Wie andere junge männliche Gefangene wurde er kastriert – eine Absicherung der Herrscher, um Usurpationen und Dynastiegründungen zu verhindern –, um dann in den Haushalten des Kaisers, der Prinzen oder hoher Adeliger Dienst zu tun. Zheng He gelangte dabei an den Hof des Prinzen Zhu Di (朱棣), der später putschte und als Kaiser der Ära Yongle regierte. Als ein Weggefährte dieses Kaisers machte Zheng He Karriere und wurde schließlich Admiral der kaiserlichen Flotte. Unter seiner Führung fanden sieben große Reisen statt, die ihn zwischen 1405 und 1433 bis nach Hormuz an den Persischen Golf, nach Jedda ins Rote Meer und überdies an die Ostafrikanische Küste führten. Dabei segelten, von den Monsunwinden getragen, ganze Flottenverbände, die zwischen 20 000 und 30 000 Männer umfassten, darunter Dolmetscher, Gelehrte, Ärzte und andere Spezialisten, entlang der südostasiatischen Küste durch die Straße von Malakka in den Indischen Ozean weiter westwärts.

Zwar lautet eine Erklärung der Fahrten, der Kaiser der Ära Yongle habe den flüchtigen Thronrivalen aufspüren wollen, wahrscheinlicher ist jedoch, dass die Fahrten als eine Demonstration der militärischen und kulturellen Stärke gedacht waren und damit Chinas Hegemonie im Tributsystem gefestigt werden sollte. Die Oberherrschaft Chinas wurde so ohne dauerhafte Kolonisierung geltend gemacht. Die Kosten dieser Präsenz auf den Meeren waren jedoch derart hoch, dass auch kostbarste Tributgaben in Form von Edelhölzern, Edelsteinen und exotischen Tieren die Gegner dieser Politik bei Hofe nicht von ihrem Nutzen überzeugen konnten. Angesicht der Bedrohung durch die wiedererstarkten Mongolen an den Nordgrenzen des Reiches wurden die Seefahrten mit dem Tod des Kaisers eingestellt und fanden nach einem einmaligen Wiederaufleben unter seinem Nachfolger, dem Kaiser der Ära Xuande, 宣德 (reg. 1426–1453), schließlich ihr Ende. Fortan herrschte eine dem Meer abgewandte Politik und die Fahrten des Zheng He, der als Eunuch ohnehin bei den konfuzianisch geprägten Gelehrten keine Hochachtung genoss, gerieten in Vergessenheit.

Eine interessante Folge der Einschränkung des Seehandels unter den Ming scheint eine Auswanderungswelle gewesen zu sein, die aufgrund der Schaffung von Netzwerken dieser Auslandschinesen zu einer erhöhten privaten Handelstätigkeit führte. So wurde entgegen der ursprünglichen Absicht des Ming-Kaiserhauses längerfristig der private Seehandel einer über die Grenzen Festlandchinas hinausgehenden größeren Gemeinschaft chinesischstämmiger Händler, insbesondere in Südasien, befördert.

Macau

Zu Zeiten der Herrschaft der Ming landeten 1516 portugiesische Schiffe in Macau, wobei die chinesische Besiedlung Macaus ohnehin nur bis in das 13. Jh. zurückreicht. Als die Portugiesen dort erstmals eintrafen, war Macau nur ein kleiner Fischerhafen. Daher erhielten die Portugiesen 1557 die Erlaubnis, dort eine Handelsniederlassung zu errichten. Macau war für die Portugiesen als Zwischenstopp der Handelsroute vom japanischen Nagasaki nach Lissabon wichtig.

Die Einstellung der offiziellen Gesandtschaften Japans an den Ming-Hof nach 1547 sowie das Verbot des privaten Seehandels zwischen 1550 und 1567 begünstigten die Bedeutung von Macau als Warenumschlagplatz und die Portugiesen bauten es zum Zentrum ihres Asienhandels aus. Allerdings versuchten die Niederländer ihnen diesen Stützpunkt streitig zu machen, sodass es 1622 zu einer Konfrontation mit ihnen kam, aus der die Portugiesen jedoch siegreich hervorgingen. Das Verhältnis zu China war über Pacht- und Steuerzahlungen geregelt, wobei die lokale Verwaltung seit 1680 über einen portugiesischen Gouverneur erfolgte. 1887 sprachen die Qing den Portugiesen das Recht der dauerhaften Besiedlung zu. Zwischen 1943 und 1945 herrschten dann die Japaner über Macau. Nach der Gründung der Volksrepublik China gab es lange diplomatische Verhandlungen, bis Macau als »Sonderverwaltungszone Macau der Volksrepublik China« schließlich am 20. Dezember 1999 von den Portugiesen an China übergeben wurde.

Hongkong

Die Geschichte Hongkongs ist eng mit dem britischen Imperialismus und seinen Handelsinteressen verbunden. Von 1757 bis 1842 war Kanton der einzige Hafen, über den Ausländer in China Handel treiben durften. Dies änderte sich nach dem Ersten Opiumkrieg von 1840 bis 1842, als China im Vertrag von Nanjing verpflichtet wurde, weitere Häfen zu öffnen. Großbritannien jedoch sicherte sich gegen Ende des Krieges mit der Besetzung der Insel Hongkong alias Xianggang (香港) einen eigenen Platz. Im Vertrag von Nanjing wurde China 1842 gezwungen, Großbritannien die Insel zu überlassen, die dann zur britischen Kronkolonie erklärt wurde. Es folgte nach dem Zweiten Opiumkrieg in der Beijinger Konvention von 1860 die Abtretung der Halbinsel Kowloon. Etliche Jahre später wurden in der zweiten Beijinger Konvention von 1898 zudem die New Territories für 99 Jahre an Großbritannien verpachtet.

Währenddessen wuchs die Bevölkerung Hongkongs stetig an. Nicht zuletzt flohen auch viele Chinesen vor den Taiping nach Hongkong. Dazu kamen Einwanderer aus der ganzen Welt. Die Gesellschaft Hongkongs war gleichwohl vom Gedankengut des Kolonialismus geprägt und bot nur wenigen nach westlichem Vorbild gebildeten Chinesen Aufstiegschancen und etwas Einfluss. Unterbrochen von der japanischen Besetzung Hongkongs zwischen 1941 und 1945 erlebte Hongkong eine rasante Entwicklung als eine der größten Handelsmetropolen der Welt. Nach der Übergabe an China durch Großbritannien am 1. Juli 1997 trägt es die Bezeichnung »Sonderverwaltungszone Hongkong der Volksrepublik China«.

Piraten

Piraterie ist bis heute ein großes Problem auf den Weltmeeren, in besonderem Umfang auch im Südchinesischen Meer. Blickt man in die chinesische Geschichte, so scheint Piraterie allerdings ebenso mit der kaiserlichen Politik der Einschränkung des Seehandels im Zusammenhang zu stehen, in dessen Folge der Privathandel verboten wurde und sowohl Küstenbewohner Chinas als auch ihre bisherigen Handelspartner ihrer Existenzgrundlage beraubt wurden, was diese zur Piraterie oder zum Schmuggel zwang. Nach der abrupten Abwendung vom Seehandel während der Ming kam es allerdings in sehr extremem Ausmaß zu Überfällen japanischer Piraten an den chinesischen und auch koreanischen Küsten. Unter den frühen Qing erfolgte nach 1662 eine Evakuation, d. h. Zwangsumsiedlung der Bevölkerung, weiter Bereiche der Küstenlinie, insbesondere Guangdongs. Hier stand vor allem die Furcht des neuen Regimes vor Ming-Loyalisten wie Zheng Chenggong (鄭成功) alias Koxinga (國姓爺), der über eine große Flotte und Basen an der Küste und auf Taiwan verfügte, im Vordergrund.

Konflikte

Nachdem sich die Qing konsolidiert hatten, wurde das Seehandelsverbot aufgehoben, aber mit der Einrichtung von Zollhäusern ab 1683 unter kaiserliche Kontrolle gestellt. Es folgte eine Phase, in der viele chinesische Waren auf den Weltmarkt gelangten. Insbesondere die negative Handelsbilanz, die sich für die Briten aus dem Import chinesischen Tees, Seide und Porzellan ergab und die sie dadurch auszugleichen suchten, indem sie große Mengen von Opium auf den chinesischen Markt brachten, führte zur militärischen Eskalation. Bis heute sitzt das Trauma der beiden verlorenen Opiumkriege, in deren Folge sich China weitgehend den über das Meer kommenden westlichen Mächten öffnen musste und damit in einen teilweise halb kolonialen Status versank, tief.

Bis zur Ankunft der Europäer hatte die Bedrohung durch die Reitervölker des Nordens und Westens die sicherheitspolitische Bedeutung des Meeres überlagert. Vor dem Kontakt mit den Europäern fungierte China eher in der Rolle des maritimen Aggressors. Erst im Verlauf der Opiumkriege des 19. Jh.s sowie des Ersten Japanisch-Chinesischen Kriegs 1894 und dann im Zweiten Japanisch-Chinesischen Krieg 1937–1945 wurde China vom Meer her bedroht und geschlagen. Bei den Konflikten, die von China ausgingen, waren oft Korea bzw. eines der dort damals herrschenden Regime, der Auslöser. Aber auch im Süden nutzte bereits das Han-Regime den Seeweg, um mit militärischem Druck seinen Einfluss im Bereich des heutigen Vietnam und auf der Insel Hainan zu etablieren.

Neue Grenzen

Expansion nach Westen

Unter der Qing-Herrschaft dehnte sich China in extremer Weise im Bereich Zentralasiens nach Westen aus, was sich bis heute in der Bezeichnung »Neue Grenzgebiete« (Xinjiang, 新疆) widerspiegelt. Das gegenwärtige »Uigurische Autonome Gebiet Xinjiang der Volksrepublik China« grenzt an die Mongolei, Russland, Kasachstan, Kirgisistan, Tadschikistan, Afghanistan, Pakistan und den indischen Teil Kaschmirs sowie an das Autonome Gebiet Tibet und die Provinzen Qinghai und Gansu. Aber auch Tibet geriet während der Qing-Herrschaft unter direkte Kontrolle Chinas.

Die neuen Grenzgebiete

Der Eroberung der Dsungarei, der innerasiatischen Beckenlandschaft zwischen dem Altai und östlichen Tianshan, wie auch des dsungarischen Berglands im Westen und der dsungarischen Pforte im Süden ging ein langjähriger Konflikt der Qing mit ihren mongolischen Vasallen voran. Nach der Auflösung des Yuan-Reichs 1368 hatten sich viele Mongolen in die Mongolei zurückgezogen und dort mehrere Khanate gebildet. Ergebnis der Konflikte zwischen den Mongolen und den Ming war der Neubau der Großen Mauer. Schon vor der Ausrufung der Qing-Dynastie besiegten die Mandschu die Mongolen auf dem Gebiet der heutigen Inneren Mongolei, die dort zwischen 1368 und 1635 eine Nördliche Yuan-Dynastie (Bei Yuan, 北元) ausgerufen hatten. 1618 schloss ihr Führer Ligdan Khan eine Übereinkunft mit den Ming gegen die aufstrebenden Mandschu. Er wurde dann aber von den Mandschu in die Flucht getrieben, während sich seine

Gruppierungen den Mandschu anschlossen. Ein Versuch der Dsungarischen Mongolen, die eine der Untergruppen der Oiraten bildeten, 1640 eine Pan-Oiratische Föderation zu bilden war erfolglos.

Unter dem dsungarischen Führer Galdan (1644–1697) dehnte sich das dsungarische Herrschaftsgebiet dennoch immer weiter aus, sodass er seinen Einflussbereich schließlich von Sibirien bis in Bereiche des heutigen Kasachstan und Kirgisistan erweiterte. Dies rief den Qing-Kaiser der Ära Kangxi auf den Plan, der sogar persönlich am Feldzug gegen Galdan teilnahm. Erste Versuche des Kaisers der Ära Yongzheng, bei Feldzügen im Gebiet des Altai-Gebirges und Urumqi den Machtanspruch gegen die Dsungaren zu festigen, schlugen in den 1730er-Jahren zwar fehl, unter dem Kaiser der Ära Qianlong erfolgte jedoch 1759 die Eroberung der Dsungarei mit den zwei Städten Kashgar und Yarkand. Sie wurde anschließend als Grenzzone von einem in Ili stationierten Generalgouverneur und seinem Stellvertreter in Urumqi verwaltet, ohne jedoch die »Neuen Grenzgebiete« (Xinjiang) ganz zur Kolonisation durch chinesische Siedler zu öffnen, wobei die aus ganz China rekrutierten Soldaten mit ihren Familien gleichwohl chinesische Kolonien in den Garnisonsstädten bildeten. Auf das Tragen des Zopfes als sichtbares Zeichen der Unterwerfung unter die Qing-Herrschaft wurde bei der überwiegend muslimischen Bevölkerung verzichtet und religiöse Freizügigkeit gewährt. Ihre Führer, die Begs, wurden in das administrative System der Qing eingebunden, und der Qing-Hof profitierte durch ein Monopol auf Jade und Gold dieser Region. Bereits zu Beginn des 19. Jh.s kam es jedoch wiederholt zu Unruhen in den Gebieten um Kashgar und Yarkand.

Die Etablierung lokaler Milizen infolge der Taiping-Bewegung und die damit verbundene Militarisierung der Bevölkerung verschärfte Spannungen in Shaanxi. Dies führte dort wie auch in Gansu bzw. Xinjiang zwischen 1862 und

1873 zu einer Reihe von Unruhen. Es kam zu gewaltsamen Auseinandersetzungen zwischen muslimischen – oft dem Sufismus anhängenden – und nicht muslimischen Bevölkerungsanteilen, die jedoch weniger religiös als sozial und ethnisch motiviert waren.

Eine weitere zentralasiatische Aufstandsbewegung entstand um Yakub Beg (gest. 1877), dem es gelang, eine ganze Reihe unterschiedlicher muslimischer Aufrührer um sich zu versammeln und so ein islamisches Emirat zu gründen. Da Zentralasien zu dieser Zeit auch zum Schauplatz internationaler Interessen wurde, bat er das Osmanische Reich, England und Russland um Unterstützung, wurde aber schließlich vom chinesischen General Zuo Zongtang, 左宗棠 (1812–1885), bezwungen, der bereits bei der Niederschlagung der Taiping 1864 eine wichtige Rolle gespielt hatte.

Ende des 19. Jh.s aber waren die Tage der Qing-Herrschaft bereits gezählt, und die dem Kaiserreich folgende Republik China tat sich schwer mit der Kontrolle über das gesamte Gebiet im Westen, sodass es beim Ili-Aufstand von 1944 bis 1949 mit sowjetischer Hilfe sogar zur Gründung der Republik Ostturkestan kam. 1955, wenige Jahre nach der Gründung der Volksrepublik China 1949, wurde das »Uighurische Autonome Gebiet Xinjiang« geschaffen, das seither durch eine starke Ansiedlung durch hanchinesische Bevölkerungsanteile seinen ursprünglichen Charakter zu verlieren droht.

Tibet

Auch wenn es seit der Tang-Zeit enge Verflechtungen zwischen Tibet und dem Kaiserhaus gab und Tibet mit China während der Mongolenherrschaft in einem engen Priester-Patron-Verhältnis stand, so wurde der Machtanspruch Chinas gegenüber Tibet unter den Qing besonders deutlich. Innere Machtkämpfe in Tibet ausnutzend, in deren Folge der damalige Dalai Lama ermordet wurde, griffen die Qing 1721 in Tibet ein, etablierten einen ihnen loyal ergebenen Dalai Lama und stellten diesem zwei Ambane, kaiserliche Beauftragte, an die Seite.

Mit Tibet verbunden war der Konflikt der Qing mit dem Königtum Gorkha, später Nepal genannt, der zwischen 1788 und 1792 ausgetragen wurde. Auslöser waren ursprünglich Streitigkeiten über die Qualität von in Tibet genutzten nepalesischen Münzen sowie aus Tibet nach Nepal gehandeltem Salz. Nachdem die Qing-Ambane den Konflikt nicht lösen konnten, entsandte der chinesische Kaiser der Ära Qianlong Truppen in das Konfliktgebiet. Am Ende wurde 1792 ein Vertrag geschlossen, der Nepal und Tibet unter anderem dazu verpflichtete, die Oberhoheit der Qing anzuerkennen und alle fünf Jahre Tribut an den Qing-Hof zu entrichten, worauf Tibet noch stärker unter chinesische Kontrolle geriet.

Nepal jedoch nutzte sein Vasallenstatus gegenüber den immer schwächer werdenden Qing wenig, als sich die Britische Ostindien-Kompanie im Gorkha-Krieg von 1814 bis 1816 gegen das Königreich wandte. Obgleich vertraglich verpflichtet, waren die Qing nicht in der Lage, Nepal beizustehen. Zwar blieb Nepal unabhängig, musste aber Territorien, darunter Sikkim mit Darjeeling, an Großbritannien abtreten.

Etwas mehr Macht in Tibet gegenüber den Qing erlangte der XII. Dalai Lama, Thubten Gyatso (1876–1934), geriet dann aber in die Auseinandersetzung zwischen den beiden imperialen Mächten England und Russland. 1904 wurde Thubten Gyatso von Großbritannien durch Lord Curson, Vizekönig in Delhi, unter Druck gesetzt, da man befürchtete, dass Tibet vom aufstrebenden Zarenreich geschluckt werden könnte. Sir Francis Younghusband (1863–1942) sollte die Bindung Tibets an Großbritannien und die Öffnung des Handels erzwingen. Gleichzeitig kam es zu Aufständen gegen die Mandschu, woraufhin 1910 eine chinesische Armee in Lhasa einmarschierte und der Dalai Lama nach Indien floh. 1911 zerfiel das Qing-Reich, und die Mandschu-Truppen zogen ab. Der Dalai Lama proklamierte nach seiner Rückkehr aus Indien 1913 formal die Unabhängigkeit Tibets, die international allerdings auf wenig Rückhalt stieß. In der Folge unterhielten sowohl die Republik China, die die Nachfolge der Qing angetreten hatte, wie auch die Briten Vertretungen in Lhasa. 1951 rückten Truppen der Volksrepublik China in Tibet ein, das ab 1965 den Status eines Autonomen Gebietes erhielt.

Der Südwesten

Die Folgen des Zuzugs chinesischer Siedler im Bereich des heutigen Yunnan und Guizhou nach der Niederwerfung des Aufstands der drei Feudalfürsten von 1673 bis 1681 zu Beginn der Qing-Herrschaft können als Binnenkolonisation beschrieben werden. Chinesische Siedler betrieben Silber- und Kupferbergwerke und verdrängten im Zuge der Veränderungen die dort ursprünglich lebenden Miao (苗) bzw. Hmong, die heute nur noch teilweise in China, vor allem aber in Laos, Vietnam und Thailand leben. 1726 wurde Oertai, 鄂爾泰 (1680–1745), ein hochrangiger Mandschu-Adeliger, in den Südwesten des Reichs entsandt, um die dortigen Miao-Führer unter die Kontrolle des Hofes zu bringen. Dies geschah entweder mit Gewalt oder durch Einbindung in das von den Qing etablierte Präfektursystem.

Eine weitere Expansion nach Südwesten gelang den Qing nicht. Erfolglos blieben die Burmafeldzüge (1765–1769) unter dem Kaiser der Ära Qianlong, bei denen an die 70 000 Qing-Soldaten ihr Leben verloren. Die hohen Verluste waren einerseits auf Gefechte im bergigen Gelände, andererseits auf auftretende Erkrankungen für viele der aus dem Norden stammenden Soldaten in diesem tropischen Klima zurückzuführen.

In Bezug auf Vietnam, das im Verlauf des chinesischen Kaiserreichs lange unter chinesischem Einfluss gestanden hatte bzw. zu Teilen verschiedenen chinesischen Reichen angehörte, musste sich das Qing-Reich neuen Realitäten beugen. Zwar wurde während der Ära Qianlong ein nach China geflohener vietnamesischer Herrscher der Le-Dynastie 1788 zunächst wieder auf den Thron gesetzt, dieser konnte sich jedoch nicht halten. Somit blieb der Qing-Dynastie etwas später nichts weiter übrig, als die neu ausgerufene Nguyen-Dynastie anzuerkennen, die mehr und mehr unter die Oberherrschaft Frankreichs geriet.

Taiwan

Ilha Formosa, das ist Portugiesisch und bedeutet »schöne Insel«. Mit dieser Bezeichnung bedachten die Portugiesen Taiwan, als sie es 1590 für sich entdeckten. Die Bezeichnung Taiwan stammt wahrscheinlich von den Urbewohnern der Insel, die inzwischen durch den stetigen Zuwachs an chinesischen Siedlern und Kriegsflüchtlingen in die Minderheit geraten sind. Dabei galt Taiwan bis zum Ende der Ming-Zeit als eher gefährlich und unattraktiv. Taifune, Erdbeben, eine bedrohliche Brandung und die Tatsache, dass einige der Urbewohner als Kopfjäger berüchtigt waren, trugen neben der in den Ebenen weitverbreiteten Malaria zu diesem Urteil bei. Aber einige Händler aus Fujian und Kanton ließen sich davon nicht abschrecken und auch für chinesische sowie japanische Piraten bot sich die Insel durchaus als Unterschlupf an.

Dazu gesellten sich zunächst die portugiesischen Händler und rasch darauf ebenso ihre holländischen Konkurrenten, die im Süden der Insel 1624 die Festung Zeelandia errichteten. Den Spaniern war nur ein kurzes Intermezzo im Norden der Insel vergönnt. Sie kamen 1626 und wurden 1642 bereits wieder von den Holländern vertrieben. Die Holländer mussten 1661 jedoch selbst das Feld räumen, nachdem der Ming-Loyalist und Pirat Zheng Chenggong alias Koxinga am 30. April 1661 mit ungefähr 900 Schiffen auf die Festung

Zeelandia bei Anping (安平) zusteuerte, um Taiwan zu seinem neuen Stützpunkt zu küren. Die Holländer wichen nach Batavia, heute Jakarta, aus und Zheng Chenggong erlangte hierfür später den Nimbus eines Nationalhelden. Seine Familie besaß ein Handelsnetz, das von Nagasaki in Japan bis zum portugiesisch dominierten Macau reichte. Sie operierte von einer in Xiamen gelegenen Festungsanlage aus, die nur von See her zugänglich war. Zheng Chenggong stellte sich in der Übergangsphase zwischen Ming und Qing auf die Seite der Ming-Loyalisten, musste nach einer verlorenen Seeschlacht bei Nanjing 1659 jedoch seinen Familiensitz in Xiamen aufgeben und nahm Zeelandia auf Taiwan ein. Dennoch eroberten bereits 1663 Qing-Truppen Taiwan.

Die Insel blieb aber ein Randgebiet des Reiches. Erst 1885 erhielt Taiwan den Status einer eigenständigen chinesischen Provinz. Mit der Niederlage im Chinesisch-Japanischen Krieg fiel Taiwan 1895 dann allerdings an Japan. Im Vergleich zur stark negativ geprägten Herrschaft Japans in der Mandschurei oder auch in Korea fällt das Urteil über die japanische Kolonialherrschaft hier insgesamt positiver aus, da Taiwan nicht nur als Quelle für Rohstoffe gesehen wurde, sondern zu einer Art Musterkolonie entwickelt werden sollte, was dazu führte, dass Japan in die Infrastruktur Taiwans investierte. Ab 1919 verfolgte Japan eine Politik der Assimilation Taiwans, die mit dem Beginn des Zweiten Chinesisch-Japanischen Kriegs 1937 in Richtung einer völligen Japanisierung verstärkt wurde.

Der Krieg fügte auch Taiwan schwere Verluste zu. Mit der Niederlage Japans im Zweiten Weltkrieg 1945 fiel Taiwan wieder an China zurück, geriet aber nach der Flucht von Chiang Kaishek 1949 am Ende des chinesischen Bürgerkriegs in eine neue Konfliktlage, die durch die Frontenbildung des Kalten Kriegs weiter verfestigt wurde. Chiang Kaishek erhob den Anspruch, auf Taiwan die 1912 ausgerufene »Republik China« fortzusetzen. Mit der Wende der Chinapolitik der USA 1971 verlor Taiwan seinen bisherigen Status als Vertreter

Chinas in der Nachkriegswelt an die 1949 gegründete Volksrepublik China. Ungeachtet der darauf folgenden offiziellen diplomatischen Isolierung prosperierte Taiwan wirtschaftlich weiter und demokratisierte sich friedlich. Die wirtschaftlichen Verflechtungen zwischen dem chinesischen Festland und Taiwan sind inzwischen sehr eng. Die Taiwan-Frage jedoch ist bis heute ungeklärt, denn die Volksrepublik China sieht in Taiwan weiterhin eine abtrünnige Provinz.

Die Nachbarn Russland und Japan

Während die Mandschu im Westen expandierten, wurden sie selbst zur Zielscheibe einer imperialen Politik des Westens und ihrer direkten Nachbarn Russland und Japan.

Russland

Erst mit dem Machtverlust der Mongolen wurden Russland und China zu direkten Nachbarn. Die Mongolen hatten in Gestalt der Goldenen Horde im 13. Jh. in Russland für Furcht und Schrecken gesorgt, indem sie bis Moskau und Kiew vordrangen. Während in der Folgezeit China einen starken Bevölkerungsanstieg unter der Ming-Herrschaft erlebte, entwickelte sich Russland wesentlich langsamer. Indem Russland die Khanate, die sich nach dem Zerfall der Goldenen Horde im 15. Jh. gebildet hatten, nach und nach ausschaltete, kam es dennoch zu einer enormen Erweiterung seines Einflussgebietes bis nach Sibirien. Danach grenzten China und Russland direkt aneinander.

Das Verhältnis des russischen Zarenreichs zu den Mandschu-Herrschern war von beiderseitigen imperialen Interessen gekennzeichnet, auch wenn es vorerst nur zu kleineren Konfrontationen kam. Der Vertrag von Nertschinsk 1689 zwischen

China und dem Zarenreich Russland war der erste Vertrag, den die Qing mit einem europäischen Staat schlossen, nachdem es zuvor im Amur-Becken zwischen russischen Kosaken und den Qing zu Konflikten gekommen war. Jesuitische Missionare hatten hierbei die Funktion als Dolmetscher inne, wobei der Vertrag in Latein abgefasst wurde. Die russische und die mandschurische Übersetzung widersprachen sich jedoch teilweise, sodass Konflikte vorprogrammiert waren. Bis 1722 herrschte noch ein reger Handel zwischen beiden Reichen, dann wurden die Grenzen geschlossen. Mit dem Vertrag von Kjachta 1728 etablierten dann beide Seiten einen Grenzhandel südlich des Baikalsees. Dem Vertrag zufolge durfte alle drei Jahre Russland eine Handelskarawane nach Beijing entsenden, wo es ihm auch gestattet war, eine russisch-orthodoxe Kirche zu unterhalten. Die Mitglieder der russischen Gemeinde in China wurden in das Bannersystem der Mandschu integriert.

Im Verlauf der Zeit erschien das kaiserliche Russland aber immer mehr als imperiale Bedrohung, da es seine Einflussspähre auch über die bestehenden Grenzen hinaus weiter ausdehnte. Als Reaktion verlegte der Qing-Hof Garnisonen in den Norden Xinjiangs und gründete Militärkolonien, wo in der Spätphase der Qing nun vormals als illegal gebrandmarkte chinesische Goldsucher neben zuvor schon angesiedelten Bauern und Händlern zu willkommenen Siedlern einer neuen offensiven Grenzpolitik gegenüber Russland wurden.

Im Nordosten nutzte Russland zwischen 1854 und 1859 die Schwächung der Qing durch den Konflikt mit den Taiping im Süden. Mit 20 000 Mann besetzten die Russen das Delta und das Nordufer des Heilong Jiang, der im Russischen Amur heißt, sowie die Küstenprovinz. Den Qing blieb damit keine Wahl, als dieses in den Ungleichen Verträgen von Aigun und Beijing 1858 und 1860 zu akzeptieren, wodurch die Qing Teile der Mandschurei, die ihnen der Vertrag von Nertschinsk zugesprochen hatte, verloren.

Nach Unklarheiten bezüglich des Grenzverlaufs im Westen Chinas zwischen den Qing und dem Zaren kam es 1881 auch zu einer Festlegung der chinesisch-kasachischen Grenze.

Sichtbares Zeichen russischer Ambitionen im Osten war der Bau der Transsibirischen Eisenbahn (1891–1916), mit der eine direkte Ost-West-Achse vorbei an den Engländern geschaffen und die wirtschaftliche Erschließung Sibiriens vorangetrieben werden sollte. 1898 setzte Russland für Port Arthur alias Lüshunkou (旅順口) und Dalian (大連), in der heutigen Provinz Liaoning gelegen, den Status als Vertragshäfen am Ostchinesischen Meer durch. Eine Folge der Niederlage der Chinesen im Ersten Chinesisch-Japanischen Krieg (1894–1895) war eine verstärkte Konkurrenz zwischen Russland und Japan in der Mandschurei. Während des Boxeraufstandes (1899–1901) strömten russische Kosaken in die Mandschurei, allerdings verringerte sich Russlands Einfluss in der Mandschurei und in Korea nach dem Russisch-Japanischen Krieg 1904–1905 durch die Niederlage gegen Japan.

Mit der Oktoberrevolution von 1917 in Russland und dem Ende der Qing im gleichen Jahr kam es zu einer Neuausrichtung der Beziehungen.

Japan

Im Verhältnis zwischen China und Japan kam es im Verlauf der Geschichte zu einem völligen Rollenwechsel. Nach einer längeren Phase der eher indirekten kulturellen Kontakte über Korea wurde das Tang-Reich Chinas für Japan zum Vorbild. Japan übernahm die chinesischen Schriftzeichen, die sogenannten Kanji, und auch die beiden Silbenschriften Katakana und Hiragana sind von chinesischen Schriftzeichen abgeleitet. Die tangzeitliche Hauptstadt Chang'an bildete ein Muster für japanische Städte und noch heute erinnern Nara oder Kyoto in Teilen an das chinesische Hauptstadtideal. Vor allem aber fand der Buddhismus über China seinen Weg nach Japan und ist dort bis heute neben dem Shintoismus eine der geistigen Hauptströmungen. Handel und geistiger Austausch – zum Teil auch ohne offizielle Billigung beider Seiten – prägten das Verhältnis in der Folgezeit. Versuche der mongolischen Herrscher, Japan über den Seeweg einzunehmen, scheiterten an Taifunen.

Ebenso wie China öffnete sich Japan dem Westen nur zögerlich und durchaus widerwillig. So blieb während einer über zweihundert Jahre währenden Phase der »Abschließung« (*sakoku*, 鎖国) bzw. eines »maritimen Abschlusses« (*kaikin*, 海禁) unter den Tokugawa-Shogunen ab den 1630er-Jahren bis 1854 nur ein gewisser Austausch mit den Niederländern über eine der Hafenstadt Nagasaki vorgelagerte künstliche Insel. Schließlich waren es die Amerikaner unter dem Kommodore Matthew C. Perry (1794–1858), die Japan zur Öffnung zwangen. Im Rahmen der Meiji-Restauration von 1868, welche die Macht vom Shogun zurück zum Tenno, dem japanischen Kaiser, wandte, kam es zu einer sehr raschen und effektiven Modernisierung Japans nach dem Vorbild westlicher Mächte. Dies zeigte sich insbesondere auf dem Gebiet des Militärs. 1879 annektierte Japan die Ryukyu-Inseln, zwischen Kyushu und Taiwan gelegen und vordem ein eigenständiges Königreich.

Zum Ersten Chinesisch-Japanischen Krieg 1894–1895 kam es schließlich aufgrund von Korea. Dieses hatte lange im Tributverhältnis zu China gestanden, doch nun zeigte auch Japan vermehrt ein strategisches Interesse an der koreanischen Halbinsel. Um Eskalationen zu vermeiden, hatten China und Japan vereinbart, sich gegenseitig zu informieren, wenn sie Truppen nach Korea verlegen wollten. Als zur Niederschlagung des Donghak-Aufstandes 1894 China Truppen nach Korea schickte, taten es ihnen die Japaner gleich. Schließlich kam es zu einer militärischen Konfrontation, bei der große Teile der chinesischen Flotte zerstört wurden. Für China war dies ein großer Schock, dem allerdings noch ein größeres

Trauma folgen sollte. Im Verlauf des Krieges marschierten die Japaner in die Mandschurei ein. Sie erlangten die Kontrolle über die Bucht von Bohai und waren damit Beijing gefährlich nahe. Zudem sicherten sie sich die Pescadores-Inseln vor Taiwan.

Im Friedensvertag von Shimonoseki 1895 fielen den Japanern dann die Pescadores-Inseln und Taiwan zu. China musste darüber hinaus die Unabhängigkeit Koreas anerkennen, weitere Häfen öffnen und sollte Liaodong abtreten, was die westlichen Mächte jedoch nicht akzeptieren. Zusätzlich wurde China verpflichtet, Japan hohe Entschädigungen zu zahlen. Die Niederlage gegenüber dem asiatischen Nachbarn, der einst in China das Zentrum ostasiatischer Kultur gesehen hatte, war besonders schmerzhaft. Immerhin galt Japan nach der erfolgreichen Modernisierung für viele chinesische Intellektuelle als das naheliegende Ziel für ein Auslandsstudium. Westliches Gedankengut kam oft über japanische Übersetzungen nach China und Revolutionären diente Japan als Fluchtburg.

In der Folge aber erlebte China, wie sich in seinem asiatischen Nachbarland Japan eine faschistische Ideologie entwickelte und China zur Zielscheibe des damit einhergehenden aggressiven Nationalismus wurde. Nach dem sogenannten Mukden-Zwischenfall besetzte Japan 1931 die Mandschurei und gründete dort ein Jahr später den Marionettenstaat Mandschukuo (1932–1945), an dessen Spitze der letzte chinesische Kaiser Puyi eingesetzt wurde. In der Folge kam es zum Zweiten Chinesischen-Japanischen Krieg von 1937 bis 1939, der von massiven Gräueltaten gegenüber der Zivilbevölkerung begleitet wurde.

Kapitel IV

Soziale Ordnung innerhalb des Staates

Gelehrtenbeamte – Bauern –
Handwerker – Kaufleute

»*Gelehrtenbeamte, Bauern, Handwerker
und Kaufleute, jede der vier Gruppen hat
ihre Aufgabe. Diejenigen, die studieren, um
einen Rang zu bekleiden, bezeichnet man
als Gelehrtenbeamte (shi, 士). Diejenigen,
die den Boden kultivieren und das Getreide
pflanzen, nennt man Bauern (nong, 農).
Diejenigen, die Geschick zeigen und
Gerätschaften machen, nennt man Handwerker (gong, 工). Diejenigen, die Güter
transportieren und Waren verkaufen, nennt
man Kaufleute (shang, 商).*«

*Aus dem Hanshu, der »Geschichte der Han«,
von Ban Gu (32–92)*

Der Ursprung dieser idealtypischen Gesellschaftsordnung ist im frühen legalistischen Denken zu suchen, das eine klare Trennung beruflicher Gruppen favorisierte und soziale Mobilität zugunsten einer stabilen Ordnung ablehnte. An der Spitze standen dabei die Gelehrtenbeamten als Elite des Staates. Darunter rangierten in der Wertschätzung die Bauern, da sie das Fundament des Staates bildeten, indem sie diesen mit Nahrungsmittel versorgten und ihn zugleich als Fußsoldaten verteidigen mussten. In dieser eher rhetorischen als der sozialen Realität entsprechenden Gesellschaftspyramide fügten sich die Handwerker in einer Mittelposition zwischen den Bauern und den Kaufleuten ein. Letzteren wurde eine eigene Produktivität abgesprochen.

Gelehrtenbeamte

Ein typischer früher Gelehrtenbeamter war Konfuzius. Als Nachfahre einer Seitenlinie des Lehnsstaates Song (宋) war er gezwungen, als Dienstadeliger sein Auskommen zu finden, wobei er sich dabei auf seine Bildung stützen konnte. Die Gelehrtenbeamten sahen sich als die Berater des Herrschers und Lehrer des Volkes. Mit der Einführung des allgemeinen kaiserlichen Prüfungssystems unter der Song-Herrschaft wurden die Gelehrtenbeamten zur Basis des Staates. Von allen vier traditionellen Gruppen der Gesellschaft haben wir zu dieser Gruppe den direktesten Zugang, da sie als die Schreibkundigen nicht nur Geschichtswerke, Verwaltungstexte oder Throneingaben, sondern auch Gedichte und Briefe hinterlassen haben, in denen sie sehr persönlich über Freuden und Kummer ihrer Lebenswelten berichten.

Bauern

Dem Ideal folgend bilden die Bauern die Basis des Staates. Zwar wird der »Göttliche Landmann« (Shennong, 神農) als einer der Urkaiser verehrt und die Kaiser legten symbolisch beim rituellen ersten Pflügen zu Beginn des Jahres Hand an, aber in der Realität gehörten die Bauern meist zu den Ärmsten der Gesellschaft. Ob als selbstständige Bauern dem Staat gegenüber zu Steuerleistungen und teilweise auch Arbeits- und Militärdiensten verpflichtet oder als von Großgrundbesitzern abhängig, sie hatten kaum Möglichkeiten, ihre Lebensbedingungen zu verbessern. Die Themen Landakkumulation und Bodenreform durchziehen die chinesische Geschichte wie ein roter Faden und Bauernaufstände läuteten oft das Ende einer Dynastie ein. Die ländliche Idylle, so wie sie der Dichter Tao Yuanming, 陶淵明 (ca. 365–427), besingt, kann wohl mehr als ein Gegenentwurf zum korrupten Hof bzw. als eine Utopie einer friedlichen naturverbundenen Gesellschaft gelesen werden.

Schon früh wurden Texte zur Landwirtschaft verfasst, wie die »Wichtigsten Methoden für die Wohlfahrt des Volkes« (*Qimin yaoshu,* 齊民要術) von Jia Sixie (賈思勰) aus dem 6. Jh. Damit können wir uns ein sehr anschauliches Bild von Anbaumethoden und landwirtschaftlichen Produkten machen. Den Bauern selbst geben diese Werke jedoch keine Stimme.

Handwerker

So breit gefächert wie die Gebiete des Handwerks, so unterschiedlich gestalteten sich auch die Lebenswelten der Handwerker im Verlauf der chinesischen Geschichte. Hoch spezialisierte Kräfte standen einfachen Arbeitern gegenüber und es gab immer wieder Veränderungen im rechtlichen Status.

Belege organisierten Handwerks finden sich in der chinesischen Geschichte schon recht früh. So fanden Archäologen etwas außerhalb von Shang-Metropolen zum Teil recht ausgedehnte sogenannte Workshop-Areale, in denen sich Zeugnisse einer elaborierten Herstellung und Bearbeitung von Bronze, Keramik sowie Jade nachweisen ließen. Es ist davon auszugehen, dass es sich um königliche Werkstätten handelte, deren Handwerker in Abhängigkeit vom Herrscherhaus in unmittelbarer Nähe zu den Werkstätten lebten.

Handwerk, das steht in China bereits für Arbeitsteilung und eine strikte Qualitätskontrolle. Ein besonders bekanntes

Kapitel IV

Beispiel ist die Herstellung der Terrakottaarmee für den Ersten Kaiser von China während der Qin-Herrschaft. Verschiedene Handwerker, deren Namen durch die der Qualitätskontrolle dienenden Markierungen auf ihren Werkstücken überliefert sind, stellten in Einzelschritten mithilfe von Modeln zuerst Teile der Krieger her, die dann – zusammengefügt durch die gesonderte Gestaltung der Rüstung, der Frisur oder auch des Schuhwerks – vermeintlich individuelle Züge bekamen. Der Aspekt der Arbeitsorganisation und damit ebenso der Qualitätskontrolle zeigt sich besonders deutlich anhand von Holz- und Bambustafeln wie auch anderen Objekten, zum Beispiel Lackwaren, die die Namen der zuständigen Beamten, die Arbeitseinheiten ausführender Handwerker sowie Datumsangaben überliefern. Anders jedoch als in der europäischen Handwerkstradition soll hier nicht dem individuellen Handwerker für sein Produkt Tribut gezollt werden. Stattdessen erhalten wir über diese Zeugnisse Einblick in eine straff organisierte und reglementierte protoindustrielle Produktionsweise, die zentral vom Staat aus gelenkt wurde.

Mit der Song-Zeit entstanden auch Handwerkerzünfte, in denen sich die Hauptgewerbetreibenden zusammenschlossen, um durch Preisabsprachen, Übereinkommen zum Materialeinkauf bei Vertragshändlern zu vorab festgelegten Preisen und Qualitätsstandards – aber auch durch Begrenzung der Gewerbestätten sowie der Zahl von Lehrlingen – das eigene Handwerk gegen Konkurrenz von außen abzusichern. Eine Art Zunftgerichtsbarkeit war bemüht, den Einfluss des Staates zu minimieren. Hiermit verbunden waren zudem soziale Aufgaben der Zunft, etwa die Einrichtung von Beerdigungsfonds. Die Zunftidentität wurde durch gemeinsame Opfer an den Schutzpatron des Gewerbes am Zunftschrein, verbunden mit gemeinsamen Festessen und Opernaufführungen, gestärkt.

Kaufleute

Obwohl die Kaufleute das soziale Schlusslicht der vier Bevölkerungsgruppen bildeten, erlangten doch einige von ihnen großen Reichtum. So vielfältig wie ihre Waren, so unterschiedlich waren ihre Arbeits- und Lebensbedingungen. Zumeist war der Handel vom Staat reglementiert. Märkte hatten lange feste Öffnungszeiten und eine Marktaufsicht. Kaufleute waren aber auch innovativ. So geht auf ihre Initiative während der Song-Zeit die Einführung des Papiergeldes in China zurück. Statt sperriger Münzen schufen Song-Kaufleute Wechsel für den Fernhandel. Der Staat erkannte das Potenzial und druckte im Jahre 1023 kurzerhand selbst das erste Papiergeld.

Eine besondere Rolle kam im 18. Und 19. Jh. denjenigen Kaufleuten in Kanton zu, über die Händler der Britischen Ostindien-Kompanie ihren Handel abwickeln mussten. Sie waren zu einer Art Gilde zusammengeschlossen und werden in der westlichen Literatur oft als Cohong (*gonghang*, 公行) bezeichnet. Sie hatten sich 1720 zusammengetan und durch ein Edikt des Kaisers der Qianlong-Ära 1760 das Monopol für den Handel mit den Ausländern erhalten, trugen aber schon seit 1754 das finanzielle Risiko. Sie unterstanden einem kaiserlichen Beamten sowie einem Zollinspektor, der die einlaufenden Schiffe, aber auch die Handelsgeschäfte mit Zöllen belegen durfte, welche dem Kaiserhaus zugutekamen. Ein wesentliches Element ihres längerfristigen Erfolges war der ursprünglich in einer Geheimgesellschaft organisierte gegenseitige Absicherungsfonds, in den sie 10 % ihrer Gewinne einbrachten, was ab 1780 von der Regierung offiziell unterstützt wurde. Selbst wenn es einige der Cohong-Händler zu großem Reichtum brachten, so wurden sie doch von der Beamtenelite gering geschätzt.

Kapitel IV

Soldaten

Manchmal Bauern, manchmal Berufssoldaten, oft Söldner – ihr Status war in der Geschichte Chinas wechselhaft. Auch wenn das Ideal des antiken Denkers Sunzi (孫子) im Sieg über den Gegner ohne Kampf lag, war das Kriegshandwerk immer Teil der chinesischen Gesellschaft. Ein chinesisches Sprichwort sagt: »Aus gutem Eisen schmiedet man keine Nägel und aus guten Männern werden keine Soldaten.« Soldaten wurden als notwendiges Übel angesehen, und anders als in der europäischen Tradition distanzierten sich auch Gründerherrscher von ihrer de facto ausgeübten Rolle als Feldherr rasch, wenn es darum ging, eine zivile Reichsordnung zu etablieren. Die Beamtenschaft, der »zivile Bereich« (*wen*, 文), betrachtete sich als überlegen gegenüber dem stets auch als Bedrohung empfundenen »militärischen Bereich« (*wu*, 武). Dazu mag beigetragen haben, dass in China früh Steppennomaden als Söldner verpflichtet wurden. Sie galten als besonders kampferprobt, aber ebenso als unzivilisiert und wurden vor allem dann, wenn sie nach ihrem Einsatz das chinesische Reich nicht freiwillig wieder verließen, zu einer Bedrohung der inneren Sicherheit.

Die Familie

Die »Familie« (*jia*, 家) bildet die Basis der Gesellschaft. Wenn sie wohlgeordnet ist, ist es auch das Reich. So forderten es die konfuzianisch geprägten Denker des antiken China. Der Vater steht in seiner Familie wie der Herrscher im Reich an der Spitze der Hierarchie, die im Idealfall die gesamte Gesellschaft harmonisch ordnet. So beschreiben die »Fünf Beziehungen« (*wulun*, 五倫) die Struktur der Gesellschaft als das Verhältnis zwischen Herrscher und Untertan, zwischen Vater und Sohn, zwischen Mann und Frau, zwischen jüngerem und älterem

Soziale Ordnung innerhalb des Staates

Bruder und zwischen Freunden. Kindliche Pietät den Eltern gegenüber, Respekt gegenüber dem Älteren und Grenzen im Umgang zwischen Mann und Frau waren über viele Jahrhunderte hinweg in China fundamental.

Das Ideal einer Familie mit vier Generationen unter einem Dach konnte sicher nur selten und durfte auch nicht zu allen Zeiten praktiziert werden. So förderten die Qin die Kleinfamilie, bei der erwachsene Kinder möglichst einen eigenen Hausstand zu gründen hatten, um auf möglichst viele eigenständige Steuerhaushalte im Reich zugreifen zu können. Zu anderen Zeiten dominierten große Familienverbände das soziale und gesellschaftliche Leben. So gewann unter der Herrschaft der Song der patrilineare – d. h. die Vererbung von Besitz, Ämtern, Namen etc. vom Vater auf den Sohn – Klan bzw. die Sippe (*zu*, 族) immer größere Bedeutung, da sie auch ärmeren Mitgliedern Zugang zu Bildung verschaffen konnten, was sich im Falle eines Beamtenpostens dann für alle auszahlen konnte.

Später verließ sich auch der Staat auf der lokalen Ebene vermehrt auf diese Familienverbände als soziale Sicherungs- und Ordnungsinstanz. Die Verwandtschaft wird dabei streng nach Abstammung und Generationen differenziert, was in fünf abgestufte Trauergrade umgesetzt wurde. Kernstück eines solchen Familienverbandes war der Ahnentempel. Die Einbeziehung der Ahnen in das Familienleben der Lebenden spielt in China bis in die Gegenwart eine große Rolle. Die Ahnen haben darin in Gestalt von Ahnentäfelchen ihren Platz, und bei Hochzeiten, Trauerfeiern oder Festen wird ihnen mit Opfern die Aufwartung gemacht. Im Ahnentempel vollzieht sich der Übergang der Braut in die Familie des Mannes. In der traditionellen Vorstellung, dass nur der Sohn die Ahnenopfer fortsetzen könne, wird ein Grund für eine Bevorzugung von männlichem Nachwuchs gesehen. Zudem war es lange die Norm, dass dem ältesten Sohn die Pflicht der Kindespietät zukommt, sich um die Eltern im Alter zu kümmern.

Kapitel IV

Abseits der Familie

Eunuchen

Auf den ersten Blick scheint die Lebenswelt der Eunuchen während des chinesischen Kaiserreichs klar umrissen zu sein. In den Frauengemächern des Palastes, wo außer dem Kaiser kein Mann Zutritt hatte, lag ihr Machtbereich. Aus Gräbern der Han-Zeit wurden Figuren geborgen, die Eunuchen darstellen. Von der Beamtenbürokratie des Hofes wurden sie zumeist mit Verachtung gestraft und mit Argwohn betrachtet. Ihr privilegierter informeller Zugang zur Kaiserfamilie und, damit einhergehend, eine bisweilen große Vertrautheit ließ sie in den Augen der Beamten oftmals verdächtig werden, an Intrigen und Komplotten beteiligt zu sein. Es wundert daher nicht, dass die Geschichtsschreibung zumeist ein düsteres Bild von ihnen zeichnet.

Insgesamt war die Gruppe derer, die über die Jahrhunderte hinweg als Eunuchen Dienst taten, sehr heterogen. Unter ihnen gab es sowohl solche Männer, die als Kriegsgefangene oder nach einer Verurteilung der Kastration unterzogen worden waren, wie auch Söhne aus Familien, die im Dienst am Hof eine Karrierechance sahen und vermutlich auch auf materielle Zuwendungen und Einfluss hofften. Dabei gingen die Familien, die ihre kleinen Söhne zum Eunuchen werden ließen, ein hohes Risiko ein, denn viele überlebten diese Verstümmelung nicht. Die Hauptursache dafür war, dass in China zumeist nicht nur die Hoden, wie in Europa oder dem Nahen Osten, sondern zudem der Penis entfernt wurde.

Die soziale Spanne zwischen solchen, die einfachste Arbeiten im höfischen Alltag zu verrichten hatten, und denen, die als Militärführer, Baumeister oder in Spitzenpositionen der Regierung die Geschicke des Reiches lenkten, war sehr groß. Es lässt sich keine kontinuierliche Geschichte der Eunuchen über die chinesischen Dynastien hinweg zeichnen. Zu unterschiedlich waren die Haltungen der jeweiligen Herrscher dieser Personengruppe gegenüber. Oft veränderte sich deren Einschätzung zudem im Verlauf einer Dynastie. So verwahrte sich der Gründungskaiser der Ming noch vehement gegen Eunuchen, während gegen Ende dieser Dynastie deren Einfluss und Anzahl stark anwuchsen. Die in der Verbotenen Stadt lebenden Eunuchen der Mandschu waren einer strengen Hierarchie unterworfen, was jedoch Korruption und Diebstahl nicht auszuschließen vermochte. Zusammen mit dem letzten Kaiser Chinas lebten bis 1923 Eunuchen in der Verbotenen Stadt, obwohl das Kaiserreich tatsächlich bereits 1911 endete.

Mönche und Nonnen

Das Leben in einer Klostergemeinschaft als Mönch oder Nonne bot die Möglichkeit für ein Leben außerhalb der Familie. Die größte Bedeutung kam dabei buddhistischen Klöstern zu, aber auch daoistische Klöster eröffneten insbesondere Frauen ein alternatives Lebensmodell. Die Ordination von buddhistischen Nonnen soll mit der ersten Nonne Zhu Jingjian, 竺淨檢 (ca. 292–361), begonnen haben. Doch zeigten alle buddhistischen Schriften, die für die Ordination chinesischer Nonnen als Vorbild herangezogen wurden, eine deutliche Geringschätzung von Frauen und unterstellten Nonnen damit in der Regel den buddhistischen Mönchen.

Aus den »Biografien hervorragender Nonnen« (*Biqiu ni zhuan*, 比丘尼傳), die im 6. Jh. zusammengestellt worden sein sollen, erfährt der Leser weniger über das tatsächliche Leben der Nonnen als vielmehr über die durch ihr Vorbild propagierten Werte. So zeigen sich Nonnen als besonders pietätvoll, verweigern sich der Heirat mit unmoralischen Männern oder lassen sich von ihnen scheiden und finden dann den Weg ins Kloster. Damit unterscheiden sie sich kaum von weiblichen Vorbildern der konfuzianischen Tradition. Grabinschriften und Angaben aus der Geschichtsschreibung und Literatur hingegen lassen ein gemischteres Bild der Lebenswege buddhistischer Nonnen entstehen, etwa im höfischen Umfeld der Tuoba-Wei-Herrscher des 4. bis 6. Jh.s im Norden Chinas.

Nonne zu werden, schien ein praktikabler Weg zu sein, politischen Tumulten zu entgehen, aber auch höheren Status und Einfluss zu erlangen. So waren Nonnen durchaus am Hof präsent, einige scheinen sogar weiterhin bei ihren Familien verweilt zu haben. Es waren aber nicht unbedingt junge Frauen, die einen Platz im Kloster suchten, sondern ebenso Witwen allen Alters, die so der männlichen Vorherrschaft in der Familie oder auch einer unerwünschten Wiederverheiratung entgehen konnten. Mönchen und Nonnen boten Klöster ihren eigenen, nach klaren Regeln strukturierten Gemeinschaften eine eigene Lebenswelt, die sich der staatlichen Kontrolle entzog, was wiederum wiederholt zu Schließungen der Klöster durch den Staat führte.

Anhang

Literaturhinweise

Allgemeine Literaturhinweise

Ebrey, Patricia (1996): *China: Eine illustrierte Geschichte.* Frankfurt a. M.: Campus.
Emmerich, Reinhard (Hg.) (2004): *Chinesische Literaturgeschichte. Stuttgart: Metzler.*
Franke, Herbert u. Trautzettel, Rolf (1968): *Das Chinesische Kaiserreich.* Frankfurt: Fischer.
Gernet, Jacques (1979): *Die chinesische Welt: Die Geschichte Chinas von den Anfängen bis zur Jetztzeit.* Frankfurt a. M.: Suhrkamp.
Hansen, Valerie (2000): *The Open Empire: A History of China to 1600.* New York: W. W. Norton.
Holcombe, Charles (2011): *A History of East Asia. From the Origins of Civilization to the Twenty-First Century.* Cambridge (Mass.): Cambridge University Press.
Hucker, Charles O. (1985): *A Dictionary of Official Titles in Imperial China.* Stanford: Stanford University Press.
Höllmann, Thomas (2008): *Das alte China: Eine Kulturgeschichte.* München: Beck.
Kieser, Annette (2010): *Die chinesische Kunst.* Stuttgart: Reclam.
Kuhn, Dieter (2014): *Ostasien bis 1800. Neue Fischer Weltgeschichte.* Bd. 13. Frankfurt a. M.: Fischer.
Nagel-Angermann, Monique (2007): *Das alte China.* Stuttgart: Theiss.
Schmidt-Glintzer, Helwig (1997): *China: Vielvölkerreich und Einheitsstaat.* München: Beck.
Schmidt-Glintzer, Helwig (2008): *Kleine Geschichte Chinas.* München: Beck.
Staiger, Brunhild u. a. (Hg.) (2003): *Das Große China-Lexikon.* Darmstadt: Primus.
Twittchett, Denis C. u. Fairbank, John K. (Hg.) (ab 1978): *The Cambridge History of China.* Cambridge (Mass.): Cambridge University Press. (bislang 15 Bände.)
Vogelsang, Kai (2012): *Geschichte Chinas.* Stuttgart: Reclam.
Weiers, Michael (2009): *Geschichte Chinas: Grundzüge einer politischen Landesgeschichte.* Stuttgart: Kohlhammer.
Wilkinson, Endymion (2015): *Chinese History: A New Manual. Fourth Edition.* London: Harvard University Asia Center.

Anhang

Literaturhinweise zu den einzelnen Kapiteln

Kapitel I

Birrell, Anne (1993): *Chinese Mythology. An Introduction*. Baltimore/London: John Hopkins University Press.

Elvin, John (2004): *The Retreat of the Elephants: An Environmental History of China*. New Haven and London: Yale University Press.

Loewe, Michael u. Shaughnessy, Edward (Hg.) (1999): *The Cambridge History of Ancient China: From the Origins of Civilisation to 221 B.C.* Cambridge: Cambridge University Press.

Vogel, Hans Ulrich (2013): *Marco Polo war in China*. New Evidence from Currencies, Salts and Revenues. Leiden: Brill.

Yang, B., A. Braeuning u. K. R. Johnson (2002): »General characteristics of temperature variation in China during the last two millennia«, in: *Geophysical Research Letters*, 29(9), doi:10.1029/2001GL014485 (Abruf 21.02.2017).

Kapitel II

Allan, Sarah (1991): *The shape of the turtle*. Albany, N. Y: State University of New York Press.

Beasley, William G. (1987): *Japanese Imperialism*. Oxford: Claredon.

Brook, Timothy (2012): *The Troubled Empire: China in the Yuan and Ming Dynasties*. Cambridge (Mass.): Belknap Press.

Dabringhaus, Sabine (2015): *Geschichte Chinas 1279–1949*. Berlin: De Gryuter Oldenbourg.

Dien, Albert (2007), *Six Dynasties Civilization*. New Haven: Yale University Press.

Falkenhausen, Lothar (2006): *Chinese Society in the Age of Confucius (1000–250 BC): The Archaelogical Evidence*. Los Angeles: Cotsen Institute of Archaeology, University of California.

Gernet, Jacques (1984): *Christus kam bis nach China: Eine erste Begegnung und ihr Scheitern*. Zürich: Artemis.

Hsu Cho-yun (1965): *Ancient China in Transition: An Analysis of Social Mobility, 722–222 B.C.* Stanford: Stanford University Press.

Khayutina, Marina (2012) »Neun heilige Dreifüße, viertausend Jahre: Zur Repräsentation von Herrschaft und Tugend in China«, in: *Hou Han('s) shu. Festschrift zum 50. Geburtstag von Hans van Ess*. München: Institut für Sinologie, S. 83–104.

Kuhn, Dieter (2009): *The age of Confucian rule: The Song transformation of China*. Cambridge (Mass.): Belknap Press.

Literaturhinweise

Leslie, Donald Daniel (1986): *Islam in Traditional China*. Canberra: Belconnen, A.C.T.
Lewis, Mark Edward (2007): *The early Chinese empires: Qin and Han*. Cambridge (Mass.): Belknap Press.
Lewis, Mark Edward (2009): *China between Empires: the Northern and Southern Dynasties*. Cambridge (Mass.): Belknap Press.
Lewis, Mark Edward (2009)*: China's Cosmopolitan Empire: the Tang Dynasty*. Cambridge (Mass.): Belknap Press.
Loewe, Michael (Hg.) (1993): *Early Chinese Texts: A Bibliographical Guide*. Berkeley: Society for the Study of Early China.
Moritz, Ralf (2003) (Hg.): *Das Große Lernen (Daxue)*. Stuttgart: Reclam.
Osterhammel, Jürgen (1988): *China und die Weltgesellschaft*. München: Beck.
Pines, Juri (2002): *Foundations of Confucian Thought: Intellectual life in the Chunqiu period, 722–453 B.C.E.* Honolulu: University of Hawai'i Press.
Pines, Juri (Hg.) (2014): *Birth of an Empire. The State of Qin Revisited*. Berkeley: University of California Press.
Puett, Michael (2017): »Early China in Eurasian History«, in: Michael Szonyi (Hg.): *A Companion to Chinese History*. Hoboken, N. Y.: John Wiley & Sons, S. 89–105.
Reischauer, Edwin O. (1963), *Die Reisen des Mönchs Ennin. Neun Jahre im China des neunten Jahrhunderts*. Stuttgart: W. Kohlhammer Verlag.
Robinet, Isabelle (1995): *Geschichte des Taoismus*. München: Diederichs.
Roetz, Heiner: *Die chinesische Ethik der Achsenzeit*. Frankfurt a. M.: Suhrkamp.
Rowe, William T. (2009): *China's last empire: the great Qing*. Cambridge (Mass.): Belknap Press.
Sanft, Charles (2014)*: Communication and cooperation in early imperial China*. Albany: State University of New York Press.
Sen, Tansen (2006): »The Travel records of Chinese Pilgrims Faxian, Xuanzang, and Yijing«, in: *Education About Asia* 11 (3), S. 24–33.
Spence, Jonathan (2001): *Chinas Weg in die Moderne*. München: DTV.
Teer Haar, Barend J. (1992): *The White Lotus Teaching in Chinese Religious History*. Leiden: Brill.
Van Ess, Hans (2011): *Daoismus: von Laozi bis heute*. München: Beck.
Weinstein, Stanley (1987): *Buddhism under the T'ang*. Cambridge: Cambridge University Press.
Wood, Frances (1998): *Marco Polo kam nicht bis China*. München: Piper.
Wu Qinglong u. a. (2016): »Outburst flood at 1920 BCE supports historicity of Chinas Great Flood and the Xia dynasty«, in: *Science*, 05 August 2016, Vol. 353, Issue 6299, S. 579–582. [DOI: 10.1126/science.aaf0842] (Abruf 21.02.2017).
Zürcher, Erik (1959): *The Buddhist Conquest of China: The Spread and Adaption of Buddhism in Early Medieval China*. Leiden: Brill.

Kapitel III

Bauer, Wolfgang (Hg.) (1980): *China und die Fremden: 3000 Jahre Auseinandersetzung in Krieg und Frieden*. München: Beck.
Dabrinhausen, Sabine u. Ptak, Roderich (Hg.) (1997): *China and Her Neighbours: Borders, Visions of the Other, Foreign Policy 10th to 19th Century*. Wiesbaden: Harrassowitz.
Höllmann, Thomas (2017): *Die Seidenstraße*. München: Beck.
Fairbank, John K. (Hg.) (1968): *The Chinese World Order*. Cambridge (Mass.): Cambridge University Press.
Pan Yihong (1997): »Marriage Alliances and Chinese Princesses in International Politics from Han through T'ang«, in: *Asia Major*, 3rd series, Vol. 10, S. 95–131.
Ptak, Roderich (2007): *Die maritime Seidenstraße: Küstenräume, Seefahrt und Handel in vorkolonialer Zeit*. München: Beck.
Schottenhammer, Angela (2012): »The ›China Seas‹ in world history: A general outline of the role of Chinese and East Asian maritime space from its origins to c. 1800«, in: *Journal of Marine and Island Cultures*, 1, S. 63–86.
Weggel, Oskar (1991): *Die Geschichte Taiwans: Vom 17. Jh. bis heute*. Köln: Böhlau.
Wiethoff, Bodo (1963): *Die chinesische Seeverbotspolitik und der private Überseehandel von 1368–1567*. Wiesbaden: Harrassowitz.
Yang Lien-sheng (1952): »Hostages in Chinese History«, in: *Harvard Journal of Asiatic Studies*, 15.3/4, S. 507–521.

Kapitel IV

Barbieri-Low, Anthony J. (2007): *Artisans in early Imperial China*. Seattle: University of Washington Press.
Ebrey, Patricia B. (2003): *Women and the family in Chinese history*. London: Routledge.
Heirman, Anne (2001): »Chinese Nuns and their Ordination in Fifth Century China«, in: *Journal of the International Association of Buddhist Studies*, 24.2, S. 275–304.
Ichisada, Miyazaki (1976): *China's Examination Hell*. New York: Weatherhill.
Ledderose, Lothar (2000): *Ten Thousand Things: Module and Mass Production in Chinese art*. Princeton: Princeton University Press.
Watson, Rubie S. u. Ebrey, Patricia B. (1991): *Marriage and Inequality in Chinese Society*. Berkeley: University of California Press.

Dynastieübersicht mit Periodisierungsansätzen

Altes China	Antikes China	21.–16. Jh. v. Chr.	Xia		
		ca. 1570–1045 v. Chr.	Shang		
		ca. 1045–221 v. Chr.	Zhou	Westl. Zhou	bis 770 v. Chr.
				Östl. Zhou	Frühlings- und Herbst-Zeit: 722–481 v. Chr.
					Zeit der Streitenden Reiche: 453–221 v. Chr.
		221–207 v. Chr.	Qin		
		206 v. Chr. – 220 n. Chr.	Han	Westliche Han-Zeit / Frühe Han-Zeit	206 v. Chr. – 9 n. Chr.
				Xin-Interregnum	9–23
	Mittelalterliches China			Östliche Han-Zeit / Späte Han-Zeit	24–220
		220–280	Drei Reiche	Wei	220–265
				Shu	221–263
				Wu	222–280
		265–317	Westliche Jin		
		317–420	Östliche Jin		
		420–581	Südliche und Nördliche Dynastien	Südliche Dynastien – Liu Song	420–479
				Südliche Qi	479–502
				Liang	502–557
				Chen	557–589
				Nördliche Dynastien – Nördl. Wei	386–534
				Östl. Wei	534–550
				Westl. Wei	535–557
				Nördl. Qi	550–577
				Nördl. Zhou	557–581
	Neuzeitliches China	581–618	Sui		
		618–907	Tang		
		907–960	Fünf Dynastien	Späte Liang	907–923
				Späte Tang	923–936
				Späte Jin	936–947
				Späte Han	947–950
				Späte Zhou	950–960
		960–1279	Song	Nördliche Song	960–1127
				Südliche Song	1127–1279
		907/46–1125	Liao (Khitan)		
		1115–1234	Jin (Dschurdschen)		
		1271–1368	Yuan		
		1368–1644	Ming		
		1644–1911	Qing		
Neues China	Modernes China	1911–1949	Republik China	(Taiwan bis Gegenwart)	
		1949	Volksrepublik China		

Bibliografische Information der Deutschen Nationalbibliothek
Die Deutsche Nationalbibliothek verzeichnet diese
Publikation in der Deutschen Nationalbibliografie; detaillierte
bibliografische Daten sind im Internet über
http://dnb.d-nb.de abrufbar.

Es ist nicht gestattet, Texte dieses Buches zu scannen, in PCs oder
auf CDs zu speichern oder mit Computern zu verändern oder
einzeln oder zusammen mit anderen Bildvorlagen zu manipulieren,
es sei denn mit schriftlicher Genehmigung des Verlages.

Alle Rechte vorbehalten

© by marixverlag in der Verlagshaus Römerweg GmbH, Wiesbaden 2018
Lektorat: Stefan Gücklhorn, Wiesbaden
Covergestaltung: Karina Bertagnolli, Wiesbaden
Bildnachweis: Kaiserpalast – Verbotene Stadt – Gugong
(erbaut 1406–1420), Peking – Beijing (China),
Großes Portal, das in den Hof vor dem Mittagstor
führt, 2007, akg-images / Bruce Connolly
Gesamtherstellung: CPI books GmbH, Leck – Germany

ISBN: 978-3-7374-1076-8

Mehr über Ideen, Autoren und Programm des Verlags finden Sie auf
www.verlagshausroemerweg.de und in Ihrer Buchhandlung.